나도 시낭송대회 대상을 탈 수 있다!

나도 시낭송대회 대상을 탈 수 있다!

발행일 | 2019년 11월 05일 인쇄
　　　　2019년 11월 15일 발행

저　　자 | 박은주
발행인 | 황인욱
발행처 | 도서출판 오래

주　　소 | 0491 서울시 마포구 토정로 222, 406호(신수동, 한국출판컨텐츠센터)
전　　화 | (02)797-8786~7, 070-4109-9966
팩　　스 | (02)797-9911
이메일 | orebook@naver.com
홈페이지 | www.orebook.com
출판신고번호 | 제2016-000355호

ISBN 979-11-5829-054-2 (03680)

*책값은 뒤표지에 있습니다.
*잘못 만들어진 책은 구입하신 서점에서 교환해 드립니다.

이 도서의 국립중앙도서관 출판예정도서목록(CIP)은 서지정보유통지원시스템 홈페이지(http://seoji.nl.go.kr)와 국가자료종합목록 구축시스템(http://kolis-net.nl.go.kr)에서 이용하실 수 있습니다. (CIP제어번호 : CIP2019044462)

나도  시낭송대회 대상 을 탈 수 있다!

박은주 지음

초보 낭송인에서
역대 최고 상금액의
전국 대회 우승까지,
시낭송대회 준비의 모든 것!

그리고
10인의 대상수상자가 들려주는
인생 이야기의 '시낭송' 버전

圖書出版 오래

좋아하는 것을 왜 좋아하냐고 물으신다면…

처음 시낭송에 빠진 무렵, 예전 아나운서 입사 동기가 왜 시낭송이 좋냐고 진지하게 묻기에 꿀 먹은 벙어리가 된 적이 있습니다. 2년이 흐른 지금은 "좋은 이유를 못 대는 걸 보니 진짜 좋아하는 건 아닌가보네?" 라는 말에 "아니, 그 반대!" 라고 분명히 답할 수 있습니다. 좋음에 이유가 있다면 오히려 정말 좋아하는 것은 아닐 수 있습니다. 이유가 있어 좋은 것이 아니고, 마음이 동한 후에 그걸 표출하고 싶고, 남들도 납득시켜보고자 뒤늦게 설명이랄지 이유를 찾아 붙이는 거겠지요. 진심이란 언어 이전에 존재하는 근본적인 것이라서 그에 비하면 이유는 부수적인 것입니다. 예컨대, 부모님이나 가족을 향한 내 마음에 어떤 이유를 댈 수 있나요?

이 책을 쓴 이유도 그렇습니다. 기획부터 섭외, 취재, 인터뷰와 정리 모두 그냥 좋아서, 순전히 마음이 시켜 했던 일입니다. 그 과정을 통해 저는 시낭송을 향한 순정을 스스로 확인해보고, 낭송에 빠져 한창 대회를 준비 중인 분들의 마음에 똑같은 마음을 포개보고 싶었습니다. 시중에 나와 있는 시낭송 지도자들의 책처럼 잘 알아서 쓴 책이 아닙니다. 잘 알고 싶어 쓴 책이라 봐주십시오. 저는 아마추어이고, 아마추어가 뜻하는 것은 그저 '사랑'입니다.

다만, 혼자 시를 사랑하고 끝나는 것이 아니라 호기심을 갖고 공부하며 고민하는 모습이 동반되어야 한다고 생각했습니다. 시인과 낭송가들을 만나고, 책을 찾아 공부하며 낭송을 인문학적·기술적으로 탐닉하는 순간들, 제 나름의 해석과 의미를 부여하며 몰입할 수 있었던 모든 시간이 가장 멋진 배움의 과정이자 진실한 행복이었습니다.

한창 일해야 할 30대에 낭송에 빠져 제 돈 쓰고 시간 들여가며 매주 대회에 나가고, 전국에 인터뷰하러 다니는 것을 보고 의아해하는 분들도 있었습니다. 도대체 왜 그 멀리까지 가서 하루를 날리냐고요. 시낭송 때문에 하루 날리는 재미도 좋았습니다. 추구하고 몰두하는 세계가 생기니 낭송을 안 이후 단 하루도 외롭지 않았고, 남을 괴롭힌 적도 없었습니다. 시를 붙잡고 '고물고물' 재미있게 잘 놀았습니다. 앞으로 그런 질문에는 파울로 코엘료의 책 속 구절, "어느 모로 보나 시간 낭비를 하고 있는데도 당신은 웃고 있군요. 그렇다면 그건 더 이상 시간 낭비가 아닙니다."를 들어 반격하고 싶습니다.

이제 와 생각해보니 한 번에 큰 상을 받지 못한 것이 가장 감사합니다. 그랬다면 이 책은 한 줄도 쓰여지지 않았을 것입니다. 아무 불평 없이 즐겁게 전국의 열다섯 군데 대회장을 누비며 차근차근 정진하는 과정에서 소중한 분들과 어디에도 기록되지 않았던 이야기들을 얻었습니다.

제게 언어를 가르쳐주신 부모님, 이제 저를 통해 언어를 배워가고 있는, 자장가 대신 똑같은 시를 수십 번씩 들으며 등에 업혀 잠들어주었던 저의 첫 번째 관객, 아들 서진이. 세 분께 책을 바칩니다.

※ 대회명의 띄어쓰기는 임의로 통일하지 않고 각 대회 주최측의 공지를 따랐음.

　　저에게는 시낭송 선생님이 없습니다. 독학이지요. 그러다보니 새로운 시를 찾고 고르는 설렘, 끙끙거리며 낭송법을 고민하는 시간부터 반복되는 암송에 따르는 외로움, 괴로움까지 오롯이 저만의 것이고, 손수 만들어 정성스레 포장한 선물 같은 시 하나 품고 낯선 지역 대회장들로 향하는 여행이 싫지만은 않습니다. 그러나 전국의 대회장에 제자와 친히 동행하며 옷매무새를 만져주고 지도를 아끼지 않는 선생님들 모습을 뵐 때면 솔직히 부러웠습니다. 그래서 저도 스승을 모셔보기로 했지요. 제가 생각하는 최고의 스승님은 바로 시낭송대회의 대상수상자들이십니다.

　　낭송의 매력에 빠진 한 젊은이가 전국의 고수들을 찾아 독대하며 조언과 가르침을 청하고, 그분들의 이야기에 크게 깨달은 바 있어 비법을 그대로 따라하다 보니 결국에는 자신도 대상을 받게 되더라는 스토리, 어때요? 괜찮지 않나요?

실은, 그보다도 궁금했기 때문입니다. 그분들이 탄 상 하나 하나, 한 분 한 분에게 한 편의 시 같은 이야기, 때로는 장편소설 몇 권을 넘어서는 사연들이 숨어 있지 않을까 하는 생각이 스쳤습니다. 그 역사에 수많은 인생사와 삶의 지혜, 아주 많은 사람들이 함께 했겠지요. 그럼 내가 그 이야기 앞으로 바짝 다가서보자, 사람이라는 시를 펼쳐보자, 이제부터 '시를 사랑하는 사람'이라는 시를 읽어봐야지.

그리하여 여러분께 처음으로 소개하게 된 저의 첫 번째 시 스승님은, 제28회 재능시낭송대회 대상수상자이신 김태정 님입니다.

〈1〉 제28회 재능시낭송대회 대상수상자

|김태정 님 약력|

- 1971년 광주 출생
- 신안교육지원청 소속
- 제28회 재능시낭송대회 대상
- 제14회 전국 가사낭송경연대회 대상
- 제3회 상춘곡 전국시낭송대회 대상
- 제1회 평화윤봉길 전국시낭송경연대회 대상
- 2016 굿모닝! 양림 시낭송대회 대상
- 제2회 백호 시낭송대회 대상
- 2019 제7회 문경새재 전국시조암송경연대회 2등
- 제3회 미당 서정주 전국시낭송경연대회 금상
- 제4회 천태산은행나무 전국시낭송대회 금상

시낭송계의 사법고시 수석, 김태정 님

2018년 12월의 둘째 주 토요일, 나는 중요한 무대에 올랐다. 재능시낭송대회 본선, 재능문화와 한국시인협회가 공동으로 개최하는 이 대회는 권위 · 인지도 · 규모 면에서 타 대회들을 압도하는 국내 최대의 시낭송 콩쿠르로 재능시낭송대회의 역사가 곧 대한민국 시낭송의 역사라 보는 이들도 있다. 쉽게 말해 시낭송계의 '사법고시'다.

이번 28회 대회의 지원자는 초 · 중 · 고등학생과 성인 합계 2004명에 달했고 1차 온라인 예선, 2차 다섯 개 권역별 대회를 거친 전국 서른일곱 명의 성인부 진출자들이 저마다 사법고시 수석을 노리며 3차 시험장으로 향했다. 결론적으로 엄청난 경험이었고, 시간이 많이 흘러도 나는 이 날을 기억할 것 같다. 원래 다른 사람 개인사를 엿보는 건 재미가 있는데다 낭송인들만이 이해하고 공유하는 동질감이 있다고 믿기에 이 날을 가급적 소상히 기록해본다.

본선은 오후 두시부터인데 나는 당일 아침 일곱시 전 경기도에서 출발해 현지적응(?)하는 선수의 마음으로 일찍 도곡동에 도착했다. 재능빌딩 1층에서부터 유튜브로 만나던 유명 낭송가들을 실제로 처음 보았고, 로비나 객석에 역대 대상수상자들, 저명한 지도자, 시낭송 아카데미 원장님들이 많이 오셔서 무슨 잔칫집 분위기에, 연예인들 보러 간 느낌이었다. 대한민국에서 시낭송을 사랑하는 사람들의 밀도가 가장 높은 곳이 '지금 이 순간, 바로 여기' 아닐까 생각하며 대회장에 입장.

본선에서 내 순서는 끝에서 세 번째다. 너무 뒷 번호라 믿기지가 않아서 주최 측이 올린 사전 컴퓨터 순번 선정 영상을 찾아봤는데 테스트 추첨에서는 내가 1번이었던 것을 알고 35번을 잘 받아들이게 되었다. 바로 앞 34번은 알 만한 사람은 다 아는 남도의 실력자, 김태정 선생님이다. 평화윤봉길시낭송대회 대상을 비롯해 최근 두 곳의 가사낭송대회까지 제패함으로써 현대시와 고전시가 양 쪽에서 총 다섯 차례 대상을 받은 분이다. 이 책의 기획 초반부터 떠올린 분이었기에 1층 엘리베이터 앞에서 '오늘 힘쓰려고 고기를 든든히 먹고 왔다' 며 다른 분과 대화하는 김 선생님의 모습을 본 후 타이밍을 엿보다가 4부 경연 시작 전 대기실에서 연락처를 받는 데 성공했다.

오늘 선생님의 참가 시는 신석정 시인의 〈역사〉. 내가 신석정 시낭송대회를 위해 준비했던 시이기도 해서 선생님의 '늘 이렇게 죽도록 사랑하는 것이요 사랑해야 하는 것이다.' 라는 마지막 행을 커튼 뒤에서 듣고 5초를 센 뒤 무대로 걸어 나갔다. 대강당을 꽉 메운 이 많은 분들의 2분 15초를 온전히 혼자 책임진다는 사실만이 감사했던 가운데, 동상과 시낭송가 인증서를 획득해 일 년간의 '낭송인' 생활을 청산하고 나는 '낭송가' 로 승진을 하게 된다. 제28회 사법고시 수석의 영예는 결국 김태정 선생님께서 안으셨다. 선생님께 여섯 번째 대상이고, 대상 중의 대상이다.

시상식 후 탈의실에 혼자 있는 김 선생님을 뵙게 되어 축하를 드렸는데, 바랐던 목표를 이뤄 행복하다며 일행 없이 목포에서 올라왔고, 시간이 늦어서 서울의 어느 호텔로 가신다 한다. 나는 '신라호텔에 가서야겠다. 자격이 있으시다.' 며 다시 한 번 인터뷰 요청을 드렸고, 12월의 마지막 날 또 한 번 연락을 했으나 선생님은 업적을 드러내 자랑하길 좋아하는 타입은 아니라는 느낌이 들었다. 또한 재능 대상이라는 빛이 너무 눈부셔 나 스스로 더 적극적으로 다가가지 못했던 것 같다. 그러나 뜻이 있는 곳에 반드시 길이 있듯이, 반년이 흘러 기회가 찾아왔고 극적으로 만남이 성사되었다!

목포로 내려갈 날짜를 조율하던 무렵, 나는 김태정 선생님으로부터 유튜브 영상 하나를 공유 받았다. 전날 정읍에서 열린 제13회 상춘곡문학제에 지난 대회 대상수상자로 초청되어 선보인 가사낭송을 관중이 찍은 현장 동영상이다. 결론적으로 이 〈상춘곡〉하나로 인터뷰의 많은 것이 달라졌다. 왜냐하면 그 영상이 계기가 되어 나는 마음 한 구석에 가사를 향한 작은 사랑의 씨앗을 잉태하게 되었기 때문이다.

학창시절 내신·모의고사·수능기출 지문에 자주 출몰했던 정극인의 〈상춘곡〉은 무슨 말인지 도통 알아들을 수 없었고, 국어 한 문제 안 틀려보겠다고 억지로 해설을 읽을 때면 고문당하는 것 같은 기분이 들었다. 그러나 어떻게 하느냐에 따라 고문도구는 예술이 되기도 한다. 명불허전, 김태정 선생님은 예술을 만들 줄 아는 분이다. 목소리·표정·몸짓·부채의 접고 폄·가사의 쫄깃한 운율이 신선했고, 보는 이에게 주는 어떤 '기분'이 있었다. 열 번쯤 보고 나니 〈상춘곡〉을 해보고 싶다는 마음에서부터 솟아났고, 이튿날 원문을 찾아 연습을 시작하게 되었다. 외워보라고 누가 시키거나 권했더라면 절대 하지 않았을 이 행동이야말로 감동 받았음의 분명한 증거라고 본다. 그래서 예술은 감동이고, 최고의 설득이다.

낭송가님께 좋은 날짜를 말씀드리니 마침 한국가사문학관에서 목포로 문학기행을 오는 날이라 한다. 선생님은 가사에 관심을 갖게 된 2년 전부터 담양을 오가며 한국가사문학관에서 진행하는 인문학강좌를 수강해왔다고, 기왕 목포까지 오는데 당일 문학기행에 합류하면 어떻겠냐고 하시기에 나는 대찬성했다. 오전 열한시부터 오후 여섯시까지 계속되는 동행 인터뷰라니! 잠입 르포 취재를 앞둔 신참기자처럼 설레는 기분으로 나는 호남선 기차를 탔다. 이 열차의 행선지가 '목포'인 것이 무척 마음에 들었다. 무림의 고수를 만나러 지하철 타고 서울에 간다면 뭔가 좀 부족한 느낌이다. 그리고 내릴 때까지 나는 중독된 사람처럼 상춘곡 39행을 외고 또 외웠다. 참 기쁜 중독이다.

목포문학관 앞에서 환히 맞아주시는 선생님을 만나 문예역사관과 박물관 등을 돌며 예향 목포의 면모를 확인하고 교류할 수 있었던 그 하루는 크나 큰 즐거움이자 유익함이었다. 광주에서 탐방을 오신 오소후, 김효비야 시인과의 예기치 못한 만남과 점심 식사도 그랬다. 왜냐하면 사람은 자신을 뛰어넘는 대단함을 볼 때 그걸 닮고 싶어지고, 나 또한 발전하고 싶은 마음이 강한 진취적인 동물이기 때문이다. 마지막 일정지인 한국근대역사관에서 일행들과 헤어진 뒤, 적산가옥 카페에서 김 선생님과 단둘이 마주한 나는 초미의 관심사, 가사대회에 관한 질문부터 쏟아내기 시작했다.

Q. 가사대회 영상이 흥미진진했습니다. 몸의 자유로움을 확보해주는 두 대의 마이크가 좌우로 서 있는 것, 참가자들의 남장이 색달랐어요. 선생님이 느

끼는 시낭송대회와 가사대회의 차이점은 무엇인가요?

A. 오감을 통해 나를 표현하고 아름답게 변화시킬 수 있다는 점에서 다를 바가 없습니다. 현대어와 고어의 차이가 있을 뿐, 좋은 낭송은 목소리 같이 기능적인 부분이 아니라 그 안에 담긴 마음이기 때문이에요. 참가자들이 선비 옷을 입고 갓, 정자관, 패랭이를 쓰고 지팡이를 짚기도 하는 것은 낭송하는 시의 느낌에 어울리는 의상을 갖추는 것입니다.

가사대회에 나가려면 당일 상투는 미장원에 가서 틀어 달라고 하면 되는지, 아니면 대회장 화장실에서 다들 망건을 쓰는 풍경이 벌어지는지, 의상은 어디서 어떻게 구하면 되나, 세세한 것까지 모두 궁금한 나다.

A. 담양의 가사대회에서는 다양한 작품을 낭송하다보니 〈사미인곡〉 〈속미인곡〉은 여자한복을 입고 〈관동별곡〉은 삿갓을 쓰며 〈성산별곡〉은 도롱이를 쓰시는 분들이 있습니다. 그리고 이번 정읍의 상춘곡대회에 가니까 70%가 선비 복장을 하셨더라고요. 머리는 시중에 망건이 나와 있으니 그걸로 직접 합니다. 2017년 처

음 나갔던 상춘곡낭송대회 때 저는 그냥 한복을 입었는데 가서 보니 선비복장이 분위기도 어울리고 의상이 중요하겠다 싶어 다음에는 그렇게 해야겠다는 생각이 들었어요. 어떻게 인연이라는 게 있어서 지인께 그런 이야기를 하니까 남자무용 한량무 하시는 분을 소개해주셨고, 바지부터 신발까지 모든 걸 빌려주셨어요.

Q. 의상이나 낭송법 만큼 고심하는 게 부채 활용법일 것 같습니다. 그저 멋으로, 손이 허전해서 드는 소품이 아니라 신체의 연장선상이라는 생각이 들었는데요, 낭송 중 부채를 바닥에 떨어뜨리는 참가자도 계시더라고요. 선생님의 부채 접고 펴는 움직임은 유연하면서도 착착 절도가 있었어요. 동작은 어떻게 정하셨나요?

A. 대회 때는 한량무 하시는 분께 빌린 거고, 축하 공연에서는 지역의 선생님께서 직접 그려주신 부채를 썼습니다. 연습은 익숙해지도록 그냥 혼자 했습니다. '이렇게 펴면 되고, 이런 모양을 하면 되겠다' 그런 감은 있는 편이고요, 또 내 것이 되다보면 몸에서 나오는 것 같아요. 조선시대 사대부들이 시조로 표현할 수 없는 자신들의 정서를 좀 더 자유롭게 드러내고 싶어서

3.4(4.4)조 연속체로 표현한 것이 가사예요. 소리 내어 읽다보면 감칠맛이 오감을 들썩이게 해서 그 감각대로 나를 맡기어 자연스럽게 나오는 동작입니다.

혹여, 상춘곡 가사대회는 참가자 전원이 〈상춘곡〉 하나만 하니까 관중들이 엄청 지루해하지 않느냐고 여쭤보니, 관심 없는 분들은 거기 앉아있으면 안된다고. 거기 계신 분들은 많은 관심을 갖고 있기에 이번 대회 때도 집중도가 높았다고 한다.(그러니까 전원 상춘곡 마니아임!) 또한 대상을 받지 못한 분들이 계속 재도전하는 대회가 가사대회이며 참가자의 30% 정도는 이전 해와 겹치는 것 같더라 하신다. 재도전하면 훨씬 유리하겠다고 하니까 그런 점도 있지만 작년과 똑같이 한다면 오히려 더 못하게 들릴 수 있고 순위가 내려갈 수도 있다고 하신다. 맞다! 원래 자연은 인간에게 두 가지 선택을 요구한다. 진화하거나, 도태되거나.

Q. 가사에는 처음 어떻게 관심을 갖게 되셨나요?

A. 2017년 6월의 제2회 상춘곡 전국시낭송대회를 준비하며 가사 낭송을 시작하게 되었어요. 당시 은상을 받았고, 이후 전남 담

양에 있는 한국가사문학관에서 열리는 가사문학 강좌를 꾸준히 들으며 주옥같은 가사문학에 매료되었지요. 17년 11월의 제13회 가사낭송경연대회에서는 〈속미인곡〉을 낭송해 장려상을 받는 등 배우고 익히기를 게을리 하지 않으려 했습니다. 그 이듬해 제3회 상춘곡대회와 제14회 가사낭송대회 때는 두 곳 모두 대상을 수상할 수 있었어요.

〈상춘곡〉은 지금까지 몇 번이나 외워보신 건지 궁금했다. 고어, 한문체로 된 가사를 익히거나 장시를 외우는 선생님만의 효과적인 암기법이 있느냐는 질문에 바로 "없어요! 아침 출근길, 점심시간, 걸으면서 시시때때 수시로, 그건 왕도가 없는 것 같아요."라는 답이 돌아온다. 또한 좋으면 계속 하게 된다고, 우리 모두가 낭송에 빠지면 자연스레 그러하듯이…

질문이 좀 어리석게 느껴졌다. 사랑에 푹 빠진 사람에게 하루에 애인 생각 몇 번이나 하냐고 묻는 것과 다르지 않구나. 누구도 "지금까지 세수 몇 번이나 해봤나? 밥 몇 번 먹어봤나?" 묻지 않는 이유는 그게 곧 일상이고 생활이기 때문인 것을…

가사에 관한 마지막 질문으로 〈상춘곡〉 중 가장 좋아하는 구절을 꼽아주시라 했다.

> **공명도 날 끼우고 부귀도 날 끼위니 / 청풍명월 외예 어떤 벗이 잇사올꼬**
> **단표누항에 흣튼 혜음 아니 하니 / 아모타, 백년행락이 이만한들 엇지하리**
> **(공명도 날 꺼리고 부귀도 날 꺼리니 / 아름다운 자연 외에 어떤 벗이 있으리오 // 가난하지만 잡념은 아니 하니 / 아무튼, 평생 즐거움이 이만하면 어찌하리)**

스스로 풍월주인이 된 듯 느껴진다는 이유에서 마지막 결사부분을 들어주셨는데, 나도 그 부분을 무척 좋아한다. 끝나는 지점이니 암송하는 누군들 기쁘지 않을 수 없겠다는 생각이 들었고, 인터뷰 말미에 혼자만의 자유 시간을 어떻게 보내냐는 질문에도 선생님은 상춘곡의 아래 구절로 답을 대신했다.

> **시비예 거러보고 정자 안자보니 / 소요음영하야 산일이 적적한대**

한중진미를 알 니 업시 호재로다
(사립문을 걸어보고 정자에 앉아보니 / 시를 읊조리며 천천
히 거닐어 산속 하루 적적한데 // 한가한 참 맛을 아는 이
없어 혼자로다)

이런 해설을 본 적 있다. 〈상춘곡〉의 이 대목은 정말 외롭다는
뜻은 아니며, 자연 속에서 혼자 시 읊는 것이 행복에 겨워서 하는
자랑에 가깝다고. 즉, 전용기 타고 가면서 혼자 타고 가니 참 쓸쓸
하다 말하는 것과 비슷함.

이제 시로 관심을 옮겨 낭송 입문 시기를 여쭈어본다. 선생님
을 취재한 목포 지역 언론사 기사에 '12년 전부터' 낭송을 시작해
최근 들어 큰 상을 연이어 탔다고 되어있어서, 나는 인내로 점철
된 약 십 년의 면벽수련을 거치고 비로소 세상에 나온 고수의 사연
을 내심 기대하고 있었으나 그건 표기의 실수였다. 이번 기회를 통
해 '12년 전' 부터가 아니라 '2012년' 부터 시와 낭송을 공부하신
것으로 기존 오보를 바로잡는다.

A. 2012년 2월에 광주에서 목포로 이사와 시작한 것이 두 가지, 바

다수영과 시낭송이었어요. 수영장 등록을 하고 3월부터 유달초등학교에서 근무하며, 전라남도도청 인근 전남도립도서관에 갔어요. 우연히 시낭송 강좌 리플릿을 보고 노크를 했지요. 2012년 3~5월 주 1회 저녁 반을 수강한 이후로는, 시낭송대회를 배움의 장으로 혼자서 공부했고, 매일 꾸준한 운동이 시낭송에 도움이 많이 됐다고 생각해요.

야외와 실내를 오가며 진행된 인터뷰 내내 목포 모기들이 동행했는데, 김 선생님만 집중공격을 당하셨다. 워낙 운동을 좋아해 땀구멍이 열려있고 발산하는 열이 많기 때문인 것 같다고 하신다. 선생님은 주 5~6회 새벽 다섯시 반에 실내수영장에서 수영을 하고 있다. 점심 식사 후 평화공원을 산책할 때 오소후 시인과의 대화 중 앞 바다를 가리키면서 목포 갓바위 앞부터 영산강 하구언까지 헤엄을 쳐서 오갔다고 말씀하시기에 나는 경악! 나도 지난 2년 반 동안 주 3회 개인 PT를 빠짐없이 받아왔지만 그거로는 명함도 못 내밀겠다. 한참 뒤 선생님의 SNS를 보다가 목포 전국바다수영대회 3.2km 1위를 기록해 전라남도지사상을, 제7회 전국해양스포츠제전 여자일반부 3km 2위로 전라북도지사상을 수상한 사실을 알게 되었다. 목소리는 핏대가 아니라 단전에서부터 나오는 거고,

낭송에 수영, 그리고 요가와 같은 스트레칭이 특히 좋은 것 같다고 하신다. 그래서인가? 내 주위에 낭송을 무척 잘하는 분이 있는데 직업이 요가강사.

2012년에도 '목소리 좋다, 깊이가 있다'는 평가를 들으셨냐고 하니 즉각 "아유, 아니요!"라며 당시는 깊이가 아니라 '쪼'(개인마다 가진 독특한 말 습관)가 있다는 평가를 받았다고 하신다. 대회를 준비하면서 '쪼'가 많이 가다듬어짐을 스스로 느낄 수 있었다고. 시낭송을 시작하던 2012년에는 재능 전남 예선이 지나버렸고, 13년부터 17년까지 제23회~제27회 재능 예선을 각기 다른 시로 참가했다고 한다. 역대 성적은 24·25회 때는 장려, 23·26·27회는 우수상 수상.(27회까지는 오직 지역 예선 최우수상 한두 명씩만 본선에 오르는 방식이었다.) 28회 대회에서 드디어 본선 무대를 밟았고, 대상까지 거머쥔 것이다!

그간 다섯 번의 도전이 있었음을 나는 미처 몰랐다. 그건 대상의 당위성이 축적되는 시간이었을 것이다. 한 번의 방황이나 외도(?)도 없이 6년 간 지속된 도전, 그리고 처음 진출한 본선 무대에서 받은 대상 이야기는 '첫 시도로 따낸 대상'과는 견줄 수 없는 감동이지 않았을까.

A. 단 한 번의 시도로 재능대회 본선에 올랐다면 〈역사〉라는 시를 저의 '인생시'라고 말할 수는 없었을 겁니다. 2012년 시낭송이 라는 부름이 제게 왔을 때부터 매년 재능대회 참가했어요. 재능 대회는 우리나라 시낭송의 역사임을 어느 누구도 부정하기는 힘들고, 이 대회의 발전은 시낭송계의 발전이므로, 거기 참가하 여 일익을 담당하는 것이 곧 시낭송의 발전이라고 생각해요. 2018 제 28회 대회에는 '내가 이렇게 계속 도전하는데 상을 받 아야겠구나.' 라고 상에 대한 욕심을 갖게 되니까 대회 때마다 다른 시를 고집했던 방식을 깨고, 2017년 재능 전남지역대회 우수상을 받았던 〈역사〉를 다시 택했습니다. 그때도 시가 너무 좋았지만 인생시라고 할 정도는 아니었던 것 같고, 제28회에는 17년 예선 때 낭송과는 많이 달라졌음을 누구보다도 제 스스로 느낄 수 있었답니다. 18년 본선 영상, 제 모습을 그렇게 가까이 서 잡은 걸 저는 처음 봤어요. 제가 제 영상을 보면서, 제 3자를 보는 냥 객관적으로 보게 되었습니다.

〈역사〉는 구절구절이 다 제 이야기 같아요. 무한한 위로와 힘이 되어줘요. 사실 저는 자신 있었어요. '내가 낭송한 〈역사〉가 신석정 시인님의 〈역사〉다'라는 생각을 가지니까… 이후의 누구도 내가 낭송한 이 〈역사〉시를 다시 할 수 없을 거라는 생각이 드는 그때는 이미 낭송가 자신의 시 인거잖아요. 재능 본선대회는 어느 누구도 '내 낭송시'를 넘어설 수 없다는 생각이 드는 그때 나가셔야 된다고 생각해요.

이 대목에서 두 팔에 살짝 소름이 일었다. 많은 이들에게 재능 본선은 시낭송대회 도전의 종착역 같은 곳이다. 전국대회에서 대상을 받고도 재능 본선 진출을 노리며 수년 째 문을 두드리는 분들이 계신다고 들었다. 과연 낭송계의 사법시험답게 '고시낭인'을 변형한 '재능낭인'이란 말을 쓰기도 하던데, 재능낭인들께는 김태정 선생님의 지난 여정이 희망과 용기가 될 것 같다.

나 또한 '재능은 시낭송 시작하고 3년 정도 되면 나가자'를 목표로 삼았었다. 그런데 살면서 평균만 하자고 마음먹었을 때 현실은 평균 이하로 떨어지는 것 같아서, 올해부터 도전을 해야 2년 뒤 진짜 본선에 설 수 있을 것 같았다. 낭송이 뭔지, 내가 잘 할 수 있는 시가 뭔지도 모르는 독학 5개월 차, 무식에서 나온 용감함으로 접수를 했고, 대단한 낙관주의와 운을 발휘하여 본선까지 밀고 나가 동상을 받은 건데, 동상부터는 더 이상 재능 재출전이 불가하다고 한다. 최초이자 유일하게 허락되었던 그 기회를 설익은 모습으로 날려버린 것 같아 스스로 아쉽고 남들에게는 부끄럽다. 내 생각에 재능 대상이란 성실히 무르익어온 사람에게 잘 어울리는 의복 같다. 꼭 이번이 아니더라도, 자신의 차례가 왔을 때 잘 맞아들이고 꽉 붙잡아 온몸으로 끌어안을 수 있게 준비를 철저히 해두는 것이 가장 중요하지 않을까 한다.

재능을 생각하면 나는 양주 이야기가 떠오른다. 아나운서 시험에서 낙방한 딸을 위로하고자 어느 아버지가 해주셨다는 말인데, 17년산과 21년산 양주가 있다. 같은 이름의 술이지만 둘은 다른 점이 많다. 맛과 향, 품질과 가격. 가장 큰 차이는 17년산 양주는 사와서 집에 10년, 100년을 둬도 그대로 17년산 양주로 남지만 21년산 양주는 1년, 단 한 시간을 둬도 변함없이 21년산 양주라는 것. 아버지는 딸에게 세상에 언제 나가게 되느냐가 중요한 것이 아니고, 더 중요한 것은 세상에 나갈 때의 완성도와 자세라며 21년산 양주처럼 자신을 잘 숙성된 술로 만들어 가는 노력을 하라 가르친다. 이 딸은 후에 KBS를 대표하는 아나운서가 되었다.

그럼 익지도 못한 채 재능에 나와 버린 나 같은 사람은 어떻게 하나? 이 문제로 고민을 좀 했는데, 사람이 꼭 양주일 필요는 없으니까 나는 과일처럼 '후숙' 되어 보련다. 시낭송계의 아보카도 같은 존재를 꿈꾸며…

Q. 올해 재능대회를 꿈꾸는 분들께 대상의 팁을 하나 주세요.

A. 특별히 대상을 받기 위한 팁은 없습니다. 본선 무대에 오르셨던 모든 분들이 '대상'이에요. 재능 대상은 시낭송하는 누구에게나 큰 의미가 있는 영광입니다만, 저는 본선에 올라간 것만으로, 시스템이 바뀐 것 자체만으로 기뻤어요. 다만, 본선대회에 오르신 분들만큼은, '자신이 본선대회에서 낭송할 시는 누구도 넘어설 수 없는 자신의 시가 되었다는 자신감으로 서야 한다.'고 말씀드리고 싶습니다. '그렇다'라고 한다면, 그 시만큼은 본인이 '대상'인 것입니다. 본선무대에 오른 30~40여명의 '대상' 낭송시를 객석과 심사위원은 함께 즐기는 거지요. 본인이 낭송하면서 실수 하지 않았고, 본인의 선택한 시가 누구도 넘어설 수 없는 '자기 시'로 낭송되었다면, 관객과 심사위원의 공감도가 조금씩 차이날 수도 있어 상의 이름이 달라질 뿐입니다.

선생님은 2차 지역예선의 최우수상만 올라가던 기존 방식이 바뀌지 않았더라면 이번에도 자신이 본선에 못 나갔을 가능성이 높았을 거라고 하신다. 그래서 이렇게 재능이 계속 발전되고 있는 모습이 너무 좋다고. 올해 29회 대회는 1차에 두 번 지원이 가능하도록 또 바뀐 점을 들면서 미처 모르고 지나쳤던 사람들, 재도전 하는 이들에게 문이 열려서 정말 잘 된 일이라고, 시낭송을 활성화시키는데 재능이 얼마나 큰 역할을 하고 있는데, 이런 변화들이 더욱 활성화시키는 계기가 되는 것 같아 진심으로 박수쳐주고 싶다며 정말로 두 손을 가슴 앞에 꼭 모아 쥐셨다.

재능 대상수상 이후 낭송가로서 앞날은 활짝 열린 지평선과 같을 텐데, 앞으로 계획에 관해 여쭤보니 협회를 조직한다거나 하면 재능 대상이 제일 먼저 올릴 수 있는 하나의 타이틀로 굉장한 시너지를 낼 수 있겠지만 아직 조직 활동의 역량은 아니라고 보고 시낭송가로서 더 다듬어지고 싶다고 하신다. CD발매에 관한 물음에는 시를 낭독해서 올리는 기존의 녹음 방식은 계획이 없고, 유튜브 이후 더 발전된 콘텐츠를 추구하고 계발해보고 싶다 했다. 현재 현장 동영상 업로드 위주의 유튜브 채널을 개설해 운영 중인 김 선생님은 거칠고, 매끄럽지 않아도 있는 그대로 모습으로 함께하며,

현장에서 소통하는 시낭송가이기를 희망한다고. 큰 무대에서의 공연보다도, 존경하는 최한선 전남도립대학교 교수님, 권민경 시인의 문화행사·북콘서트·지역 도서관 주최 인문학 축제 등에서의 낭송이 개인적으로 매우 행복하고 뜻깊은 무대였다 하신다. 혹시 대회와 관련해서 시낭송 다관왕으로 무슨 기록을 세우려고도 하시냐고 물었다. 현재 시낭송대회가 아닌, 시조 100편을 외워야 하는 암송대회를 준비 중이라고 한다.

아! 해마다 8월 경 문경새재에서 열리는 그 대회라면 나도 알고 있다. 시조 대중화를 고심하던 시조 시인들이 SBS 예능 프로그램 〈도전 1000곡〉에 착안해 만든 흥미로운 대회다.(MBC 〈복면가왕〉에서 착안해 이름·외모 가리고 계급장 다 떼고 낭송 하나만으로 최고의 실력자를 뽑는 대회도 생긴다면 재미있겠다.) 책자에 실린 시조 100편 가운데 무작위로 두 편씩 암송하는 예선을 거쳐 본선은 1:1 토너먼트 방식으로 진행된다. 무엇보다 심사가 가장 공정한 대회 아닐까? 시조 제목이 적힌 막대기를 뽑아 상대에게 외우도록 한 뒤(공격), 순서를 바꿔 상대방이 골라준 시조를 외운다(수비). 약 200명의 관중이 스크린으로 시문을 보고 있는 가운데 둘 다 정확하게 시조를 왼다면 감정 표현 등 낭송의 질을 따져 승부를 가린다고. 대회 창시자 권갑하 시인은 장기적으로는 우승 상금을 1000만원으로 올리는 '충격요법'을 써서라도 대회 규모와 시조 낭송 인구를 키우고 싶다고 밝힌 적이 있다.

김태정 선생님은 작년 12월 재능이 끝난 뒤 준비에 돌입해 6월인 지금, 시조 100편을 다 외웠다고 한다. 나는 어휘력이 한참 딸리는 사람처럼 "대단하세요, 대단하세요." 만 반복했다. 머릿 속 어휘 은행의 잔고가 떨어져 부도가 난 것만 같았다. 무슨 방법이 있는 거냐니까 "방법요? 방법 없죠. 많은 시간과 훈련요. 그리고 어느 때가 되면 암송할 때 그림이 그려지는 것 같아요." 라고 하셨지만, 그림이 백장이나 되는데 관리가 쉬울까?

A. 예선에서 떨어질 수도 있다고 생각해요. 낭송대회는 내 시 같은 시만 하면 되지만, 100편 중 아무리 길어도 내 시 같이 너무 좋은 시가 있는가 하면, 짧아도 내 시 같지 않은 시들이 있어요. 그런 게 뽑히면 어떡하나 하는 두려움이 있고, 한 달 동안 그런 두려움을 없애려면 자꾸 익숙하게 할 수밖에 없죠.

태산 같은 부담이 다가온다. 400개의 눈동자가 보는 가운데 조사 하나 틀려도 떨어지는 초긴장 상태의 랜덤 암송 준비란 시간과 정력이 정말 소요되는 일이다. 지난 1년 동안 열한 개 시를 연습해 열세 곳의 대회에 나가고, 이제는 가사를 외고 있는 나에게 남편은 왜 스스로 정신적인 학대를 하냐고 물은 적이 있다. 본인의 손으로 지은 '시 감옥' 속에 들어가 자청해 갇혀 사는 사람 같다는 말도 하는데, 시조대회 준비하는 이 분들이야말로 더 강력한 적을 만들어 눈앞에 세우고, 쓰러뜨리고 하는 전사 같다. 그 도전의 이유가 궁금했다.

A. 제 스스로가 기특한 게 도전을 즐기는 것이랍니다. 대회 하나만 생각하는 게 아니고 배우고 익히려고 하는 부분, 그 과정에서 시를 더 좋아하게 되고요. 시조 100개를 외우면 그 100개가 다 저에게 오는 거잖아요. 그게 다 어디로 가겠어요? 그게 재산이고 다 제 것인데, 저는 시를 쓰고 싶고 시인으로 불리고 싶은 사람이기 때문에 그 자체가 공부입니다. 그런 걸 즐겨가는 것, 그 과정들이 참 좋아요. 내가 좋아하는 시들만, 내 것 같은 것만 하면 좋겠지만, 그래도 시인이 되려면 어쩔 수 없죠. 시인은 희로애락이 많은 사람이고, 뭔가 어려움이, 힘듦이 많은 사람들이 시인이 되는 것 같아요. 그래야만 시가 나오는 것 같습니다. 이

생각 또한 저만의 오류이기도 합니다. 일상이 행복이고 일상이 '시'인 것을… 시낭송가로 활동하면서 정말 제가 쓴 시, 시조가 여러 분들께 공감되어 읽혀지기를 바랍니다. 등단하기까지 십수 년을 다듬고 다듬어야겠지요.

누구든 시가 좋아서 낭송을 하게 되는 것이므로 기록으로 남을 만한 시조와 시를 창작하는 것이 김태정 선생님의 최종 목표라고 한다. 수긍이 갔다. 뭔가를 많이 읽고 받아들이다 보면, 언젠가 그것이 글로 흘러넘칠 거라고 믿는다. 이 모든 것이 선생님께는 창작을 위한 배움과 정진의 과정이다.(김태정 선생님은 인터뷰 이후 열린 2019 제7회 문경새재 전국시조암송경연대회 결승에 진출해 2등을 차지하셨다. 우승과 다를 바 없는 결과라고 생각한다. 이 소식을 언론보도로 접한 나는 '선생님께서는 한다면 해내시는 멋진 분이세요!' 라는 문자를 보냈다.)

마지막 공통 질문.

Q. '시낭송은 나에게 ○○○이다'의 빈칸에 들어갈 답이 무척 궁금합니다.

A. 나에게 시낭송은 '자궁'이다. 태초의 부름이고, 안식이고, 창조입니다. 본성은 어디에 버릴 수 없지만 '치유의 낭송'이란 말의 뜻이 정말 하면 할수록 느껴지는 것 같아요. 시낭송하면서 언어가 가지고 있는 신비를 경험합니다. 낭송은 이미지와 울림을 동시에 가지고 있거든요. 시낭송은 저를 다시 태어나게 한 자궁입니다.

Q. 그럼 선생님의 인생은 시낭송 전후로 나뉜다고, 그렇게 말할 수 있나요?

A. 그런 것 같아요. (잠시 후) 그렇습니다.

'학교 다니면서 전국대회에 나가본 적도, 상을 받아본 적도 없었는데 시낭송대회를 통해 대상이라는 걸 받게 되자 특히 친정어머니께는 여기저기 자랑하시는 게 큰 기쁨'이라고. 양가 부모님 중 유일하게 생존해 계신 어머니 덕분에 정진하는 모습을 보여드리려 더 애쓰게 된다고 한다. 가정에서 선생님은 대학교 3학년, 고3 아들 둘을 둔 엄마. 한복을 벗으신 김태정 선생님은 30대로 보였기에 나는 대학생 이야기에 쇼크 받았고, 인터뷰 직후 함께 찾은 사진관에서 언니 동생 사이냐고 물었을 때는 혹시 나를 언니로 알

앉을 수 있겠다는 생각도 잠시 했다. 특히 둘째 아드님은 매일 시 필사를 한 개씩 해서 어느새 필사 책이 세 권 째란다.

이번 인터뷰를 앞두고 재능 대상수상자라면 시낭송을 처음 할 때부터 '낭송 수재'로서 두각을 나타냈는지, 다른 사람보다 뛰어난 점은 무엇이고 또 부족한 점은 무엇이었는지가 무척 궁금했다. 그런 의문을 갖고 살핀 결과, 대상의 시작점은 남들보다 뛰어날 것도, 모자랄 것도 없이 시를 좋아하는 보통의 사람들과 다르지 않음을 알았다. 그러니 만약 지금 재능대상을 꿈꾸며 이 글을 읽는 초보 낭송인이 계시다면, 이다음 보통 사람으로서 그 큰 영예를 안을 수 있도록, 꾸준히 체력과 실력을 키우며 깊이를 더해 가시면 될 듯하다. 그동안 내가 찾던 낭송의 '깊이'란 지속성과 반복에서 비롯된다는 것을 목포의 김태정 스승께 배워간다.

이번 인터뷰의 숨은 은인(恩人) 세 분께 감사드린다. 부산에 계신 부모님께서 새벽 네 시 반에 기상, 왕복 아홉 시간을 운전해 함께해 주셨다. 아침에 나보다 한 시간 먼저 목포역에 도착해 기다려 주셨고, 목포문학관에 내려주시기까지 딱 10분간 뵌 뒤로는 저녁 때까지 내가 김태정 낭송가님과의 인터뷰에만 집중할 수 있게 배려해주셨다. 부모님 품을 떠나 경기도에서 살면서 주중에 일하고, 주말에는 전국으로 낭송대회 다니고, 혼자서 인생길을 달리고 있다 생각했던 모든 순간에도 나를 지탱해주고 있던 것은 두 분의 사랑이었음을 깨닫는다. 적어도 내 생각으로는 내가 최고의 부모님을 만났기 때문에, 살면서 가끔 '참 지독하게 운이 없네' 싶을 때 '내가 우리 부모님 자식으로 태어나는 데 운을 너무 많이 써서 결과가 이랬나보다' 생각하고 나면 마음이 세상 편해진다. 끝으로 친정 부모님과 1박 2일간의 목포 여행이 허락되도록 역시 부산에서 상경해 어린 손주를 돌봐주신 시아버님의 사랑에도 감사드리며 글을 마친다.

| 김태정 님 대상 낭송시 |

역사歷史

신석정

1

저 하잘것없는 한 송이의 달래꽃을 두고 보드래도, 다사롭게 타오르는 햇볕이라거나 보드라운 바람이라거나 거기 모여드는 벌나비라거나 그보다도 이 하늘과 땅 사이를 어렴풋이 이끌고 가는 크나큰 그 어느 알 수 없는 마음이 있어 저리도 조촐하게 한 송이의 달래꽃은 피어나는 것이요 길이 멸하지 않을 것이다.

2

바윗돌처럼 꽁꽁 얼어붙었던 대지를 뚫고 솟아오른 저 애잔한 달래꽃의 긴긴 역사라거나 그 막아낼 수 없는 위대한 힘이라거나 이것들이 빚어내는 아름다운 모든 것을 내가 찬양하는 것도 오래 오래 우리 마음에 걸친 거추장스러운 푸른 수의囚衣를 자작나무 허울 벗듯 훌훌 벗고 싶은 달래꽃같이 위대한 역사와 힘을 가졌기에 이렇게 살아가는 것이요 살아가야 하는 것이다.

3

한 송이의 달래꽃을 두고 보드래도 햇볕과 바람과 벌나비와 그리고 또 무한한 마음과 입 맞추고 살아가듯 너의 뜨거운 심장과 아름다운 모든 것이 샘처럼 온통 괴여있는 그 눈망울과 그리고 항상 내가 꼬옥 쥘 수 있는 그 뜨거운 핏줄이 나뭇가지처럼 타고 오는 뱅어같이 예쁘디예쁜 손과 네 고운 청춘이 나와 더불어 가야 할 저 환히 트인 길이 있어 늘 이렇게 죽도록 사랑하는 것이요 사랑해야 하는 것이다.

〈2〉제3회 금오 전국 시낭송대회 대상수상자

| 전병조 님 약력 |

- 1958년 경남 함양 출생
- 시인, 시낭송가
- 전북재능지회 목시부장
- 한국문협 군산지부 수석부지부장
- 군산 석조문학 동인, 오늘의 문학 동인
- 원광대 일어교육과 졸업
- 1997년 계간 〈오늘의 문학〉 여름호 시부문 당선
- 제29회 재능시낭송대회 동상
- 제3회 금오 전국 시낭송대회 대상
- 제1회 고은 전국시낭송대회 최우수상
- 2016년 시집 〈바람이 가는 길〉 출간

'혼을 갈아 넣은 낭송'을 들려준 전병조 님

윤동주 시, 〈소년〉의 첫 줄처럼 '여기저기서 단풍잎 같은 가을이 뚝뚝' 떨어지기 시작하던 9월의 마지막 주 토요일, 기차역으로 향했다. 시인이 말한 '들여다보면 눈썹에 파란 물감이 들 것 같은' 하늘이 바로 이건가 보다. 그날 하늘은 정말 푸르렀고, 나는 시낭송을 위해 난생 처음 구미 땅을 밟았다. 산업도시에서 이제는 인문학의 도시로 변하고 있는 구미에서 제3회 금오 전국 시낭송대회가 열린다.

이른 오전 도착한 나는 구미역전의 카페 2층에서 커피를 마시고, 아무도 없는 화장실에 들어가 네댓 번 암송을 해보며 출격 준비를 마쳤다. 그런데 연습 후 문을 나서는 순간, 비어있는 줄 알았던 어느 칸이 불쑥 열리더니 젊은 여성분이 나온다. 웃으면서 "분위기를 깨면 안 될 것 같아서 끝날 때까지 기다렸어요." 하고 재빨리 나간다. 시가 가진 힘이란 무엇인지 느낄 수 있는 순간이었다. 한편, 생판 모르는 사람을 10분간 화장실 칸에 숨죽인 채 붙들어 놓을 수 있었다면 오늘 상 하나 타갈 수도 있겠다는 기분 좋은 예감도 살짝 들었다.

예선을 통과한 대학일반부는 총 27명으로, 순서지에 실린 시들을 훑어보니 오늘도 신석정, 문병란, 유치환, 박두진 시인의 인기는 여전하다. 시 속의 숨은 시를 발굴해 내는 것도 낭송인의 역할인데, 대회용 참가시 겹치기 현상이 나는 좀 아쉽다. 제1회 전국 신석초 시낭송대회 때는 총 일곱 명의 수상자 중 여섯 명이 똑같이 〈바라춤〉을 낭송했다! 이건 진짜 아니지 않나? 오늘 내게 생소한 시는 〈깨꽃냄새〉 하나 뿐. 그런데 검색을 해도 인터넷에서 찾아볼 수 없었다.

참가번호 22번, 전병조 님의 무대를 보고서야 '깨꽃냄새' 가 무얼 의미하는지 처음 알았다. 병석에 오래 계신 아버지가 당신 몸에서 '깻묵 썩은 냄새'가 나지 않느냐고 묻자 아들은 '썩는다'는 말이 불경스러워 '깨꽃냄새'가 난다고 답한다. 그 마음, 참 절절하다. 허나 아버지는 그럴 리 없다며 고개를 저으시고, 부친의 음성이 훗날 무덤가에 선 아들의 귀에 맴돈다.

'썩은 깻묵에서 깨꽃냄새가 날 리 없지야'라는 구절이 전병조 님의 입을 통해 총 네 번 되풀이되었는데, 반복과 약간의 변화들이 심상치 않았다. 반복된 그 문장은 무척 힘이 세서, 듣는 이를 번쩍 들어 각자의 아버지 얼굴 앞으로 데려다놓는 것 같았다. 전 낭송인은 아버지를 몹시도 그리워하는 한 명의 아들이 되어 부자간의 대화를 잔잔하게 펼쳐놓았다가, 먹먹한 그리움을 쓸쓸히 표현했다. 한 순간에 아버지가 되어 속으로 꾹꾹 참아 삼키던 응어리를 통곡처럼 내뱉고 털어내기도 했다. 무슨 사연이 있어서 저 시를 선택하고 저리도 사무치게 낭송을 하실까 싶었다.

마음을 저릿하게 만든 그 호소력은 결국 심사위원에게도 통했다! 직업 성우 같은 목소리, 깔끔한 발음, 노련한 낭송을 선보인 이들을 제치고 전병조 님이 결국 대상수상자로 불린다. 순간 '노래는 승부가 아니라, 자기만의 빛을 내는 별자리를 만드는 것'이라는 어느 음악인의 말이 떠올랐다. 전 선생님의 시낭송에는 발성·발음 같은 기술적 심사 기준으로 세분화해 점수를 매길 수 없는 딱 그 분만의 감성이랄지 영혼이 녹아있었다. 이런 감상평을 '혼을 갈아 넣은 낭송'이라 정리해 가슴에 담고, 나는 은상을 수상한 직후 열차 시간에 쫓겨 급히 대회장을 떠났다.

다음날 영남일보 단신을 통해 전병조 님이 전북재능시낭송협회 군산지부장을 맡고 있으며 약 300편의 시를 쓴 중견 시인임을 알았다. 무대에서 오른 팔이 불편해보이셨는데, 기사에 따르면 30대 중반 직장에서 사고가 있었다고. 당시는 무척 힘들었지만 또 다른 삶의 배움이 있었다고 한다.

개인적으로 전 선생님의 연락처를 얻는 데 꼬박 일주일이 걸렸다. 소속 단체 사이트를 찾고, 공연했던 장소에 전화해보고, 작품이 실린 개인 블로그에도 가봤으나 소득이 없었다. 결국 재능시낭송협회 중앙회에 문의한 뒤 재능전북회장님과의 통화를 거쳐 비로소 연락이 닿았다. 인터뷰를 통해서 내가 가르치는 20~30대 학생들에게 시를 전하는 데 도움을 달라고 만남을 요청하는 이유부터 설명 드렸다. 노년에는 젊음 하나만 바라게 된다지만, 내 주변에는 젊음 하나밖에 가진 것이 없어 고단한 청년들이 많다. 힘들게 사회에 첫 발을 내딛거나, 고단하게 일해야 하는, 아예 일을 시작도 못해 힘든 젊은이들이 가장 많다. 고군분투중인 그런 청춘에게 필요한 것은 페이스북과 트위터 속 즐거운 사진들이 아니라 한 줄의 시일 수도 있다고 믿는다.

전병조 님도 시가 젊은 층으로 내려가 초등학생 때부터 암송되고 인문학적 요소가 함양되어야 나라가 발전한다는 생각이라며 흔쾌히 요청에 응해주셨다. 내가 곧 재능 서울 권역 예선을 앞두고 있다니까 대회 시간과 장소를 물으신다. 응원하러 군산에서 서울까지 오시겠다고, 그날 인터뷰를 하자 신다. 그럼 너무 좋고, 나에게는 재능 2차 예선 출전만으로 큰 영광이라 하니 "네, 그런 마음으로 편히 한번 해보시게요." 하시는데, '예선 통과는 당연하고 본선 진출에 아무 문제없을 것' 이라며 고마운 호들갑을 떠는 여성분들과는 또 다른 형태의 우정을 나눌 수 있을 것 같은 예감이 들었다.(그러나 당일 선생님께 같은 날 열리는 재능 정기공연 리허설 참가 문자가 날아왔고, '재능인으로서 무게이며 가장 소중한 약속'을 지키고자 결국 서울에 못 오셨다.)

꼭 한 달 후, 우리는 수원역에서 만났다! 개찰구를 나오는 선생님은 오늘도 조금도 뾰족하거나 모나 보이는 부분 없이 인간미 넘치는 온화한 인상이다. 약속을 지키러 이렇게 오신 거냐 여쭈니 '환희 웃기 위해서'라고 하신다. 나는 출전 시의 선택 과정부터 자세히 듣고 싶었다. 오래 병간해오던 아버님을 절절히 떠나보낸 경험이 있는 건지, 그간 어떤 속사정이 있었는지. 그런데 첫 답변부터 숨겨진 반전이 있었다!

Q. 대회 당일 〈깨꽃냄새〉를 검색해봤으나 인터넷에서 찾을 수 없는 시였습니다. 저 분이 진짜 저런 경험을 하셨구나, 싶을 만큼 시에 푹 잠겨, 사무친 감정으로 가슴 먹먹해지는 낭송을 하셨어요. 선생님께 아버지가 각별한 존재이셨던가요? 어떤 사연이 있어 그런 시를 고르셨나요?

A. 그거 내가 선택한 것이 아니고요, (네? 나는 몹시 당황한다.) 전북재능시낭송협회에서 전북·경북·대구 시인과 시낭송인들의 화합, 친목을 목적으로 매년 봄·가을 두 차례 번갈아가며 동서공감이란 행사를 합니다. 올해 봄 전북 주최 행사 때, 연출자께 제가 그 시를 받았어요. 시극에서 아들, 아버지 역할을 함께 해달라고요. 제게 적격이라고 그 시를 주셨습니다.

대반전이다. 동시에 시 선택을 가장 힘들어 하는 나는 귀가 번쩍, 눈이 반짝했다. "대상 시, 그거 골라주신 그 분과는 계속 연락되시는 거죠?" 하니 익산의 시인이자 시낭송가, 김애경 선생님이라 한다. 시 선택과 조합, 사람에게 어울리는 시의 배분에 있어 대단한 재주를 가지신 분이라고. 마치 용한 점집 정보를 들었을 때처럼 내 마음이 요동치며 내일이라도 익산행 기차에 오르고 싶었다. 놀라운 감각으로 시를 배정해 낭송인과 시의 조합을 짜준다니! 그런 '시 코디네이터'의 도움을 나도 꼭 받아봐야겠다.

익산에 계신 김 선생님이 재능 있는 조력자라면, 전 선생님은 주어진 시를 자기화하는데 탁월한 재능이 있는 분이다.

Q. 그럼 선생님은 특히 아버지에 특화된 시낭송가인가봐요.

A. 이상하게 계속 연결이 되네요. 그러고 보면 저는 부모에 관한 시에 좀 더 감정이입이 잘 되는지도 모르겠습니다. 제1회 고은 전국시낭송대회 때 〈어머니〉란 시를 낭송해서 최우수상을 받았고, 지난 가을 경북 구미에서 열린 동서공감 행사 때도 경북 송진환 시인의 〈모과나무〉가 주어졌는데 역시 요양병원에 모셔진

우리들 어버이에 대한 시였습니다.

시극 중에는 아버지 역할을 주로 맡는데, 다른 출연자의 낭송 때 전 선생님이 휠체어를 타고 머리만 흔들흔들하면, "고것이 또 그렇게 실감났다." 말해주는 사람들이 많았다고. 세상에 아버지를 노래한 시는 많고, 사모곡은 그에 비할 바 없이 더 많다. 시인도 누군가의 자식이고, '부모'란 우리에게 가장 가깝고도 큰 말일테다. 그러나 나는 단 한 번도 부모님과 관련된 시를 고른 적이 없는데, 청중이 울기도 전에 내가 엉엉 울 것 같아서…

Q. 1행 아버지의 담담한 물음과 아들의 대답, 고조된 아버지의 음성과 회상시의 음성 연기가 간단해 보이지 않았습니다. 어느 정도 기간을 두고 몇 번 다듬으셨는지요?

A. 3월에 처음 〈깨꽃냄새〉를 받아서 바로 시극 연습에 들어갔고, 드문드문 공연을 통해 그 시를 해봤어요. 동일시로 재능대회 1차 예선도 통과했습니다. 그런데 광주에서 열리는 호남 권역 재능 2차 예선 날이 금오 대회와 딱 겹쳐서 고민을 했어요. 전날 광주로 갈까, 구미로 갈까 하다가 금오 본선 참

가를 택했죠.

아! 아깝다. 선생님이 그날 광주로 가셨더라면 나는 은상이 아니라 금상을 받을 수도 있었을 텐데! 정량화, 수치화하길 좋아하는 나는 몇 번이나 연습하신 거냐 거듭 질문을 하고, 전병조 님은 "몰라요, 하여간 대회 다가와서는 앉으나 서나 자나 깨나." 라 답한다.

Q. 평소 시 연습이나 대회 준비를 하며 재미있었던 일들, 시낭송을 향한 열정
   이 빚어낸 촌극이 있다면 함께 웃을 수 있게 나눠주세요.

A. 낭송 시작하고 얼마 안 되었을 때 한밤 중에 방에서 혼자 연습
   을 하고 있는데, 어머니가 문을 똑똑 두드리더니 빼꼼 들여다보
   시면서 "너 어디 아프나" 하셨어요. 한 맺힌 소리에 감정 표현
   이 들어가다 보니까 어디 아파서 소리 지르는 줄 알았다고요.

무슨 소리를 내셨기에! 그 부분을 그때와 '똑같이' 재현해 들
려달라고 하니 고은 시인의 〈어머니〉 중 '피 펑펑 쏟아 말 못할 속
곳 다섯 벌 빨아야 했다.' 라는 문장의 종결어미를 천천히, 갈래꽃

밑동 마냥 갈라진 음성으로 표현해 보이시는데, 그건 참말로 아픈 사람 목소리였다!

그 외는 대중교통 이용 중 실감나게 해야만 연습이 되니까 자신도 모르게 목소리가 툭 튀어나갈 때, 길 가던 사람들이 힐끗힐끗 되돌아보는 일이 있다고 하신다. 대중교통 애호가인 나처럼 선생님도 이동 중 늘 시와의 '놀이'를 즐기는가보다. 시를 주무르고 조금씩 떼어보고 조물조물 만졌다가 굴려보고 토닥여도 보고 살살 쓰다듬다 던져놨다가 다시 들고 곰곰이 들여다보고 하니까, 시는 내게 '놀이'다. 또 '순수한 기쁨'이다.

예선도 없이 144번까지 나오는 예천 대회 때, 세 식구 1박2일 체류에 50만원의 경비를 쓰고, 상금은 20만원 받았다. 이게 장사였다면 파산이다! 그러나 시가 '기회비용' '시간낭비'란 단어를 싹 지워버렸다. 물질적 계산이나 셈 같은 것도 모두 시가 병풍처럼 차단해준다. 그래서 나는 그 속에 들어 앉아 요즈음 순수한 마음으로 낭송을 하고 있다. 시에 눈멀어 있는 이런 시간이, 어느 날 내 삶에 찾아온 순수한 기쁨이고 어여쁨 같다.

Q. 시낭송대회 문을 두드린 지 몇 번 만에 대상을 받으셨나요? 그동안 선보인 시들에는 어떤 것이 있는지 궁금합니다.

A. 다섯 번 만입니다. 거주지가 군산인 관계로 고은 시인의 〈어머니〉〈아침바다〉〈자작나무숲으로 가서〉를 해봤고 재능에서는 이기철 시인의 〈열하를 향하여〉, 정군수 시인의 〈깨꽃냄새〉가 다섯 번째입니다. 처음 나갔을 때 최우수상, 그리고 동상 한 번과 장려 두 번을 탔네요.

Q. 대회용 시 외에, 선생님의 '인생시' 들은 무엇입니까?

A. 저를 사로잡았던 인생시들은 나이에 따라 변했습니다. 중학교 국어 선생님께서 교과서에 나오는 한국시와 한시를 많이 외우게 시키셨는데 제가 곧잘 외워 낭송을 하면 선생님이 예뻐하신 기억이 있어요. 고등학생 시기에는 내가 많이 힘이 들었는데 유치환 시인의 〈바위〉를 거듭해서 외우며 자신을 다독이고 삶의 자세를 다졌던 기억이 있어요. 〈바위〉 시를 통해, 무너지면서도 무너지지 않으려고 안간힘을 썼던 것 같아요.

유치환. 여기서 그 이름 석 자를 들으니 무척 반가웠다. 유치환의 시를 붙잡고, 거기 매달려 보냈던 지난 여름에는 마치 시냇물 가에서 놀던 아이 같던 내가, 거인의 어깨에 올라타 광대하고 자유로운 바다를 바라보는 것 같은 느낌이 들었다. 청마의 시는 일단 스케일이 큰데, '영겁' '불사신' '함묵' '창망' '원뢰' '종시' 등 웅장한 단어들이 모여 단체로 출연하는 블록버스터 영화 같다.

동시에 정신을 번쩍 깨우고 불필요하거나 부정적인 것들을 내모는 일갈이다. 그 호통에는 굵직한 진리가 하나씩 담겨있으며 〈바위〉도 그렇다. 무너져 내릴 것 같고, 자신을 잃어버릴 것 같이 위태로운 사람들이 삶의 조각난 것들을 모으게 만드는 힘을 주는 시다. 시에는 영 흥미가 없는 나의 남편도 〈바위〉 만큼은 무척 좋아하는데, 그 시에 크게 빚진 시기가 있는 것 같다.

Q. 특별히 좋아하는 시인도 있습니까?

A. 좋아하는 특정 시인은 없습니다. 자기 마음과 감정을 운율로 풀어내시는 분들은, 시를 막론하고 누구나 존경해요. 다만 인간적

인 면에서 본다면, 시인으로서 자세와 삶의 태도의 측면에서 제 가까이에 계신 군산문인협회의 김정수 시인을 존경합니다.

시와 시인이 불일치하는 경우를 나는 몇 번 보았다. 작품을 통해 고결함과 고매한 정신을 우아하게 노래하던 문인이 현실의 행사에서 가만히 지켜보면 한 마디로 '주책바가지'인 때가 있었다. 순수한 주책바가지도 아니고 과시적인 태도, 인정받고자 하는 욕구를 드러내 보일 때면 낭송인으로서 실망할 수밖에 없다. 그러나 전 선생님과의 대화를 통해 그건 비단 시인만의 문제가 아니며, 나 자신 또한 거기서 자유로울 수 없음을 알았다. 내 자신도 의식하지 못한 채 다른 사람에게 그런 모습으로 비칠 수 있는 거라고, 나를 일깨워주신다.

그랬구나. 입술에 늘 꽃 같은 시를 물고 사는 '정신적 귀족'일지 몰라도, 낭송인들도 그런 불일치한 일상은 많고도 많은 것 같다. 나와 비슷한 고민을 하는 분들과 박두순 시인의 〈마음 읽기 - 지하철에서〉를 나누고 싶다.

지하철 안에서

시를 읽고 있었다

노인이 허리를 구부리고 들어섰다

모른 체하려다가 일어섰다

시 한 줄 읽기보다

마음 한 줄

더 읽기로 했다

바로 내 눈 앞에 서있는 사람의 고단한 심신도 읽지 못한 채, 편히 자리에 앉아 시집을 읽는다는 것은 어불성설일 것이다. 시만큼 깨끗하진 못해도, 시를 닮으려 노력하며 덜 더럽게 살아야겠다고 다짐한다.

Q. 약 300편의 시를 쓰신 등단시인이라 알고 있습니다. 시낭송은 올해로 4년 차라고 하셨는데, 2014년에는 무슨 일이 있었던 건가요?

A. 제가 관계하고 있는 알코올상담센터의 팀장이 어느 날 본인이 시낭송을 하고 싶다고 해요. 문인 중에 시낭송협회와 관련된 분들이 있다고 하니 그 모임이 어떤 건지 먼저 보고 오라 부탁해서 착하게 보러갔어요. 가보니 앉아있는 사람의 2/3가 내가 아

는 사람이에요. 반갑게 인사하고, 끝나고 차도 한 잔씩 하고, 그 분위기가 좋아 다음 주에 또 나가고 해서 팀장님보다 내가 6개월 먼저 시작했어요. 2015년에 특별히 지도를 받지 않고 처음 참가한 대회에서 그날 감정이입이 유독 잘 되어 뜻밖의 최우수상을 수상했습니다. 처음부터 큰 상을 받았고, 그 모임이 후에 재능시낭송회로 편입이 되면서 점점 빠져나올 수 없는 블랙홀이 되고 말았죠.

늘 낭송이란 머리·가슴·입이 같이 하는 것이라 생각해왔다. 시인으로서 머리와 가슴에 시심이 충만해도 '입'의 훈련은 다른 차원의 일인데, 낭송의 기본기인 호흡·발성·발음은 어떻게 잡았을까?

Q. 교육기관의 도움을 받거나 시낭송가를 사사하신 적이 있나요?

A. 전북재능시낭송지회에서 실시하는 시낭송 아카데미에 꼭 참석해서 교육, 교정을 받았고 시낭송 강사 자격증을 취득하면서 빠짐없이 수업에 출석하며 도움을 받았습니다. 집에서, 또 산책하며 계속 연습하는 동안 그 배운 것들이 하나하나 깨우쳐지고 새

겨지게 되었습니다. 하지만 대상을 타고 나서 더 확실히 잡혀지는 걸 경험하고 있어요. 결국 감을 발견하고 익히기 위해서는 시의 이해를 넘어서 스스로 호흡과 감정을 반복해 연습해야 하는 것 같습니다.

올해로 재능협회 군산지부장 임기가 끝나고, 주로 주말 행사가 많았던 단주 모임의 임원 자리도 내려놓았기에 내년부터는 주말마다 전국적으로 낭송대회를 많이 다니려고 하셨단다. 대상을 타고 나니 전에 배웠던 지식, 문자로 배운 스킬이 무얼 뜻하는 것인지 깨닫게 되는 순간들이 찾아왔고, 그걸 더 계발·발전시키고 싶은데 대상수상자의 출전을 제한하는 대회가 대부분이라 제대로 다녀보지도 못하고 대상을 받아 억울한 면도 있다고 하신다. 나는 너무 부럽다. 대회를 빌미 삼아 여행 다니는 것을 즐기면서도 이 전국 순례를 하루 빨리 졸업했으면 마음도 있기 때문이다.

대상수상자도 나갈 수 있는 대회가 없는 듯, 실은 꽤 있다고 말씀드리니 재능시낭송회에 누가 되는 것은 아닌가 싶기도 하고, 어느 정도까지는 자신감이 있으면서도 한편 창피만 당할까 하는 두려움이 있다고 털어놓으신다. 실제 지난 9월 열린 예천전국시낭송대회에는 대상수상자들이 대거 출전했으나 기대 밖의 성적을 거뒀다. 당일 심사위원들의 취향, 지역에 따라서도 듣는 귀가 다르기 때문일 것이다.

하지만 높은 탑을 쌓았다가 허물고 다시 한 장의 벽돌을 놓는 장인의 손길이나, 전날 밤 연주의 박수갈채와 환호는 다 잊고 다음날 아침 다시 연습을 시작하는 거장의 모습이 아름답듯, 도전을 멈추지 않는 대상수상자들의 용기가 나에게는 참 멋져보였다.

Q. 이번 대회에 첫 대상의 기대를 좀 하고 오셨던가요?

A. 재능 예선보다는 확률이 높다고 판단해 구미로 왔지만 대상은 꿈에도 안 꿨고요, 전혀 기대하지 않았습니다. 시낭송에서 제일 위험한 것이 아는 사람들의 칭찬인데요, 백퍼센트 믿지 말고 그걸 '디스카운트' 시켜야하죠. 다만, 시극을 하면서 사람들의 객관적인 평가가 좋았고, 스스로도 절제하고 끊고 맺고 완급 조절이 어느 정도 된다고 생각해서 은상 정도는 기대했습니다. 대회 심사 취지에 맞았고 시 선택에 많은 점수를 받은 것 같습니다.

금오 대회는 사회자가 전체 수상자 명단을 쭉 부르고 나서 시상식이 열린다. 계속 이름이 안 나오기에 은상까지 불렸을 때, 같이 온 다른 참가자에게 "이런, 나 떨어졌네요." 했다고.(본선 전원에게 최소 입선을 수여하기에 떨어지는 사람은 없는데, 당시 그 생각까지 하시진 못했다고 한다.)

명단 발표 방식 외에 대회 2주 후 〈시가 흐르는 가족음악회〉를 개최해 천여 객석 앞에서 대상수상자들의 앙코르 시낭송을 갖는 것이 금오만의 특징이다. 엉뚱한 질문이지만 나는 별도의 출연료가 있는 건지 무척 궁금했고, 기왕 엉뚱한 김에 얼마나 주는지도 알아보기로 한다.

Q. 구미 〈시가 흐르는 가족음악회〉에서의 앙코르 무대는 어떤 경험이었나요? 출연료는 얼마나 받으셨어요?

A. 무대 자체만으로 영광스러웠어요. 하나도 피곤하지 않았고요. 구미 대회는 대상에게 낭송가 인증서를 주지 않았지만 그 무대가 자격증보다도 의미가 있었습니다. 더 보람 있었던 것은 대기하면서 초·중·고등학교 대상수상자들과 시낭송에 대한 이야

기를 나눌 수 있었던 것이 기분 좋았어요. 특히 초등학생이 얌전한 아기인데도 리듬, 음악소리, 몸이나 기분까지도 함께 동일화시키는 능력이 뛰어났어요.

별도의 출연료나 교통비 없이 당일 점심으로 김밥 한 줄을 받았으나 불만은 전혀 없다 하신다. 결국 음악회 출연료는 대상수상금에 포함된 것이었군. 상금 백만 원의 사용처는 어머니께 사드린 작은 선물과 식사 대접이 60%, 나머지는 통장에 남아있다고 하신다.

Q. 시인으로서, 선생님의 삶에 처음 시가 들어온 것은 언제입니까?

A. 대학교 3학년 때요. 1·2학년 때는 소설 습작을 했는데 멋지게 구상은 해도 끝마무리가 안 되어 단편 하나를 완성 못시키던 시절, 그때부터 알코올 문제가 삶을 정상으로 영위하지 못하게끔 자꾸 앞을 가로막았어요. 어느 순간 술이 나를 지배하는 절망상태에서 김수영 시인의 〈풀〉이란 시가 눈에 들어왔어요. 그 풀이 꼭 나인 것처럼, 제 자신으로 페이드인 되며 필사를 여러 번 했죠. 그때는 이미 내가 무너지는 마지막 상태였고, 이미 쓰러져 있었고, 그래서 다시 일어나고 싶었던 것 같아요. 당시 술로 세

상을 회피하고 폐인이 되다시피 세상을 살면서도 삶을 유지시키는 유일한 수단은 시 쓰는 거였던 것 같아요.

그 후 40세 무렵까지 여덟 번 정도 시로 신춘문예에 도전을 했으나 목표를 이루지 못했고, 1997년 어느 날 술 마시고 문예지 네 군데에 보내려고 시 다섯 편 씩 넣은 봉투를 만들었는데 다음날에는 술을 너무 많이 마신 탓에 우표 값이 없었다고 한다. 딱 한 군데만 부칠 돈이 남아서 손에 잡히는 대로 봉투 하나를 들고 집을 나왔는데, 그때 거기 적혀있던 주소가 바로 전병조 선생님께 그해 신인상 당선을 안겨준 계간 〈오늘의 문학〉이었다고.

극적이다. 이번 인터뷰를 통해 나는 시낭송 밖의 삶, 그리고 성숙에 대해 많은 것을 알게 되었는데 전병조 선생님은 내가 처음 상상했던 것보다 더 극심한 고통과 배움의 과정을 술로 인해 겪은 듯했다. "끊으셨나요, 아니면 많이 줄이셨나요?" 라고 여쭈니 만 10년 동안 입에도 안 대고 얼마 전 단주 10주년 기념칩도 받았다 하셨다. 그리고 보니 전에 어느 영화에서 '한 잔은 너무 많지만 천 잔은 너무 적다.' 라는 경구를 본 적이 있는 것 같다. 일단 첫 잔을 들이키면 이상한 갈망에 휩싸이며 아무리 마셔도 만족하지 못하게 되니까 단주만이 유일한 답이라고. 사실 세상 모든 좋은 것과 관련해선 '못해본 사람'만 있을 뿐, '한 번만 해본 사람'이란 없는 거다. '딱 한 잔만'도 존재할 수 없구나!

어느 정도까지 드셨냐 하니 '탈진될 때까지', 주량이 몇 병이냐 물으니 '최고로 마신 게 29일'이라는 답이 온다. 안주도 거의 못 먹고 소금을 입에 넣고 물만 살짝 축이며 술을 마시는 그때쯤 되면, 또 살고 싶은 욕망이 생기더라고. 이대로 죽고 싶지 않고 원래 내 모습대로 살다 죽고 싶고 단 며칠이라도 술에서 벗어나 책임감 있고 성실한 나로 살고 싶은 욕망이 생긴다고도 했다. 그 심정이 조금은 짐작이 되며 납득이 갔다. 지금의 자신과는 전혀 다른 나로 살아보고 싶은 바람, 다시 태어나 처음부터 바로잡고 싶은 욕망은 누구의 마음속에나 있다.

계속해서 '시인' 전병조 님께 질문을 해본다. '시의 창작과 낭송은 어떤 관계인가?' 하는 것은 꽤 오래 품고 있던 질문이자 내게는 풀리지 않는 의문이다. '시인의 가슴에 머문 시는 하나의 기도이지만 유명한 주술사를 만나면 하나의 정령으로 돌변하게 된다. 그 기도가 반복이면 낭독이고, 그 기도가 타인의 심금에 닿으면 낭송이 된다.' 라는 이유선 대구시낭송협회장의 답을 본 적이 있다. 아니, 지금 떠오르는 생각처럼 쉽게, 시는 그냥 꽃이고 낭송이란 그 꽃 향기를 멀리 멀리 실어다주는 바람인걸까?

Q. 시의 창작과 낭송을 어떤 관계로 이해하면 될까요? '낳은 부모' 와 '기른 부모', 온갖 비유를 떠올려봤는데 참 어렵네요.

A. 시는 낭송의 기술과 관계없이 있는 그대로 사람들의 의식 깊숙한 곳에 때론 부드럽게, 때론 강렬하게 가 닿는 듯합니다. 그래서 낭송과 분리를 해야 할 것도 같아요. 문자 자체를 눈으로 봄으로써 사람 깊숙한 곳을 때리는 표현들, 삶을 관조하는 시들이 있습니다. 간단한 예로, 고은 시인의 시 '내려갈 때 보았네, 올라갈 때 보지 못한 그 꽃'은 수많은 이야기를 단 두 문장으로 줄여놓았죠. 일본 하이쿠에도 그런 예가 많은데요, 간결한 문장인데도 삶을 관통하는 시들이 있어 '그래, 이게 삶이야' 하는 것이 마음속에 그대로 울려오거든요.

아, 그런 시라면 나도 완벽한 예를 하나 알고 있다.

손가락이 열 개인 것은
어머님 배속에서 몇 달 은혜 입나 기억하려는
태아의 노력 때문인지도 모릅니다.

즉석에서 함민복 시인의 〈성선설〉을 읊어 보이니 전 시인은 "아!" 하는 탄성을 뱉고 "그게 시여!" 라 외치셨다. 이 시를 처음 볼 때 나도 그랬다. '아!' 하는 그런 찰나는 마법처럼 아주 금방 사라지지만 실로 대단한 순간이 아닐 수 없다. 단 석 줄의 시로 하나의 세계가 펼쳐지기 때문이다. 〈눈물은 왜 짠가〉 〈가을〉 과 같은 대표시로 유명한 함민복 시인이 〈성선설〉로 더 널리 알려지기를 간절히 바란다. 이런 시가 최고가 아니라면, 그럼 어떤 시가 그런 것일까? 날 때부터 어미의 고마움을 아는 사람들은 착할 수 있고, 이 시 덕분에 성악설, 성무선악설이 아닌 성선설을 정답으로 삼아, 평생을 선하게 살 수 있을 텐데?

시인과 시낭송가는 또 어떤 관계일까? 나는 어느 대회에 나갔을 때, 심사위원으로 오신 시인의 '그동안 낭송인들을 시인의 영역을 침범하는 사람이라 여겼다.' 는 고백에 충격을 받았다. 전에 한 참가자가 낭송하는 〈님의 침묵〉을 들으며 '한용운 선생님이 저걸 들으면 아마도 슬퍼하시겠다.' 생각한 적도 있다. 한용운 시인이라면 절대 그렇게 읽지 않으셨을 것 같았기 때문에. 만약에 어떤 사람이 '애초에 내가 이 시를 썼다'의 자세로 읊으면, 그걸 지켜보는 시인의 마음은 어떨까?

Q. 시인과 시낭송가는 동격입니까? 시작과 낭송은 독립된 예술양식인가요? 자신의 시를 낭송하는 낭송인을 바라보는 시인의 마음이 저로서는 짐작이 안 되어서요.

A. 시인과 시낭송은 독립적이어야 한다고 봅니다. 물론 내용을 잘 이해하고 그걸 소리와 운율로 풀어내는 것은 중요하지만 낭송인이 그걸 낭송하였을 때는 이미 시인의 시가 아니고 그 낭송인의 가슴이라는 것을 받아들여야 한다고 생각합니다. 같은 시를 모두 다르게 해석하는 것을 저는 여러 번 보아왔어요. 결국 그 시는 시인의 시가 아니라 그 낭송인의 정신세계지요. 물론 의도한 대로 낭송인이 잘 표현해내지 못하면 시인이 마음이 쓰릴 때가 있습니다. 하지만 자신이 미처 생각지 못한 아름다움을 낭송인이 표현했을 때는 감사함이 우러나오는 것은 당연하지 싶습니다.

시란 우리 모두에게 각기 다른 독해를 요구한다. 내가 유치환의 〈바다〉를 몇 백 번 읽었더니, 종국에 그건 바다에 관한 시가 아니었다. 누가 봐도 즐거운 시인데, 슬프게 느껴진 경우도 있다. 하지만 그걸 틀렸다고만 할 수 없는 것이야말로 시가 가진 매력이다.

Q. 시를 낳은 시인과, 시의 자기화를 이룬 훌륭한 낭송가 중 그 시에 대해 더 많이 아는 사람은 누굴까요? 〈깨꽃냄새〉를 두고 보면, 정군수 시인과 선생님 본인 중 누구죠?

A. 청중! 백 번, 천 번 읽었더라도 딱 순간적으로 듣는 청중보다 더 많이 알 수는 없어요. 말로써 표현할 수 없는 '아!' 하는 마음, 먹먹하면서도 탁 박히는 마음, 낭송을 듣고 그때 '아!' 하며 울컥하는 느낌이야말로 최고로 그 시를 잘 아는 것입니다.

미처 예상치 못한 최고의 답변이었다. 'A냐 B냐' 라고 물을 때 'C' 라고 답하는 것은 멋있다. 시인과 시낭송가가 아닌 '청중' 을 떠올리는 것이야말로 40년을 시와 벗해온 전병조 님의 내공이자, 시에 대한 사랑일거라 믿는다. 사전 조사한 바에 따르면 〈깨꽃냄새)를 쓴 정군수 시인은 현 석정문학관장 · 전 전북시인협회장이다. 전 선생님의 낭송을 통해 나를 비롯해 대회와 음악회의 많은 관객들이 그 시인과 시에 대해 처음 알게 된 셈인데, 정 시인의 반응도 궁금했다.

Q. 정군수 시인과는 만나본 적이 있습니까? 고마워하시나요?

A. 담담하게 고맙다 하시대요. 정군수 시인과는 대상수상 후 처음 대면했어요. 시창작 강의를 하시는 전주로 찾아뵙고 감사하다고 제가 보고를 드렸죠. 그날 수강생들 앞에서 낭송도 한 번 했고, 몇 달 뒤 전주에서 열리는 정군수 시인 특집, 찾아가는 시낭송회 때 또 하기로 약속을 했죠.

전 선생님도 시인이시니 자작시로 출전해보는 건 어떨까? 전에 나는 너무 좋은 시를 봤는데, '~했지요' '죄송해요' '아니겠어요?' 같은 어미가 영 입에 붙지 않아 고심 끝에 포기한 경험이 있다. 솔직히, 대구에 계신 그 원작자를 찾아가 '~했습니다' '죄송합니다' '아닙니다' 로 고쳐서 다시 발표해 주십사 사정하고픈 심정이었다. 내가 시를 쓸 줄 알면 내게 최적화된 낭송용 시를 썼을 텐데… 그러나 전 선생님은 자작시 출전은 못할 것 같고, 앞으로 할 생각도 없다고 딱 잘라 말한다.

Q. 자작시로 출전해보시는 건 어떠세요?

A. 현 낭송대회에서는 자작시가 회피되고 있고 앞으로도 자작시 출전은 긍정적이 아니라고 생각합니다. 적어도 우열을 가리는 대회에서 자유시를 하라는데 자진해 자신의 시를 낭송한다는 것은 자기 아들을 경매붙이는 것과 같지 않나 싶어요. 한편, 자랑이나 과시용이 아니라 남들이 진정 듣고 싶어서 다른 장소, 다른 상황에서 요청을 한다면 부끄럽더라도 용기를 내서 기꺼이 하는 것이 예의인 듯해요. 처음 시 하나 쓰고 나면 그 시가 세상에서 최고 같아 보이고 이 시가 노벨문학상감으로 보여요. 그런데 다음날 다시 읽고, 나중에 자꾸 보면 이건 시도 아니고 아무것도 아닌 것 같고, 아주 초라한 시로 부끄럽게 느껴져요.

인터뷰 직전에 2016년에 출간하신 시집 〈바람이 가는 길〉을 선물로 받은 터라, 써놓고 노벨문학상감이라 생각하신 그 작품이 뭔지 알려주시라 했다. 그러자 전 시인은 그 시가 제발 여기 없으면 좋겠다고 말한다. 무척이나 난감한 표정으로 시집을 앞뒤로 한참 넘겨보시기에, 노벨문학상 받을 것 같았던 시 제목이 대체 뭐냐고 다시 재촉하니 "다 그런데!" 라 답하심.

제일 좋은 시만 골라서 내놓으면 다시 못 낼 것 같아서 그냥 정리해놓은 순으로 시집을 출간했으며, '나와 가장 가까운 시', '대표시'로 질문을 조금 바꾸니까 그제야 〈바람이 가는 길〉과 연작시 중 〈겨울강가에서 2〉를 꼽으신다.

단체 활동으로 화제를 돌려본다. 친구가 별로 없는 나와는 달리, 선생님은 '나' 보다 '우리' 가 되어 사는 시간이 많은 듯 보였기 때문이다.

Q. 재능시낭송협회의 군산지부장으로서 회원들과 함께 추진하신 활동내역이 궁금해요.

A. 매주 월요일 저녁 시낭송 모임을 갖고 매월 둘째 주 시민과 함께하는 월요시낭송회를 열어 시낭송 보급에 앞장서고 있습니다. 찾아가는 시낭송 공연을 기획하여 학교·기관·시민단체를

방문하여 독송·합송·윤송·시퍼포먼스·시극 등을 공연하고 객석 시낭송 시간을 마련해 함께하고 있죠. 전북재능시낭송회의 각종 행사에 회원들을 연습시키고 준비하는 역할을 하고 있습니다. 회원들 각자 자신도 몰랐던 끼를 발견하고 또 상대방의 새로운 면을 발견하게 됨으로써 느끼는, 본능적 동질성에 기초한 친밀감을 갖게 된다는 매력이 있는 것 같습니다.

개인의 뛰어난 역량은 '기술'에 머무르지만, 함께하면 '예술'이 된다고 했던가? 늘 혼자서 뭔가를 하는데 익숙했던 내가 시를 매개로 사람들과 인연을 쌓아갈 수 있다는 걸 요즘 알아가는 중이다. 시가 내게 그런 징검다리가 되어줄까? '나'보다는 '우리'라는 말이 든든하고 따뜻한 법인데…

준비된 마지막 질문으로 '나에게 시란, 시낭송이란 ○○○이다'의 빈칸을 채워 달라 부탁드린다. "'잘 익은 과일즙'이다. 대롱을 꽂아놓고 단번에 쏙 빨아들이고 싶은 강렬한 갈망이다." 라 하시는데, 말이라기보다 시였다.

인터뷰를 하며 떠오르는 질문이 하나 더 있다.

Q. 선생님은 전업시인이십니까?

A. 처음에는 전업시인이라 할 순 없었으나 직업이 없으니 후에 사람들이 직업시인이라 불러줬어요. 술 문제 때문에 대학생 때 ROTC 제적이 되고 군 생활이나 취직도 어렵고, 취직이 되어도 출근 문제로 제대로 직장 생활을 못하다가 술로부터 도망을 치고 싶어 군산에서 배를 타게 되었어요. 배에서 팔을 다치고 병원에 입원하니 팔 치료가 문제가 아니라 알코올 중독 치료가 문제라 하더군요.

술 맛을 모르는 나는 술이 맛이 있냐고 여쭈었다. 알코올 의존증이 정말 심한 이들은 처음 마실 때의 짜릿한 열기, 어느 정도 마셨을 때 편안한 감정, 황홀함 외에는 죽기 위해서 마시는 거라 하신다. '술로 서서히 나를 죽여 가는 것' 이라는 표현을 쓴다. 그런데 술에서 탈출하는 방법은 죽음밖에 없다 생각하다가도 양가감정이 든다고. 이 삶을 그만두고 싶으면서도, 다시 한 번 살아서 새 삶을 살아보고 싶고, '죽으면 다음부터 술을 못 마실 텐데' 하는 미련까지 겹쳐 죽음도 쉬운 게 아니라고 한다.

Q. 술과의 그 질긴 인연을 결국 어떻게 끊어내셨나요?

A. 삶의 모든 의미가 없어졌을 때 진정으로 내 자신을 바라볼 수 있는 성찰의 눈이 생겼어요. 병동에 입원해 아래로 정원사를 내려다보는데, 평소 나보다 못하다고 생각한 그 사람은 아침 저녁 자가용을 타고 출퇴근하고, 명절엔 선물을 받아 차에 싣고, 가족과 함께 갖출 것 갖추고 살대요. 그런데 나는 지금 환자복을 입고 철창 속에서 담배를 피우며 밖을 보고 있었어요. 이때껏 내가 옳다고 생각하고 판단하고 말하고 행동해온 결과가 이것이라는 것을 깨달아서 그때부터는 다 내려놓고, 내가 저 사람이 하는 행동을 따라서 그대로만 한다면 최소한 저 사람만큼은 살 수 있지 않을까 하는 생각에서, 그때부터 단주에 관련한 책들을 읽고 병원에서부터 실천했죠. 술·담배·커피 끊고 퇴원하는 그 날 술 끊는 모임에 가서 그날부터 카운트를 시작했습니다. 올해 8월 26일이 만 10년이에요.

Q. 지금은 행복하세요?

A. 많이 배웠고 많이 감사해요. 시행착오도 겪고 힘든 가운데도 뿌

듯한 충만함이 있고 감사한데, 감사하다보면 행복해져요. 술 끊은 것보다 더 좋은 것은 새로운 삶의 원칙이나 특히 내 자신을 알게 되었다는 거죠. 무엇 때문에 힘들어했고 두려워했고 무엇 때문에 원한에 사로잡혀 복수심에 불태웠는가, 나에게 본능적인 약점이 있기 때문에 다른 사람이 나에게 해를 끼칠 때 '저 사람도 마음의 병 때문에 그런 것'이라 이해할 수 있고 이해하는 순간에 용서할 수 있게 되면서 원망하고 미워하지 않게 되어 신께서는 정말 신기한 방법으로 나를 구원하시는구나, 지옥의 맛을 알게 한 후에 천국을 보게 하시구나, 내 자신을 먼저 알고 다른 사람을 이해하게 하시는구나, 싶어요. 그래서 종교는 없지만 오묘한 신의 존재를 믿게 돼요.

한마디로 전 선생님은 다시 태어나신 것 같다. 탄생은 아름다운 것이지만, 아픔 없이는 가능하지 않은 것이기도 하다. 짧지 않은 세월, 술로 고통 받았던 전 선생님이 이제는 시낭송, 그리고 함께 시를 읽는 사람들 속에서 정갈한 안식처, 따뜻한 보루를 찾고 마음을 편히 뉘인 듯 하여 기쁘다.

'술에 미쳤던 것 만큼 술을 끊기 위해서 미치니까 굉장한 에너지가 발생한다.'는 말도 기억에 남는다. 알코올 중독에 깊게 빠져 있었던 만큼 또 끊기 위해서 애정을 쏟으니 그만큼 폭발적인 반대급부가 나타났다는 것. 시 습작에도, 술에도, 술 끊기 위해서도 미친 듯이 자신을 버리는 연습을 했고 현재는 시낭송에 미치는 것이 지속되는 것 같다고 하신다.

맞다. 전 선생님이나 나나 시낭송에 살짝 미친 사람들이다. 나는 주말 수업 한 번을 빼고 낭송대회에 참가하고 싶어서, 학생들의 양해를 얻어 주중 보충 수업 세 번을 기꺼이 한다. 어제는 거리에서 2인 1조로 포교하는 분이 다가와 "복이 많아 보이시는데요." 라며 말을 거는 순간, 마침 연습중이던 낭송이 클라이맥스에 다다른 터라 대답 대신 "십이성좌 모든 별을 노래하자!" 라고 큰 소리를 지르니 "엇?" 하고 놀라며 그분들이 피해가는 일도 있었다. 나는 속으로 '당신들이 도에 미친 것 이상으로 나도 시에 미쳤거든요' 했다. 내가 좋아하는 명작동화 〈이상한 나라의 앨리스〉에 이런 대사가 있다. "그래, 넌 미쳤어. 이건 비밀인데, 멋진 사람들은 다 미쳤단다!' 나는 어제의 경험을 멋진 낭송인으로 가기 위한 해프닝으로 기억하련다.

결국에 술과 계속 멀어질 수 있는 길은 술을 마시는 것보다 훨씬 더 즐거운 시간을 만들어내며 사는 것이 아닐까. 예컨대, 금오대회나 천여 객석 앞에서 펼친 대상 앙코르 무대와 같은 빛나는 시간들. 진부한 말이라도 좋다. 살다보면 그런 표현이 꼭 필요한 때도 있는 법이니까, 진부하다는 것은 곧 다수에게 사랑받는다는 뜻이니까… 나는 전병조 선생님의 앞으로 인생에, 시낭송이 빚어내는 '화양연화' 같은 순간들이 아주 여러 번 더 펼쳐지기를 간절히 바란다.

| 전병조 님 대상 낭송시 |

깨꽃냄새

정군수

내 몸에서 깻묵 썩은 냄새가 나지야
깨꽃 같은 등창이 몸에 번져
병석에 오래 계신 아버지는 말씀하셨다
깨꽃냄새 같지만 썩은 냄새는 아니예요
썩는다는 말이 불경스러워 말했지만
아버지는 눈감고 고개를 저으셨다
썩은 깻묵에서 깨꽃냄새가 날 리 없지야
썩은 깻묵에서 깨꽃냄새가 날 리 없지야
고소한 기름 다 빠져나가고
거름이 되기 위하여 썩어가는 깻묵처럼
아버지는 힘없이 세상에 몸을 부렸다

아버지 누우신 한여름 깨밭 한 뙈기

깻묵처럼 푹푹 썩는 아버지의 무덤가에

깨꽃 초롱초롱 여름바람 향그럽다

병상의 문 열리어 하늘로 훨훨 날아가는

깨꽃냄새 같은 아버지 목소리

썩은 깻묵에서 깨꽃냄새가 날 리 없지야

썩은 깻묵에서 깨꽃냄새가 날 리 없지야

새들이 다 물어가지 못한 깨꽃노래가

깻묵냄새 묻은 무덤가에 흩어진다.

〈3〉제3회 고흥군 송수권 시낭송대회 대상수상자

| 전수경 님 약력 |

- 1995년 충남 서산 출생
- 고려대학교 미디어학부 재학중
- 고려대학교 교육방송국 아나운서
- 고려대학교 교육방송국 아나운서 부장
- 제3회 고흥군 송수권 시낭송대회 대상

23세에 최연소 대상수상자·시낭송가 가 되다! 전수경 님

'초심자의 행운' 이라는 말이 있다. 아직 그 분야에 대해 잘 알지 못하는 초보가 관습을 깬 획기적인 시도를 하고, 신입이 선배보다 더 좋은 결과를 얻을 때 쓰는 말이다. 내가 강사로 몸담고 있는 아나운서 세계에서도 가장 나이 어리고 준비기간이 짧은 무경력자가 현직 아나운서, 장수생을 모두 제치고 대형사 최종합격자로 선발되는 경우가 심심찮게 있다. 초보만이 발산하는 설렘과 두근거림, 참신함, 어떤 '싱그러움' 이 심사위원들에게 유독 호감 있게 전해지기 때문이라고. 어느 분야든 노련하고 능수능란한 이들속에서 신참의 반짝이는 눈과 상기된 볼, 생생한 표정은 차별화된 매력으로 작용할 때가 있고, 행운의 여신의 마음까지 흔들어 돕도록 하는 것 같다. 그래서 초심자의 행운을 두고 '신의 선물' 이라 부른다.

얼마 전 지역KBS 아나운서 면접장에서 '오늘 온 사람 중 혼자만 아직 방송사 근무 경험이 없는데, 도대체 내세울 수 있는 게 뭐냐?' 라는 질문에 "대신 저에게는 초심이 있습니다. 아직 방송이 익숙하지 않은 만큼 말과 행동 하나하나를 조심스럽게 하고 더 긴장하고 주의 깊게 관찰하며 집중하겠습니다. 저를 다른 어떤 방송사도 아닌 이 회사만의 색깔로 온전히 채워갈 자신이 있습니다. 새롭게 생각하고 도전할 줄 아는 초심만큼은 제가 양 옆의 경력자들께 결코 뒤지지 않는 것 같습니다." 라고 답한 최연소 지원자가 약 700:1의 경쟁률을 뚫고 합격한 적도 있다. 초심이 만들어낸 기적이다.

전수경 시낭송가의 제3회 고흥군 송수권 시낭송대회 대상수상 소식을 처음 접한 때도 작은 기적과도 같은 일이라는 생각이 들었다. '시낭송대회' 를 검색하던 중 우연히 들어간 수경 씨의 개인 블로그에는 몇 달 전 시낭송을 시작했다는 20대 초반 여대생이 전국

대회에서 학생부도 아닌 일반부 대상을 받았다는 글과 인증 사진
들이 담겨있었다. 블로그 제목은 'You can do anything'. '해보고
싶은 건 일단 하고 본다.' 라는 자기소개가 마음에 들었다. '이 청
년, 생각하는 게 사랑스럽다' 동감하며 둘러보다보니 더 많은 공
통점들이 보이기 시작했다. 전수경 씨는 내가 졸업한 모교에 재학
중이었고, '아나운서 활동기' 라는 폴더를 통해서 대학교 방송국
아나운서와 우리말 관련 대외활동을 하며 방송인을 꿈꾸는 청춘
임을 알 수 있었다.

블로그에서 대상낭송시 〈종이학〉을 그녀의 육성으로 들어볼
수 있었다. 고막을 활짝 열고 4분 40초의 짧지 않은 낭송을 청취한
소감을 한 마디로 하자면 '다시 듣고 싶었다' 는 것. 이제껏 내가
대회나 유튜브를 통해 만나보지 못했던 한 청순한 시낭송가와의
조우였다. 신선함, 아련함, 미풍이 스치고 간 느낌? 맑은 음성이
귀에 착 감기면서도, 단단하며 박력 있고 호소력 짙은 부분이 함
께 있었다. 그 후로 일 년 동안 그 목소리 생각이 날 때마다 수경
씨의 블로그를 찾았다. 그리고 몇 차례의 댓글과 연락을 통해 12
월의 마지막 주 저녁, 여의도에서 우리는 만났다. 단정한 원피스
를 입고 나온 그녀는 젊고 꾸밈이 없어보였다.

Q. 대상을 수상한 때 정확한 나이가 궁금합니다. 국내 시낭송대회 일반부 대상수상자로는 수경 씨가 최연소 아닐까요?

A. 우리 나이로 스물세 살, 만 22세입니다. 워낙 다양한 대회가 있어 최연소인지는 잘 모르겠습니다.

Q. 적어도 제가 한 조사에 따르면 23세 미만의 일반부 대상수상자는 없어요. 제가 처음 출전했던 안동 육사시 낭송대회 때 대상수상자 정보빈 씨가 최연소라는 말이 있었는데 그 분은 25세라서 수경 씨가 아마 최연소일 겁니다. 대상과 함께 시낭송가 인증서도 받았는데, 몇 번째로 나간 대회였나요?

A. 두 번째 입니다.

수경 씨는 송수권 대회가 있기 약 반 년 전, 처음으로 보재 이상설 시낭송대회에 참가했다. 그때 박두진 시인의 〈휩쓸려가는 것은 바람이다〉를 낭송했다고. 200여명의 참가자 중 열세 명 안에 들어 결선에 진출했고 최종적으로 동상을 수상했으며, 정확히 몇 등인지는 알 수 없지만 7~8등으로 생각된다고 한다. 즉, 지금까지 단

두 곳의 대회에 나간 셈인데, 전국의 수많은 대회들 중 굳이 전남 고흥까지 가게 된 계기가 궁금해졌다.

Q. 온라인 예선도 없이 고흥에서 양일간 예선과 본선을 진행하는 일정이 부담이 되진 않았나요? 본선진출자 50명을 선발하던데 다수가 참여하는 현장 예선에서는 시간제한도 있었나요?

A. 처음에는 서울과 멀고 잘 곳도 마땅치 않아서 나가기 어렵겠다는 생각도 했습니다. 그런데 마침 대학 동기가 고흥이 고향이어서 자기 집에서 자고 갈 수 있게 해주어서 참여하게 되었습니다. 친구와 고흥 여행을 하면서 시낭송대회에 참여한 건데 친구, 친구 부모님이 여러 가지로 도와주셨어요. 예선 때 제한 시간 4분이라고 공지는 해주셨지만 시간을 어긴 분이 없어서 엄격하게 적용이 된 것인지는 알 수 없는 부분입니다. 신청자 순서 목록에는 100분 정도가 있었고 안 오신 분들이 꽤 계셔서 70~80명을 50명 이하로 나눠서 호실을 다르게 해서 동시에 진행했어요. 예선 끝나고 한 두 시간 안에 통과자 명단을 방으로 붙이는데 반 정도가 본선에 진출했고, 예선 때는 본선 심사위원들 포함해 다른 분도 계셨습니다.

심사위원들도 고흥에서 1박을 하셨나 보다. 항상 느끼는 거지만 시낭송대회 심사위원들의 인내심은 무서울 정도. 한 자리에서 120명 이상의 낭송을 들어야하는 대회도 있다. 시낭송 심사위원의 필수 자질은 누가 뭐래도 '참을성' 같다. 당시의 기사를 찾아보니 다른 대회에서 뵙고 낭랑한 목소리로 나를 사로잡으셨던 영남대 곽홍란 교수가 사회를 보고, 이화경 한국감성리더 시낭송협회 대표와 유명 시낭송가 김윤아 님이 심사를 보셨다.

Q. 심사위원님들도 기억나세요? 송수권 대회의 분위기는 어땠나요?

A. 매우 떨렸는데 막상 무대에 올라가니까 연습 때보다 더 몰입을 했던 대회였습니다. 심사위원분들이 제가 낭송할 때 끄덕이면서 경청해주셨던 기억이 나고요, 사회를 보시던 곽홍란 교수님의 목소리가 내내 부드럽고 맑고 예쁜 물이 흐르는 것 같은 음성이라서 놀랐습니다. 심사평을 구체적으로 말씀해주셨는데 지금 기억에 남은 것은 정형적인 것보다는 마음에 와 닿는 것, 강약조절이 있는 자연스러운 것을 선호하고 마이크 사용법을 잘 모르는 분들이 많은 것 같다고 지적해주신 것이었습니다.

23세의 대학생이 대상을 수상한 것도 대단하고, 나이에 연연하지 않고 대상을 수여한 심사위원들도 참으로 대단한 대회다. 국내 시낭송대회 참가자들의 평균연령이 50~60대, 70대 분들도 계신 까닭에 30대 후반인 나에게도 호기심에서 쳐다보며 나이를 묻거나, 참가 동기를 의아해하는 시선이 느껴질 때 자주 있다. 그럼 경연 전후와 시상식 뒤 다른 참가자들의 반응은 어땠을까?

A. 다른 참가자분들도 신기하셨는지 화장실에서 마주칠 때나 무대 뒤에서 먼저 말을 걸어주셨습니다. '어린 애'가 어떻게 알고 왔냐, 시낭송은 배운 거냐고도 물으시고 아몬드도 한 움큼 집어서 먹을 것을 나눠주시더라고요. 6번으로 앞 순서여서 무대 일찍 마치고 구석에 서성이고 있었는데 제가 있는 줄 모르고 다른 참가자께서 "어린 애가 씩씩하게 잘하더라!"고 말씀하시는 걸 들었습니다. 대학에서는 나름 고학번인 제가 아직도 어린애로 보인다는 게 재밌기도 했습니다.

　　정말 '어린애'라는 단어를 썼냐고 물으니 웃으며 고개를 끄덕인다. 그런데 15학번이 고학번? 수경 씨와 나는 뜻밖의 '세대 공감

토크'를 이어간다. 그 외 참가자들로부터 들은 시낭송 자체에 대한 디테일한 피드백은 없었지만 친구 아버님의 지인이 당일 대회를 보러 오셨는데 수경 씨 무대 후에 '무조건 대상 아니면 금상' 이라며 하이파이브를 해주셨다고. 또 서울 가는 버스 정류장에서 다른 참가자가 알아보고 '그런 손동작은 어디서 배웠냐, 이 대회는 새로운 얼굴을 원하나보다' 는 말씀을 하신 것이 기억난다고 한다. 맞다. 원래 대회 끝나고 올라가는 길에 다들 또 만나게 되어있다. 기차역으로 가는 시내버스 안에서 만나 역대합실, 기차 안에서까지 조금 전 내게 상장 수여를 해주셨던 심사위원을 계속 마주쳐 아주 곤혹이었던 기억에 나에게도 있다. 더군다나 그 지역 축제기간이던 그날은 기차표가 없어 둘이 나란히 입석으로 서울까지 등을 맞대고 가는 민망한 상황. 내게 좌석이 있었다면 차라리 심사위원님께 양보했을 텐데…

Q. 송수권 시인의 시를 좋아하고 자주 접했다는 글을 봤습니다. 참가시로 〈종이학〉은 어떻게 골랐고, 전문 중 특히 마음에 든 구절은 어디인가요?

A. 고등학생 때 교과서에서 〈산문에 기대어〉와 〈여승〉같이 유명한 시를 감명 깊게 읽어 송수권 시인에 대해 알고 있었습니다. (나

는 둘 다 몰랐는데, 교과서 출판사가 달랐나보다.) 〈종이학〉은 사실 전에는 알지 못했습니다. 송수권 시낭송대회가 제가 참여한 두 번째 대회인데요, 첫 대회에서 많이 느낀 게 '잔잔한 것보다는 내가 말하는 투가 무조건 있어야 한다.' 라는 생각을 하고 있었거든요. 시인의 시를 쭉 찾아서 읽는데 그 많은 것 중 이 시가 유독 그래서 보자마자 이걸로 하면 되겠다는 생각이 들었습니다. 첫 대회에서는 시행들이 '~습니다'로 진행되다 보니 집중력도 떨어지는 것 같고 딱 나왔을 때 기억에 남을 만한 임팩트를 주고자 한다면 연기가 가미되면 잘 전달이 될 것 같아 그런 시를 찾다보니 눈에 들어오더라고요.

전수경 낭송가의 녹음 파일을 들을 때마다 '이 땅에 우리 부자 말뚝을 어떻게 박았느냐, 영도다리 밑 피난 깡통을 차고 아랫말 바닷가를 흘러 무등산 기슭에 깃을 오그린 지 몇 년이냐' 라는 구절에서 할아버지 음성 연기를 시도한 것 같았고 '그 나라, 그 땅에 가' 와 같은 구절에서 강조와 힘이 느껴졌다. 그녀가 특별히 잘 살려보려 노력했던 부분들이 맞다고 한다. 시를 읽으며 작품 속 할아버지가 확고한 생각을 가진, 아주 고집이 있고 강인한 성격의 소유자라고 생각했다고. 그렇기에 짧은 문장이지만 할아버지의 마음과 목소리가 전달될 수 있도록 연기를 하는 것처럼 낭송했다고 한다. 대회 날에는 대화체 부분에서 아예 몸 방향을 틀어서 서로 다른 사람이 말하는 것처럼 구별이 되게 처리했고, 고정된 스탠딩 마이크라 손을 그냥 두기 민망해 '두 주먹 부르르 떨며' 라는 어구에서 한 손으로 제스처도 취했다고 한다.

　낭송 시의 제스처가 요즘 내 고민이다. 처음에는 망부석처럼 무대에 서있던 내가 언젠가부터 연극배우로 변신했다. 도무지 중간이라고는 없는 나. 최근에는 사람들로부터 '연극배우냐,' 아니라고 해도 '그럼 연극영화과 전공했냐' 는 말을 종종 듣는데 점점 더 과감해지고, 늘어나는 제스처 때문인 것 같다. 재능대회 심사위원들께서는 전통적으로 제스처를 좋아하지 않는 것 같다는 말을 들었음에도 28회 재능 본선 때 나만의 감정회로도에 따라 큰 제스처를 했다. 무대를 지켜보신 재능회원 한 분이 내가 두 팔을 번쩍 들어올리기에 완전 '깜놀' 했다고 하시기에 "저 과감한 여자예요. 그게 그 시에 대한 제 해석입니다."라고 답하기는 했지만 동작의 적당한 '선' 을 찾는 작업이란 늘 어렵다. 수경 씨에게 정확히 어떤 동작을 한건지 보여 달라고 하니 딱히 생각하고 한 것은 아니었고 거울을 봐가며 사전에 연습한 적도 없다며 주저한다. 그럼 '우러나왔다'는 뜻? 나는 늘 사전에 철저히 계산을 해서 제스처 연습을 하고, 무대에 오를 때는 어디서 어떤 동작을 할지가 내 자신과 미리 다 약속이 되어있다. 그런 의욕 때문에 자연스러움을 놓쳤던가?

Q. 〈종이학〉은 어느 정도 기간을 두고 다듬었나요?

A. 한 달 정도 시간을 두고 연습했고 처음부터 외우지는 않았습니다. 1~2주 동안은 시를 보면서 여러 다양한 방법으로 낭송을 시도해봤습니다. 나머지 2주는 보지 않으면서 외워서 하려고 노력했습니다. 녹음을 들으면서 더 나은 방법을 고민하며 계속 고쳤습니다.

예선 날 흔쾌히 집을 내어준 고흥 출신 대학동기도 같이 대회에 나가기로 해서, 번갈아서 외웠는지 봐주고 암기 정도를 체크했다고. 그런데 지적이나 코칭에 목적이 있다기보다는 서로 칭찬을 해주었고 그 친구 역시 본선에 진출하는 성과를 거뒀다고 한다. 그 밖에 시낭송을 따로 배운 적은 없지만 국문학을 복수전공하며 평소 표준발음법은 거의 틀리지 않는 편이며 학교 방송국에서 아나운서로 2년가량 활동하면서 연기를 할 기회가 있었는데 캐릭터에 몰입해 표현했던 연기 경험이 시낭송을 하는데 도움이 되었다고 밝힌다.

Q. 대회 앞두고 시낭송 연습은 하루 중 어느 때 했나요? 본인만의 특별한 암기나 연습 방법도 있습니까?

A. 연습은 생각날 때마다 했고 아침에 일어나자마자, 수업 중간, 비는 시간이나 잠들기 전 모두 활용했습니다. 특히 손으로 쓰거나 노트북에 시를 타이핑하면서 시를 외웠는데요, 특별한 방법이 있다기보다는 '무한반복'을 했던 것 같습니다. 긴장하면 다 아는 것도 까먹기 때문에 다 외운 것 같아도 한 번 더 하려고 했습니다.

요즘 들어 타이핑하며 시를 외운다는 분을 자주 만난다. 자판을 두드리는 것은 리듬감이 있는 행위이니까 그 리듬이 암기에 도움이 될 수 있을 것 같다. 암기란 모든 낭송인들의 숙명. 잠시 암기에 대해 이야기해보자. 무릇 암기에는 장사가 없다지만 그래도 방법적으로 고민을 해보자면 다음과 같다. 뇌에 정보를 잘 저장하기 위해서는 가급적 다양한 방법을 사용해야하므로 글로 읽기만 하는 것보다는 입으로 직접 소리 내어 보고, 손으로 직접 쓰고 타이핑까지 해보는 것이 당연히 효과적일 것이다. 나 역시 뭐든 손으로 써야 직성이 풀리는 타입이고 학창시절 영단어나 국사 등 암기 베이스 공부를 그런 방법으로 해왔다. 최대한 다양한 자극을 통해 주입되는 것이 좋다는 생각에서 노트·메모는 물론 색색 깔의 접착 종이에도 옮겨 쓰고 칠판, 화이트보드나 과자 먹다가는 포장지에도 쓰고, 오려서 벽에 붙이고 형광펜으로 꾸미기도 좋아했다.(단, 이때 만들기 자체의 유희에 까딱 빠져버리면 암기는 뒷전이 되니까 그 점을 조심하자.)

시문에서도 특별히 잘 외워지지 않는 부분은 가장 전통적인 암기법을 적용해 첫 글자를 모아 말이 되게 만든다든가, 어떤 스토리를 걸어 짧은 노래를 만들어본다든가, 나와의 카톡창에 쳐서 보내는 방식도 틈틈이 쓰고 있다. 또 대회를 코앞에 두고는 잠자리 들기 전에 한 번 해보고, 깨자마자 비몽사몽간에 한 번 읊어보는데, 대회 때 무대에서의 정신없음이 나에게는 기상 직후의 몽롱함과 같기 때문이다. 이런 방법들의 효과를 본 건지, 지금까지 나간 총 열다섯 곳의 시낭송대회에서 단 한 번도 암기를 틀려본 적이 없다. 그것이 내 자부심이다.

그 외 학창시절 들었던 다소 특이한 암기법으로는 맛 또는 향기를 기억과 연결시키기가 있다. 공부를 할 때 특정 향을 피워두거나 좋아하는 향기가 나는 스프레이를 뿌려보고, 시험 볼 때 다시 그 향수를 옷에 뿌리면 뇌가 그 향과 연결시켜놓았던 정보를 수월하게 가져온다는 것이다. 시험을 여러 과목 본다면 향수가 여러 개 필요하단다. 각 과목 시험을 보기 전에 다른 향수를 뿌리는 건데 예를 들어, 영어 공부할 때마다 라벤더 향수를 맡고 영어 시험 직전 맡았더니 영단어가 무지 잘 떠올랐다는 친구가 있었다. 믿거나 말거나, 암기를 위한 눈물겨운 노력 정도로 공감해주시기를 바란다. 딱 한 번 지역 대회장에서 향기 암기법을 쓰신다는 낭송인을 만난 적도 있다. 화장실에서 한복 앞섶을 들어 아로마 오일을 바르고 계셨다! 그러나 정보의 단기 기억이나 단순 암기가 아니라 제대로 된 시낭송을 위해서는 반드시 시의 내용을 이해하며 천천히 암기하는 것이 좋고, 적용을 빈번하게 해 장기 기억을 돌려야할 것 같다. 다시 수경 씨와의 대화로 돌아온다.

Q. 수경 씨 삶에 처음 시가 들어온 것은 언제예요?

A. 초등학교 저학년 때 교내 백일장대회가 있었습니다. 그때 느낀 점들을 나름대로 연과 행을 구분해서 시로 썼던 것 같은데 금상을 탔습니다. 상으로 칭찬을 받으니 혼자만의 감상을 시처럼 써보게 되더라고요.

그녀는 글에도 재능과 관심이 많은 사람 같다. 블로그에 올려놓은 시작의 흔적들을 이미 보았다. 자작시들 잘 읽었다고 하니 창피하다고는 해도 순간 표정이 밝아진다.

Q. 〈종이학〉 외에 수경님의 인생시, 무엇입니까? 이 분의 시는 망설임 없이 자신 있게 소개해줄 수 있다 하는 시인이나 좋아하는 시 제목, 다른 분들이 널리 알 수 있게 공유 부탁드려요. 특히 비슷한 시기를 보내고 있는 20대 청춘들에게 위로가 되는 시를 추천해 준다면요?

A. 제가 좋아하는 시는 백석 시인의 〈여승〉입니다. 시는 한 문장만 기억에 남아도 오랫동안 떠오르더라고요. 답답하게 말해서 더 슬퍼요. 너무 먹먹한 한 문장 때문에 좋아하는 시가 됐

는데요, '어린 딸은 도라지꽃이 좋아 돌무덤으로 갔다' 라는 문장을 볼 때 너무 먹먹해서 이 시가 오래도록 제 뇌리에 박혀있습니다.

이 답에 나는 공감 백만 개를 보낸다. 어떤 시를 좋아하고, 시인과 사랑에 빠지는 데 단 한 구절이면 충분하다!

A. 또 저는 노래 가사도 하나의 '시'라고 생각을 하는데요, 좋아하고 위로가 되는 노래를 추천해도 괜찮다면 20대 청춘들에게 위로가 되는 노랫말로 유재석과 이적이 부른 〈말하는 대로〉를 추천하고 싶습니다. 노래를 듣거나 부르지 않아도 저는 이 가사를 수첩, 연습장에 손 글씨로 적어두곤 했습니다. 미래가 불안한 청춘으로 요즘도 불안하고 걱정되는 마음이 들 때 이 노래를 들으면서 마음을 다잡고 있어요. 말하는 대로 안 되는 걸 너무 잘 아는 사람임에도 '결국 버티면 언젠가 될 거야'라고 말하는 내용이 와 닿더라고요. 교과서에 있는 시가 아니더라도 노랫말들, 지나가는 것들이 다 시 같아요.

나를 스쳐지나가는 것들도 다 시라고? 그럼 이쯤에서 나의 자작시를 소개해도 될까? 서정주 시인이 부인 방옥숙 여사를 생각하며 쓴 〈내 늙은 아내〉를 읽은 직후 쓴 첫 번째 시다. 나에게도 미당 선생과 방옥숙 여사 부럽지 않은 꼭 맞는 짝이 있다. 이것이 그에게 바치는 시.

다이어트 요정

박은주

남편에게 물었네
"운동을 2년을 해도 왜 살이 안 빠지지?"
남편이 말했네
"뺄 살이 없으니까"

남편에게 물었지
"난 왜 이렇게 키가 작지?"
그가 답을 주었네

"요정이라서"

한 치의 거짓도, 꾸밈도 없이 쓴 거라 이 시의 경향은 '극사실주의'고 장르는 '염장시' 혹은 동시라 불러야 할 것 같다. 이걸 써서 당사자에게 보이니까 주위의 몇 없던 친구들도 다 떠나겠다며 작품 창작의 의도가 '인간관계 끊기'냐고 진지한 표정으로 그가 묻는다. 그런 것이 아니고, 그날 우리를 스쳐지나간 소중한 시간과 우리의 대화를 기록으로 남기고 싶었던 것뿐이다. 또 서로 아끼고 좋아하는 사람들 사이의 대화 자체가 바로 '시'임을 깨달았기 때문이다.

일상에서 흘려보내는 가족, 부부, 연인, 친구 사이의 그런 말들이 곧 시의 언어다. 그래서 나태주 시인은 '시'를 두고 이렇게 읊었나보다. '그냥 줍는 것이다 // 길거리나 사람들 사이에 / 버려진 채 빛나는 / 마음의 보석들.' (나태주 〈시〉 전문)

이어서 나 스스로 대표작으로 꼽는 〈아기새〉

아기새

박은주

특이하다는 말을 자주 듣는 나
어떤 날 아침엔
문득 다른 존재가 된다.
"오빠, 난 아기새야"
자다 깬 오빠는 놀라지도 않고
"그럼 손 위에 올라와"
손바닥을 내밀어 주었다.
다음 날은 내가 버섯이 된 기분이 들어
"오빠, 난 마치 버섯 같아"
"그럼 꿀에다 절일까?"

오빠와 함께 있으면
특이했던 내가 특별한 내가 되어
싸움닭 닮아가던 마음이
정말 보드라운 아기새가 된다.

나의 연작시로 인해 흐려진 눈과 마음을 다시 수경 씨와의 대화로 돌려주시기 바란다.

Q. 우리말 가꿈이나 학교 아나운서 외에 다양한 대외활동 어떤 것들 해보았나요? 그 경험들 통해 기억에 남는 재미있던 일들 많을 것 같습니다.

A. 3.1운동 99주년 청년 서포터즈 기념행사에서 청년대표로 낭독을 했고, 고려대-연세대 정기전 야구경기 중계 캐스터를 근거없는 자신감으로 해보겠다고 하고 갔다가 초반에 입이 안 떨어져 고생을 했어요. 그날 경기가 박빙이다가 7회 고려대가 역전을 했어요. 신나서 주체를 못하고 소리를 질렀는데 친구가 보내준 동영상을 보니 놀랍고 부끄러웠어요.

Q. 대상수상자들도 나갈 수 있는 대회나 재능시낭송대회도 있습니다. 앞으로 시낭송대회는 또 나가볼 계획이 있나요?

A. 시낭송을 잘한다는 생각은 없었기 때문에 '상을 타보자'가 아니라 '이런 게 있네, 해보자!' '앞으로 뭐하지? 이것저것 다 해보자' 하던 중에 눈에 들어와서 하게 되었습니다. 재능시낭송

대회는 대학생 부문이 있던데 졸업하기 전에 기회가 된다면 나가보고 싶습니다. 막연한 생각으로는 대학원에 가면 기회가 많지는 않겠다 싶어요.

이쯤에서 미뤄왔던 질문을 해본다. 블로그에 아나운서 준비와 관련된 내용이 꽤 많았기에 나는 지난 일 년 간 의심의 여지없이 그녀가 아나운서 준비생이라고 믿어왔다. 아나운서 강사인 나도 타지 못한 대상을 아직 대학생인 그녀가 탔다는 사실에 약간의 질투심과 자괴감을 맛본 것도 사실이다. 그런데 약속 장소를 묻자 현재 국회에서 일을 하고 있기 때문에 여의도가 좋겠다고 하기에 그녀의 진로에 무슨 변화가 생긴 건지 무척 궁금했다.

Q. 현재 국회에서 인턴으로 어떤 일을 하나요? 수경 씨의 앞으로 계획과 꿈이 궁금합니다.

A. 법조인이 되고 싶어서 로스쿨 진학을 준비 중입니다. 누군가의 인생 스토리를 귀 기울여 듣고 그 사람에게 도움이 될 수 있는 조언해주고 변호를 해줄 수 있는 사람이 되고 싶습니다. 지금은 로스쿨 진학 전 법을 경험하고 싶어서 입법기관인 국회에서 인

턴으로 일하고 있는데요, 법안 발의에도 직접 참여해보고 법조인 출신인 의원님 옆에서 많이 보고 들으며 배우고 있습니다. 법이 얼마나 많은 사람의 일상에 스며들어 있는지를 느끼며 막내 비서로서 최선을 다하고 있습니다. 기회가 온다면 일단 다 도전해보고 다각도로 세상을 볼 수 있는 시각을 키우고 싶습니다. 그렇게 경험을 쌓아서 법조인으로서 따뜻하게 다가갈 수 있는 사람이 되는 게 현재 꿈꾸는 제 미래입니다.

그녀에게는 아나운서 관련 일, 사회를 볼 여러 번의 기회가 있었는데 모두 좋은 경험이기는 했지만 스트레스도 있었다고 한다. 대학생활에서 나름 여러 경험을 해봤다고 생각하며 결국 잘 할 수 있는 게 공부고, 공부를 계속해오다보니까 그렇게 파고들어 전문지식을 갖는 것이 최선이라는 생각이 들었다고. 법 경연대회에 나가서 토론도 해보고 이를 통해 직업으로 삼을만하다는 판단에서 현재 희망하는 직업은 변호사로 정했다고 한다. '변호사'라면 나도 할 말이 적지 않다. 방송국을 퇴사한 뒤 변호사를 꿈꾸며 고려대학교 법학대학원 4기 최연장자로 입학해서 로스쿨생으로 법 공부를 한 때가 있다. 그러나 운명이 곧 나를 내가 있어야 할 이 곳으로 되돌려놓았다. 그럼 '시낭송은 수경 씨에게 네모다'의 네모에 들어갈 말은 그저 '대외활동' 이냐고 농담을 던지니 '첫사랑이다' 라는 답이 미소에 물들어 돌아온다.

A. 시낭송은 한 마디로 제게 '첫사랑'입니다. 갑자기 찾아온 것 이기도 했고 생각지도 못한 순간에 설레는 경험을 한 것 같아서. 제 삶이 더 행복해지고 하루를 더 기대하게 만들었기 때문입니다.

그 답에서 문득 걸그룹, 여자친구의 노래 〈여름비〉의 첫 소절이 떠올랐다. '누구에게나 한 번쯤, 쏟아지는 여름비처럼 갑작스레 다가왔었던 사랑이 있겠죠' 단순하고 직설적인 가사의 노래들이 많은 요즘, 여자친구는 그룹 이름부터가 한글이고, 그들의 대표적인 특징이자 정체성으로 자리 잡은 요소가 한국어 가사다. 여름비라는 노래에도 '흙내음' '풀내음' 같은 단어가 적재적소에 예쁘게 쓰여 스쳐지나간 첫사랑의 벅찬 설렘과 아련함을 표현한다. 수경 씨의 풋풋하고 청순한 느낌이 한겨울에도 나로 하여금 여름비를 떠올리게 한 것 같다.

인터뷰와 함께한 저녁식사가 끝나고 나는 수경 씨와 악수를 나

눈 뒤 여의도 전철역으로 향한다. 그러고 보니 이 길은 내가 20대에 경제전문 방송사 신입 기자로 입사해서 첫 출입처로 증권업계를 배정받고 매일 걷던 출퇴근길이다. 여의도 중학교를 나온 내 학창시절 기억이 서린 등굣길이기도 하다. 벌써 이십오 년 전 일이다. 게다가 열세 살 차이가 나는 수경 씨와의 만남 직후라 그런지 '청춘' 이라는 두 음절이 머리에 맴돈다. '청춘' 은 지금 나에게도 해당되는 말일까 궁금해진다. 요즘에는 '씨앗, 너무 애쓰지 마, 너는 본디 꽃이 될 운명일지니' 라는 구절보다 '단풍이 잘 물들면 꽃보다 더 아름답다' 에 더 마음이 가기 시작한다.

누구에게나 청춘이 지나가 버렸다고 느끼게 되는 순간이 있기 마련이나 세월이 흐른 후, 실제로는 그것이 훨씬 뒤의 일이었음을 깨닫게 된다고 했던가? 또 청춘은 인생의 특정 기간을 말하는 것이 아니라 '마음의 상태' 라고도 했다. 청춘의 마음이란 도전과 열정이 살아있는 가슴, 계속 청춘의 날들을 살자고 다짐한다. 일 년 전 우연히 아름다운 청춘의 블로그를 보게 된 것은 큰 행운이다.

이번 인터뷰는 다른 대상수상자들에 비해 다소 짧다. 그 이유를 생각해보니 이 인터뷰는 낭송만 다루는 것이라기보다는 '인생' 이라는 주제의 '시낭송 버전' 이기 때문인 것 같다. 무한한 가능성을 지닌 전수경 씨의 수많은 앞날들이 눈부셔지길, 나의 인생 또한 그러하기를 빌며 여의도를 떠난다.

종이학

송수권

학이 날읍니다. 한 마리 두 마리 세 마리……
겨울 바람 속에 슬픈 목을 추스르며 학이
날읍니다.
어떤 놈은 목을 꺾고 주저앉아서 하늘 쳐다보며
땅을 치고 읍니다.
어떤 놈은 날개로 바람을 끊으며 임진강 너른 들을 건너 산을 넘
기도 합니다.
수업시간중에도 한밤중에도 몰래 내가 만든 종이학이
임진각 누마루에 올라 내가 띄운 학이
태산 같은 분노를 파고 같은 비원을 등에 싣고
오늘은 수백 마리 수천 마리 학이 날읍니다.

하늘을 날아 저 들판 저 강을 건너 어떤 놈은 주저앉아
목을 꺾고 웁니다.
어떤 놈은 철조망 가시에 눈을 찔려 피 흘리며 가지 못합니다.

 할배, 우리 할배 죽으면 고향 가겠다고 두 주먹 부르르 떨며
눈을 감던 그날부터
온몸 재로 태워 무등 상상봉에 올라 북녘땅 향해
뿌려달라던 그날부터
아버지는 불효자가 되었습니다.
이 땅에 우리 부자 말뚝을 어떻게 박았느냐
영도다리 밑 피난 깡통을 차고 아랫말 바닷가를 흘러
무등산 기슭에 깃을 오그린 지 몇 년이냐
아들딸 낳아 30년
아배 태워 재를 만들 수 없다고
이 땅에 뼛골 묻어 통일된 그날 뼛골 추려서
내가 짊어지고 휴전선 넘겠다며
아배는 죽어가는 할배 눈 감기셨습니다.
머리털 한 올 손톱발톱 한 개라도 여기에
그냥 뿌릴 순 없노라고

온몸 힘주어 할배 몸통 흔들며 울었습니다.

그후로 나는 날마다 학을 만들었습니다.

해태껌의 은박지가 아닌, 바람에 잘 뜨는 조국강산 남북통일

서예시간에 잘 쓰던 버릇대로 꼬깃꼬깃 화선지를 접어

하루에도 수십 마리씩의 학을 접었습니다.

눈 못 감은 할배의 원혼 싣고 이 학들이 무사히 그 나라

그 땅에 가

봄이 되면 알을 까고 둥우리를 틀라고

〈4〉 제2회 전국풀꽃시낭송대회 대상수상자

| 민은선 님 약력 |

- 1961년 서울 출생
- 동화구연가 · 동화구연지도 전문 강사,
  재능시낭송가, 스토리텔링 · 이미지텔링 강사,
  어린이 스피치 · 논술 · 놀이지도 강사,
  다문화여성 지도 강사 양성 초빙 강사
- 사단법인 SAK 색동어머니회 이사
- 재능시낭송협회 중앙회 편집국장
- 제2회 풀꽃시낭송대회 대상
- 제15회 한국동화구연가 대상

"연이틀 시낭송대회 1등 해봤어?"
'빙산의 일각'이란 무엇인지 보여준
민은선 님

　　풀꽃시낭송대회 경연일은 공교롭게도 제28회 재능시낭송대회 서울 지역 예선이 열린 바로 다음날이었다. 1991년부터 시작된 재능대회는 국내 최장의 역사, 최고 권위를 지닌 시낭송 콩쿠르로, 본선에서 동상 이상을 수상할 경우 국내에서는 유일하게 한국시인협회 인증 시낭송가 증서를 수여한다. 한마디로 시낭송계의 '월드컵'이고 전국 시낭송 애호가들에게 최고의 영예이자 꿈의 무대다. 지난 10월 20일, 도곡동 재능빌딩에서 내가 속한 경기도와 서울·인천에 거주하는 1차 온라인 예선 통과자 아흔세 명이 총 다섯 개 지역 중 서울 권역에 할당된 단 여덟 장의 본선 무대 티켓을 두고 경합을 벌였다. 일곱 명의 은상 수상자 중 한 명인 나에게도 그날 본선으로 가는 소중한 한 표가 주어졌다. 서울 지역 예선을 1등으로 통과한 분은 서정주 시인의 〈바다〉를 낭송한 민은선 님이다. 먼저 은상을 받고 뒤에 서서 선생님의 금상 수상 장면을 지켜보는 내 머릿속에서는 '미스코리아 서울 진 = 본선 진'이라는 공식이 떠오르며, 아마 저분이 올해 재능 본선의 대상도 타시지 않을까하는, 편견은 편견이되 적중률 매우 높은 편견이 생기기 시작했다.

다음날 아침, 따사로운 초가을 햇살을 맞으며 공주에 내려가 봉황산 기슭에 포근히 안긴 나태주 시인의 풀꽃문학관에 도착하니, 총 열여덟 명의 진출자 명단에 또 민은선 선생님의 이름이 있는 것이다! 민 선생님과 나 외에 연이틀 시낭송대회에 출연한 등장인물이 한 분 더 계신데, 바로 심사위원이신 오선숙 재능시낭송협회장님. 바쁘신 회장님은 어제에 이어 오늘도 심사를 보시는구나. 풀꽃 다음으로 나간 대회 날 또 심사를 오셨기에 오 회장님의 직업이 마치 심사위원인 듯 했다.

민은선 선생님은 전날과 다름없이, 탄탄하고 안정적인 음성으로 현대시의 가장 높은 봉우리, 서정주 시인의 주옥같은 시어들을 자신 있게 펼쳐 보였다. 그러나 어제와는 다르게 오늘은 심지어 한 가지 비장의 무기가 추가되어 있었는데, 바로 배경음악! 풀꽃시낭송대회만의 특징 중 하나가 본선 야외무대에 쓸 BG를 각자 준비해 사전 접수토록 하는 것이다. 연주곡 하나를 쭉 틀어놓고 낭송하는 나나 다른 열여섯 명과는 달리, 민은선 참가자의 배음은 듣는 이로 하여금 자연스레 바다를 떠올리게 만드는 파도소리 효과음 인트로로 시작해 다소 느린 호흡으로 진행되다가, 클라이맥스로 치닫는 4연에서 돌연 템포가 빨라지며 긴장감을 조성하는 등 희한하게도 낭송과 절묘한 합을 맞춰내는 것이었다. '시의 전개와 저리 딱 맞아떨어지는 곡을 대체 어디서 찾아내셨을까?' 하는 물음을 떠올리고 5초나 지났을까. 나 스스로 그 답을 알게 되었다. 세상에 내가 낭송할 시와 꼭 맞는 음악이란 원래 없고, 민 선생님 본인이 낭송시와 딱 맞아 떨어지게끔 편집해 새롭게 창조해서 내놓은 음악이라는 사실을 말이다.

지난 번 강릉에서 열린 낭송대회 때, 시와는 무관하게 평소 좋아하던 음악을 틀어놓고 금상을 받아 자족해온 나에게는 무척 신선한 충격이었다. '이런 걸 배워간다면 오늘 수상을 못하더라도 공주에서의 하루는 소득이 있다' 싶었다. 그리고 두 시간 뒤, 민은 선 선생님은 대상수상자가 되어 있었다. 시낭송대회에서 연이틀 1 등을 차지한 분이 전에 또 있었을까? 이 또한 대한민국 시낭송계 의 하나의 '역사' 가 아닐지. 그 역사의 주인공을 열흘 뒤, 서울 영 등포 댁 근처로 직접 찾아가 뵈었다.

민 선생님과 마주한 나는 주저 없이 배경음악에 관해 자세히 묻기 시작했다.

Q. 배경음악부터 충격적이었습니다. 노련한 공연전문가라는 생각이 들었어 요. BG 작업 이야기를 듣고 싶은데, 두 가지 음악을 믹스하신 건가요? 파 도소리도 효과음으로 들어간 거죠?

A. 제가 속해있는 (사)색동 어머니회(국내 최초로 조직된 전문동화 구연가들의 모임으로 민은선 선생님은 현재 이 단체의 이사를 맡고 있다.)는 43년 역사를 지닌 단체로, 국가차원에서 추진하 는 다른 나라와의 교류를 위해 10개국 이상 해외 공연을 다니기 도 했습니다. 보다 수준 높은 공연을 위해 효과음 넣는 것은 익 숙한 일이죠. 혼자서 하면 동화구연, 여럿이 같이 하면 동극, 더

많은 분들께 보여드리고자 하면 뮤지컬이 되는데 스토리와 무용, 음악이 모두 어우러지게 됩니다. 그래서 그 정도 방법이나 루트는 알고 있죠.

〈바다〉 시의 배음으로 먼저 인트로가 필요했는데, 달리 바다를 표현할 방법이 없어 저작권에 위배되지 않는 공개된 일반 효과음 중 파도소리를 골라 넣었고, 주위 분들의 자문을 받아가며 클래식 두곡을 선별해 3분 37초로 시와 음악이 딱 맞게 준비했습니다. 그런 노력이 들어간 음악 때문에라도 이번 대회에서 기대를 조금 한 것이 사실이에요.

결론부터 말하자면, 이날 첫 질문 후 줄곧 이어진 문답을 통해 내가 받은 느낌은 '빙산의 일각' 으로 간단히 정리된다. 당일 3분 짜리 편집된 음악에 나는 그만 감동하고 말았으나, 선생님은 평소 전문동화구연가로 활동하며 팀원들과 함께 뮤지컬을 연출하고 음악을 뽑고 효과음을 만들어 25분, 45분에 달하는 공연 연출도 스스로 해내는 분이셨다. 세상에 단 하나 뿐인 선생님의 BG는 당일 대상 자리를 종결짓는 강력한 한 방임이 분명했고, 공주에서 한 관객은 내 차례 직후 기꺼이 찾아와서는 "잘하셨어요, 그런데 1등은 저 분이세요." 라며 굳이 민은선 선생님을 가리키고 자리로 돌아가는 일도 있었다. 민 선생님께 이 일화를 전하니 치과의사 남편을 둔 나도 부러울 만큼 하얗고 고른 이를 보이며 완벽한 좌우대칭을 이루는 환한 미소를 지으신다.

다음으로 시 선택과 관련한 질문을 던져본다. 시낭송대회에 나가면 나갈수록 더 절실히 깨닫는 것은 단연 작품 선택이 가장 어렵고, 마치 배우자감 고르듯 신중에 신중을 거듭해야한다는 것이다. 〈바다〉 시에 관해 여쭙자마자 1915년생이신 미당 선생님께서 청년 시절인 39년에 발표하신 시라는 설명이 돌아왔다. 그저 그런 낭송인과 진정한 낭송가를 가르는 기준은, 시인이 어떤 삶을 살았고 어떤 상황에서 그 시가 탄생되었는지, 시인의 인생과 그 마음을 궁금해 하며 공부하는 자세에 있다는 생각이 든다.

민 선생님도 치열한 20대를 보낸 듯하였다. 대학시절에는 학생운동과 기독교 사회운동에 몸담았고, 20년째 해온 동화구연도 여성운동의 연장선이자 큰 그림의 실행이라 하셨다. 내게는 지극히 여성스럽게만 느껴지는 동화구연과 사회운동 간의 연결고리가 선뜻 이해되지 않는다고 하니 안중근 의사, 윤봉길 의사, 김좌진 장군처럼 물리적인 힘으로 독립운동을 하는 사람도 있고, 안

창호, 서재필, 방정환, 윤극영 선생 같이 계몽·문화운동을 펼치며 문학과 음악으로 사람 의식을 키우는 이들도 필요하다는 역사적인 설명이 이어졌다. 선생님은 결혼 후 '아이는 엄마 손으로 키워야한다'는 신념에서 전공은 아니라도 피아노 레슨을 15년간 하며 10년 이상 자녀들에게 몰입하였고, 아이가 서너 살 때 시작한 동화구연은 단순한 일이 아니라, 엄마가 자녀의 올바른 언어생활과 습관, 정신을 키우는 행위로 여성이 결혼 이후 아줌마, 할머니가 되어서도 계속할 수 있는 모자운동이라 하셨다. 요약하자면 '내 아이 누가 키우겠나, 내가 키운다, 엄마가 최고의 선생님이다'라는 것.

34개월 된 어린 아들, 서진이를 다른 사람 손에 맡기고 일하러, 시대회 나가러, 오늘은 또 이런 인터뷰를 한다고 밖으로 다니는 내 자신이 매우 부끄럽게 느껴지는 순간이었다. 그러나 내게도 '매일 시낭송을 듣고 자라는 아이다, 잘못 클 리 없다'라는 믿음은 있다. 퇴근 후 아이를 봐야하니 따로 연습 시간을 내기 힘든 나는 남편의 눈을 피해서 아이를 등에 업고(잡으러 가면 낭송이 중단되니까 일단 업는다.) 포대기 주머니에 암기할 시 종이를 챙겨서 한 시간, 한 시간 반이고 매일 아파트 주변을 돈다. 한 번

낭송이 끝날 때마다 등 뒤의 관객에게 "어때?" 하고 감상을 묻는데, 세 살짜리도 눈치는 있다. "좋아 좋아." "또 해줘." 같은 답으로 기가 막히게 엄마 기분 맞출 줄을 안다. 물론 틈날 때마다 책을 읽어주고 동화구연도 잘 하는 엄마가 아이 입장에서는 최고로 좋겠으나, 차선책으로 나는 책을 쓰는 엄마가 되련다. 내 아이가 읽을 책 중에 내 책이 있다는 것도 근사한 일. 지금 하는 이 인터뷰 기록도 서진이가 훗날 읽어줄 나의 네 번째 저서가 된다면 좋겠다.

Q. 〈바다〉는 압도적인 거장의 풍모가 느껴지는 시였어요. 미당 선생님을 두고 현대시의 거목이라고 하는데, '침몰하라' '계집' 등 시어의 느낌부터가 남다르더군요. 출전시로 고민 없이 단번에 선택을 하신건지요?

A. 아니에요. 〈바다〉는 개인적으로 슬픈 선택이에요. 50세 넘을 때까지 큰 문제나 불행 없이 계획한 대로 미래를 꿈꾸며 사는데 남편이 공무원 퇴직을 앞두고 제2의 인생을 준비하던 시기 물질적인 위기가 찾아왔고 큰 나락으로 떨어지는 느낌이었어요. 그 때 이 시가 눈에 들어왔죠. '길은 항시 어데나 있고, 길은 결국 아무데도 없다'라는 구절이 있거든요. 우리가 속 갑갑할 때

밤바다에 가보면 깜깜하잖아요. 이 시인님이 어떤 마음으로 이 시를 썼겠구나, 이해가 가면서… 그런데 정말 놀라운 것은, 뭐라 그래요? 가족 다 버리고, 친지 다 버리고 애인까지도 버리고 새로운 길로 나가라고 하잖아요. 그래서 '절망의 때에는 버리는 것을 선택해야겠고 버린 다음에 새로운 길을 찾는 것이 답이구나' 하는 생각이 들었죠. 그동안 화나고 뜻대로 안되고 사소한 절망은 있었겠죠. 그런데 자녀들 학업 마치고 출가까지 시켜야 되는 시점에서 제가 전혀 예측하지 못한 상태에서 경제가 흔들리면 충격이 크거든요. 그 모든 게 한꺼번에 밀려왔어요. 한마디로 대책이 없는 시기였어요.

그 말에 내 입에서는 자동적으로 "남편이 주식을 하시나요?"라는 질문이 튀어나왔다. 그것이 요즘 나의 최대 고민이었기에… 모른다고 하셨다. 왜냐면 이미 잃은 건데 그 이유를 파헤친다고 해서 답이 있는 건 아니었고, 어쨌든 정신줄을 놓으면 안 되니까 아동뮤지컬 극단에 들어가 공연을 하면서 아이들과 같이 웃고 사진 찍으며 10개월 가까이는 '잊자' 하며 지냈으나 잊으면 안되는 게 해결을 해야 하니까, 신뢰를 회복해야겠고 그리고 물질적인 빚을 갚아야하니 '내가 더 오랫동안 일을 해야겠구나' 라는 생각을 했다고. 더불어 남편의 주식과 관련된 내 고민에 대해서는 "사실 남자들은 다 잘 해보고 싶어서 그러는 거예요. 그런데 뜻대로 안되는 게 문제고." 라는 조언을 해주셨다. 왠지 나도 일을 오래 오래 해야 할 것 같은 예감이 들었다.

Q. 선생님께서 울면서 선택하셨다는 〈바다〉 시, 대상을 타기까지 몇 번이나 다듬으셨어요?

A. 시가 굉장히 강한데 원래 제 목소리는 약하고 가는 편이에요. 호흡을 섞어서, 훈련에 의해 가능하게 되었죠. "연습을 몇 번이나 하셨어요?" 언젠가 누가 제게 물어보는 거예요. 그래서 제가 되물었죠. "제가 몇 번이나 낭독했을 것 같아요, 이 시를?" 되물으니까 "백번? 3백번?" 하시던데 올해 4월 이 시를 잡아서 하루 열 번씩 평균 잡아보면 5~6백번은 아마 넘었을 것 같아요. 초반에 시 외울 때는 열 번 보다 더 했겠죠.

시낭송을 시작한 후 초반 일 년 간 나름 열성적으로 대회용 시 열한 개를 외워 총 열세 곳의 시낭송대회에 참가해본 사람으로서 최소 천 번은 해보셨겠다는 직감이 왔다. 천 번 정도 아니냐 여쭤니 "그렇겠죠. 그런데 사람들이 너무 위압감 가질 것 같아요. 6백 번으로 적어주세요." 하셨다. 나도 웃으며 "사실 막 시작하려는 분들은 기절할 것 같아요, 시를 하나 정하면 그걸 최소 6백 번을 해야 한다 그러면…" 민 선생님 답변이 돌아온다. "그 숫자는 중요하지 않아요. '시가 너무 좋다' 그러면 자꾸만 읊게 돼요." 라고 하신다. 순간 이런 의문이 들었다. 〈바다〉 시를 더 많이 읽은 것은 서정주 시인이었을까, 민은선 선생님일까? 어떤 의미에서 시낭송인은 시가 주는 기쁨을 시인보다 더 많이 누리는 사람일지도 모르겠다. 그럼 연습은 주로 언제 하실까?

Q. 시낭송 연습은 하루 중 언제, 어떤 방법으로 하시고 특별한 연습법이 있습니까?

A. 방법은, 일단 적습니다. 시는 단락별로 딱딱 나눠져 있으니 외울 때는 단계적으로 필사를 하면서, 연습 시간은 이동 중에, 그리고 집안일 할 때 두 가지겠죠. 여자들은 동시에 두 가지 일을 할 수밖에 없잖아요. 딱 몇 번이라고 할 수 없이 굳이 표현하자면 '시간만 되면 끝없이'. 심지어 화장실에서도 연습하다보니 같이 사는 91세의 어머니도 '쟤가 화장실에서 또 뭘 하는구나'

하세요.

그랬다. 문제가 틀렸다. 내가 미리 질문 보따리에 넣어 온 "일상생활 중 어느 때 연습을 하시나요?"는 애초 잘못된 물음이었던 것이다. 민 선생님께서는 연습이 곧 일상이고, 시가 바로 일상이었기 때문. '셀 수 없이 많이, 낭송이 일상임' 이렇게 정리하고 넘어가기로 한다. 그럼 선생님 삶 속에 처음 시가 들어온 것은 언제였을까?

Q. 시낭송 입문은 언제였습니까?

A. 2001년도부터 했어요. 은주 씨처럼 아기가 3~4세 때 동화구연으로 기반을 닦고 나서 시낭송에 꽃혀서 시작했죠. 그때의 시낭송은 예쁜 목소리로 남들보다 조금 더 잘 읽는 것을 낭송이라 생각했어요. 재능대회만 세 번 참가했는데 당시는 열다섯개 지역 예선을 통해 한 두 명씩만 본선에 진출했죠. 박두진 시 〈푸른 하늘 아래〉로 야심차게 도전하기도 했는데 동상, 우수상, 늘 이 정도에서 멈추더라고요. 같은 작품으로 타 대회에서 최우수상과 시낭송가 자격증 받고 나서는 만족하고, 주 종목인

동화구연의 발성, 발음 잡는 것으로 이용했을 뿐이에요. 그런데 나이가 드니 스멀스멀 시낭송에 대한 마음이 다시 생기고 2014년에는 제가 좀 성숙되었는지, '이제 대회와 관계없이 시낭송을 즐겨보자, 좋아하는 시로 해보자' 하며 다시 대회에 나가게 되었죠.

선생님이 좋아하는 시는 무엇일까? '이 시인의 시만큼은 어느때고, 누구에게도, 아무 망설임 없이 추천해줄 수 있다' 하는 시인이 있는지도 궁금했다. 나에게 백석과 문태준 시인이 그러하듯.

Q. 다른 사람들이 함께 알면 좋겠다 싶은, 평소 좋아하시는 시나 시인을 꼽아 주신다면요? 그동안 어떤 시들로 시낭송대회에 나가셨나요?

A. 시를 처음 접하는 이들에게는 편안하게 읽을 수 있는 류시화 님의 〈그대가 곁에 있어도 나는 그대가 그립다〉를 소개할게요. 30대 때 제가 감동받았던 시인데 "사랑시야?" 하고 물으면 "잘 읽어봐." 라고 합니다. 자아 성취에 관한, 늘 사람은 못 이룬 자기 자신이 그리운 존재라고 해요. 그 외 류시화의 〈나무〉요. 또 돌아보니 의외로 많이 고른 게 박두진 시인의 시입니

다. 〈푸른 하늘 아래〉 〈청산도〉 〈갈보리의 노래〉 〈어서 너는 오
너라〉 〈거울 앞에서〉 다섯 편 정도가 박두진 시였고, 서정주의
〈자화상〉 〈신록〉 〈국화 옆에서〉 〈푸르른 날〉을 암송하고 있었습
니다. 윤동주의 〈서시〉 〈별헤는 밤〉도 암송하지만 대회 도전시
로 선택하진 않았습니다.

박두진 님의 시를 보면서는 '변화'에 대해 생각하게 되었는데
부모도, 남편도, 자녀도 내 삶을 대신해줄 수 없을 테고 그들에
의한 피동적인 삶이 아니라 주체적인 삶이 필요하다는 걸 느꼈
죠. '나 스스로 삶의 변화를 가져야겠다. 언제든지 예측치 못한
위험은 있구나.' 그래서 하고 싶은 것을 꼭 해야하고 그런 의미
에서 '오늘'이 중요하다는 것을 알았어요. 스스로 자문했죠.
"나는 오늘 뭘 하고 싶은가?" 그리고 답을 찾았죠. '나는 시낭
송을 하고 싶다. 그리고 시낭송가가 되고 싶다. 다시 꿈을 이뤄
보자.' 그렇게 엄마가 성우가 되면 좋겠다는 자녀들의 응원을
받으며 꿈을 계속 갖고 있는 도중에 이번 〈바다〉 시가 눈에 들
어왔네요.

그 대목에서 대회에서 기량을 인정받고 큰 상을 받으려면 내가
좋아하는 예쁘고 잔잔한 시들이 아니라, 박두진 시를 갖고 나가봐

야할 것 같다는 요즘의 솔직한 고민을 털어놓으니 대회를 겨냥해서 시를 선택하면 굉장히 곤란하고, '낭송으로 상을 받자'가 아니라 본인이 정말 좋아하는 시를 해야 가슴으로 읊어지는 것이라는 의견을 강하게 피력하신다. 선생님은 본인의 의식 자체가 20대 때 그렇게 살았고 어머니가 되어서도 일을 여성운동의 연장선상으로 생각했기에 박두진 시가 가슴에 와 닿았던 거라고. 대학교 1학년 때 5.17 사태 후 휴교령이 내려지고 장갑차와 완전군장한 군인이 캠퍼스로 들어오기에 성큼 다가가서 "전쟁 났어요, 아저씨?"라고 물은 뒤 "친애하는 학우 여러분, 지금은 전시상황이 아닙니다. 그런데 캠퍼스 안에 탱크가 웬 말입니까?"라는 방송을 한 일화도 들었다. 민 선생님은 아담하고 날씬한 체구를 지녔으나 다소 빠른 말에서 파워가 느껴졌으며, 어디서든 사람들을 이끌고 다닐 만큼 에너지가 충만한 분으로 보였다. 한 마디로 '강단'이 있다. 박두진 시들과 통하는 강성적인 면이 있다는 것, 이쯤에서 인정!

그 외 윤동주 님의 〈쉽게 쓰여진 시〉 〈별 헤는 밤〉을 좋아하는 시로 꼽고, 〈길〉을 통해 살아야 하는 이유를 찾았으며 거기서 위로를 받은 적이 있다고 한다. 공감이 갔다. 나에게도 〈길〉은 예산 평화윤봉길 전국시낭송대회에서 입상한 적이 있는 애송시다. 이지면을 빌려, 스물아홉에 영원한 청춘으로 남은 윤동주 시인의 〈아침〉의 마지막 행도 소개하고 싶다. '구김살 없는 이 아침을 심호흡하오 또 하오' 이 구절을 마주할 때면 나 역시 또 새로운 하루가 내 앞에 있고, 다시 시작하기만 하면 된다는 것을, 나의 땀방울도 푸른빛을 발할 날이 오리라 믿게 된다.

다시 시낭송대회 이야기로 돌아가, 대상을 받는 날은 경연 뒤에 뭔가 특별한 느낌이 오는지 궁금했다. 선생님은 올해 〈바다〉로 몇 개 대회에 나갔다고 했다. 다른 시를 연습하고 있다가 〈바다〉를 낭송해 보고 싶다는 생각만 갖고 있을 때 보령 대회에서 바다·강·섬에 관한 시만 접수를 받는다 하여 모바일 예선은 그냥 보고 읽고, 녹음 예선에 통과한 뒤 비로소 외우게 되었다고. 당시 〈바다〉 시 첫 출전 때는 은상을 받았고, '이 정도면 됐다. 시는 너무 괜찮았는데 내가 잘 살리지 못했다.' 라는 생각이 들었다고 한다.(이를 통해 민은선 선생님과의 첫 조우가 재능대회나 공주가 아닌, 석 달을 거슬러 올라간 7월 보령에서 이뤄졌음을 알았다.) 이후 10월 초 파주 윤관 시낭송대회에 같은 시로 은상을 받으며 또 한 번 현주소를 확인하고 더 다듬게 되었다고 하셨다.

Q. 선생님 같은 프로도 무대에서 시를 잊거나 실수를 하나요? 그때는 어떻게 만회를 하세요? 한 번 시어를 까먹으면 다시 무대에 못 오르겠다고 트라우마 생겼다는 분들도 있거든요.

A. 저도 많이 떨어요. 보령 대회 때 마치고 내려와서 물컵 받아드는 손이 막 떨렸어요. 파주 대회에서는 순간적으로 시어를 잊어버렸습니다. 깜깜해졌어요. 야외무대라 관객과 거리가 있는지라 그냥 눈을 감았습니다. 머리에게 맡기는 게 아니라 입에 맡겼죠, 많이 했으니 입이 기억하리라. 어떤 상황이 벌어지냐면 나오긴 나오는데 속도 조절이 안 되더라고요. 입으로 줄줄줄 나올 정도로 연습해도 떨리면 또 잊어버리는구나 싶어서 이후 또 적고 외우고 했죠.

Q. 〈바다〉 시로 두 번의 은상 후 드디어 공주에서 대상 받으셨네요. 수상의 비결 좀 말씀해주세요.

A. 공주 대회는 BG, 배음을 썼습니다. 낭송 지도를 받으시는 분들은 선생님께서 주시는 음악을 그냥 받기도 하는데, 저는 음악을 했던지라 음악에 대한 이해도가 조금은 있어서 여러 가지 음악

을 찾아보았고, 또 주변의 낭송가분들께도 음악 추천을 받고 선별했지요. 음악이 정말 좋았어요. 또 정말 시가 좋았고, 내 목소리에 안 맞을 것 같았는데 가슴으로 외운지라 진성성이 있었던 것 같습니다. 절실하게 받아들였기 때문에 시어 하나 하나 강하게 다가오니 마음으로 읊은 거죠. 입으로 하긴 하는데 가슴으로 던지게 돼요. 시나 동화나 사람에게 가는 것이기 때문에 감동이 있어야 합니다. 심금을 울려줘야 하고요. 그건 절대 입으로는 안 됩니다.

나름 절절히 다가온 시를 가슴으로 한다고 해왔는데 도대체 뭐가 문제였을까? 나 또한 이번 풀꽃대회에서 온 마음으로 느낀 시 백석의 〈수라〉와 나태주 지정시 중 〈비단강〉을 낭송했고 동상을 받은데 살짝 아쉬움이 있었다. 당일 지켜보신 분들로부터는 "진짜 우는 줄 알았다." "혼자 무대에서 너무 슬퍼하더라."는 말을 듣고 부끄러워서 밤에 '이불킥'을 하기도 했다. 민 선생님의 해설 및 풀이에 따르면 그건 이렇다. 전날 재능대회 때도 나 이외 아나운서, 연극하시는 몇 분을 봤는데 그 분들의 공통점이 다 젊다는 것. 얼굴이나 분위기가 예쁘고 발음도 정확하고 그런데 감동이나 깊이는 부족한 것 같다고 하셨다.

Q. 그럼 감동을 주는 낭송을 하려면 저는 익을 때까지 더 기다리면 되는 거예요?

A. 삶이 곤고하면 또 그게 돼요. 젊지만 뼛속까지 슬픔과 아픔을 겪어본 사람이라면 그 마음을 아는데 이건 간접경험으로는 조금 부족한 듯합니다. 저도 어릴 때 편안하게 살아서 잘 몰랐는데 아버지가 6년간 집에서 암투병을 하시며 사람이 해골이 되어가는 과정, 영화 〈인디아나 존스〉를 보면 사람이 무언가를 잘못 만지면 순식간에 확 모래 가루로 되어 날아가잖아요. 그 6년이 저에게는 그렇게 느껴지면서 건장했던 아버지가 먼지가 되어 날아가시던 그때 1차로 철이 들었죠. 10년 후에 납골당으로 모시려고 이장할 때 가족들 만류에도 제가 2m 깊이의 묘 속으로 들어가서 작은 뼈조각까지 찾아 모으는데 흰 뼈만 있는 거예요. 그 전에는 수많은 선인들의 가르침과 감동을 주는 글을 배우고 입으로 읊조렸지만 '우리 아버지가 요만했구나. 인생이 진짜 허망하구나.' 하는 걸 절감했습니다.

2015년도에 집안에 경제적 타격을 겪으면서 인생을 알았고, 이듬해에 주위에서 죽지 않은 게 다행이라 할 만큼 위험했던 교통사고를 당한 뒤에는 '살다보면 예기치 못한 일도 많이 겪게 되는구나, 질병과 사고로 목숨을 잃게도 되는데 차라리 돈을 잃은게 다행이다.'라는 생각도 했고요, 많이 겸손해지고 돌아보는 시간이 되었습니다. 14·15년 대회 나가고 그런 일들 겪고 나서 2016년에는 대회를 쉬고, 2017년 아버지가 그리웠는지 손택수 시인의 〈아버지의 등을 밀며〉로 나갔고요, 올해 〈바다〉가 눈에 확 들어와서 이 시를 잡았죠.

평범한 삶을 살아온 30대인 내가 전부를 이해하기에는 벅찬 사연들이었으나, 부지런히 시를 외고 기술을 갈고닦음으로써 대상에 가까워질 수 있을 거라는 기존 계획을 전면 수정하는 충분한 계기는 되었다. 기교로써 듣는 사람의 귀를 즐겁게 하는 것이 아니라 내면에서 깊이 숙성된 언어들을 뱉어냄으로써 감동을 전해야 하는 거구나…

또한 선생님의 아버님 이야기를 들으며 새삼 느낀 것은 훌륭한 사람 곁에는 훌륭한 부모가 있다는 사실이다. 선생님의 다재다능함과 늘 공부하는 자세, 인터뷰에 가져오신 시 노트 속 정갈한 필체까지, 그 모든 것의 뿌리는 어린 시절부터 받은 부모의 사랑과 시대를 앞서가는 교육열 덕분인 듯하였다. 따로 스케이트장이 없던 1966년 그 옛날에 자녀들에게 스케이트를 사주신 아버님이 샛강에 가서 스케이트를 타기 전 연습을 시키려고 일부러 수돗물을 틀어 마당을 얼렸다는 일화는 큰 감동으로 다가왔다. 더욱이 영하 15도가 넘는 한겨울에 허허벌판에서 그 어떤 가림막도 없이, 강바람 맞으며 몇 시간이고 자녀들을 바라보셨다는 대목에서 선생님의 양 쪽 눈가에 보석처럼 빛나던 무언가를 언뜻 본 것 같다.

분위기를 전환해 동화구연으로 화제를 돌려보았다. 이번 인터뷰를 준비하며 나는 재능시낭송대회 외에 재능동화구연대회가 있다는 사실을 처음 알았고, 동화구연가이자 훌륭한 시낭송가이신 여러 분들의 이름도 접할 수 있었다.

Q. 널리 알려진 시낭송가 겸 동화구연가로 장기숙, 박영애, 김경복, 서수옥 님이 계시죠? 시낭송과 동화구연의 차이점은 뭘까요?

A. 동화구연은 대화체를 넣어 실감나게 연기를 하는 대사 부분과, 이야기를 전달하는 해설, 두 부분으로 나뉩니다. 대부분 캐릭터 소화에 관심을 많이 갖는데 정말 이야기 잘 하는 사람은 해설을

잘 하는 사람이라는 결론이 나와요. 그래서 도입하게 된 것이 시낭송입니다. 발성·발음·호흡이라는 화술을 위해 시낭송을 병행하다보니 낭송을 알게 되었고 일찍 터득을 해서 대회 입상을 하신 분들, 두 쪽을 다하시는 분들이 재능 팀에는 특히 더 많이 계시고요, 30~40%가 되기도 합니다. 저는 시로 꿈을 다 못 이루고 중간에 아이 키우고 동화구연을 20년 하다 보니 '쪼'(개인이 가진 독특한 습관이나 고유한 어조 처리 방식)가 있는데 귀엽고 예쁘게 하고자 말을 꺾고 들어가거나 엔딩 부분의 착지점, 어미 처리의 상승, 하강이 좀 다르고 그 교정이 좀 어려워요. 시낭송 먼저 하시던 분들이 동화구연을 한다면 조금 더 쉽지 않을까요? 낭송은 리딩, 구연은 텔링에 가깝고 캐릭터 소화해 아이들에게 해야 하니까 힘을 많이 빼야하는 차이점이 있지만 호흡·발성을 다 갖춘 상태기 때문에 시낭송가가 동화구연가가 되기는 쉬울 듯합니다.

동화구연전문가도 시낭송만을 위한 전문 교육을 받거나 시낭송가를 사사했을까 궁금해졌다. 색동어머니회와 재능에서 활동하시는 여러 선배님들의 조언과 가르침을 받았다고 하셨다. 시낭송가 겸 동화구연을 하신 분들이 모두 선배님이시며 스승이었다고.

내 주변에는 그런 분들이 아무도 없는데, 역시 시낭송 독학은 무리인건가 싶기도 하다. 사전에 조사해간 바에 따르면, 민 선생님은 동화구연계의 유명 강사로 닉네임은 '대상제조기'. 훌륭한 제자들을 만난 덕분에 대상을 비롯해 좋은 상을 받은 제자들이 많았던 거라고 하신다.

Q. 동화구연을 잘 하는 방법은 뭡니까?

A. 봉사하세요! 2004년부터 11년간 녹음봉사를 했어요. 국립서울맹아학교에는 모든 도서가 CD로 구비되어있는데, 봉사자지만 오디션을 보고 뽑혀야 봉사 할 수 있고, 만들어진 CD에 낭독자 이름이 실명으로 들어가요. 〈TV동화 행복한 세상〉이 총 다섯 권인데 한 편에 120편 정도의 작품이 들어있죠. 다섯 권을 2년에 걸쳐 혼자 녹음했고, 해리포터 시리즈 중 〈마지막 성물〉을 영화 나오기 전에 6개월간 혼자서 다 읽었어요. 등장인물이 40~50명 가까이 되죠. 뒤에 가서 누군지 기억해야하니까 이름·나이·외모·느낌·성격을 A4 용지에 쓰면서 했어요. 봉사가 저를 만들었습니다. 그렇게 해서 읽은 책들이 저를 키운 거죠.

'1인 다역' 은 자주 들었지만, '1인 40~50인 역' 이라는 말은 태어나서 처음 들어봤다. 내 요청에 따라 선생님은 즉석에서 해리포터·성장한 해리·아빠가 된 해리·해리보다 더 어린 해리 2세의 목소리를 각기 다르고 섬세하게 구현해보였는데 특히 어린이 음성을 기가 막히게 소화하신다. 45세 때 한 초등학교에서 선보인 창작 뮤지컬공연에서는 일곱 명의 요정 중 막내 역할을 맡은 적이 있었단다. 5·6학년생들이 써준 팬레터에는 '누나 중학생이죠? 중학생으로 보이는데 혹시 대학생이신가요?' 라는 구절이 있더란다.(그 편지는 아직 안 버리고 간직하고 있다고.) 수긍이 갔다. 선생님의 목소리가 조금도 늙지 않은 비결은, 아마도 늙을 시간이 없어서가 아니었을까? 공연·강의·양육·살림·시낭송대회 준비에 평범한 마음가짐으로는 남들이 결코 쉽게 따라할 수 없을 만큼 꾸준한 봉사까지 해오셨으니 나이 들 겨를도 없었던 것이 아닌가? 목소리라는 특별한 재능을 수다 같은 것이 아닌 의미 있는 일에 환원하는 모습은 아름다웠고, 봉사란 시간 날 때 하는 것이 아니라 시간 내서 해야 하는 것임을 알았다. 비좁은 녹음실에 꼼짝하지 않고 앉아 캐릭터·감정·성량과 속도 모두를 계산하며 소리책 한 권 한 권 씩을 완성시켜오셨을 그 수많은 날을 떠올리니 그저 아득했다. 덕분에 많은 이들이 선생님의 육성으로 세상을 보고 감동을 느꼈겠지. 동시에 궁금했다. 믿고 이해해주고 지지해주는 가족들이 곁에 없다면 그렇게 활동하기란 힘들 텐데. 나는 지난 일 년 간 시낭송대회를 찾아서 안동·예산·보령·강릉·예천·거제·부산·구미·진주·공주에 갔었다. 주중에는 본업인 아나운서 스피치 교육, 주말에 전국 시낭송대회 참가를 병행하다보니 뭐가 거꾸로 되어 요즘 남편이 부르는 내 별명은 '바깥양반'이 되었다.(내가 지어준 남편의 별명은 '진돗개'다. 집을 잘 지켜서.)

Q. 남편이 저보고 '바깥양반'이라는데 선생님 별명은 뭔가요? 부군께서 풀꽃대회 당일 동행하신 모습도 뵈었습니다. 가족들은 응원 많이 해주시나요?

A. 대학생 시절 때 별명은 "무쇠팔, 무쇠다리 로케트 주먹~" '마징가'였고, 요즘 가족들은 '천의 목소리'라 불러줘요. 공연하며 무대에 서있는 저를 보니까 친정 엄마는 너무 좋아보였나 봐요. 공연으로 세계를 다닐 때 러시아나 남미는 15박 이상, 호주 뉴질랜드 10일 이상 가는데 다 어머니가 도와주셔서 가능했어요. 어머니가 '집에 있기에는 아까운 우리 딸' 하며 응원해 주시고, 자녀들도 엄마는 당연히 나가야되고 그 목소리를 사장 시키는

건 아깝다고 생각해줘요.

또 한 번 '빙산의 일각' 이었다. 전국의 시대회에 다니는 것을 선생님 가족들은 용인해주나 여쭤보니 오래전부터 해외공연을 다니고 계셨던 것이다. 나도 분발하여 활동 무대를 더 넓혀가야겠다. 인터뷰 바로 전 주말 나는 〈제주신화페스티벌〉의 개막식 MC로 제주도 땅을 밟으며 첫 제주 진출의 꿈을 이뤘는데, 마침 그날 민 선생님도 제주를 여행 중이라 했던 것이 갑자기 기억났다. 이번 여행은 대상 상금으로 다녀오신 거냐 여쭤니 친구가 통 크게 비용을 낸 덕에 수상과는 무관하게 예정되어 있던 거란다.(나에게는 왜 통 큰 친구가 없을까?) 그럼 상금 백만 원은 어디 쓰신 거냐 집요하게 물으니 입소문이 나서 여러 팀들과 함께 하는 회식으로 쪼개졌고, 자신만을 위한 특별한 보상은, 앞서 말한 대로 아직 빚을 갚는 연장선상 안에 있기에 자유롭지 않다 하심.

동화구연가인 민 선생님과 함께 보낸 시간을 '귀 호강의 끝판왕' 이라 회상한다. 나는 그날 동화나라 속으로 들어가 아주 오랫동안 잊고 있던 주인공들을 다 만났다. 내 눈 앞에서 시름시름 앓는 용왕이 되었다가 소원을 들어주는 황금물고기도 되었다가 별

주부, 토끼, 어부, 귀족부인, 엘리베이터에서 빡빡 우는 철부지 소녀, 갈 곳 없는 길고양이 새끼, 한국·독일·러시아 할머니 3종 세트까지(3국 중 러시아 할머니가 제일 셌다!) 다양한 인물들로 변신하는 선생님은 팔색조의 목소리로 그야말로 '불꽃 연기'를 펼쳐주셨다. 덕분에 나도 말 그대로 동화(童話)에 동화(同化)되어 침을 꼴깍 삼켜가며 장시간 집중했던 것 같다. 입 벌리고 들었다.

그동안 시낭송을 하며 표현했던 기쁨, 슬픔, 환희, 절망 같은 1차원적인 감정들에 머무르는 것이 아니라 동화구연을 통해서는 흡족함, 매정함, 약오름, 비아냥거림, 뼈딱함, 가엾음, 박진감, 우월감, 나른함, 시큰둥, 얼떨떨함, 갈급함 등 미묘한 감정들의 진폭과 스펙트럼이 고스란히 느껴졌다. 순간 캐릭터에 몰입하고 순간 확 빠져나와 해설자로서 조금의 막힘없이 줄거리를 엮어나가는 선생님의 테크닉과 센스는 결코 간단해 보이지 않았다.

Q. 20년 간 그 무궁무진한 이야기들을 어떻게 다 외우셨어요?

A. 저의 비법이라면 애니메이션 몇 컷으로 기억해서 풀어내는 거예요. 어떻게 글로 다 외우겠어요? 절대 못 외웁니다. 영상으로

갖고 있어요. 나만의 방법일 뿐 아니라 시인들도 그렇게 말씀하세요. 시인과 화가들이 중국의 장가계에 갔는데 거기 자연이 너무 아름다우니까 짧은 시간 동안 시인은 그림을 그리고 있고 화가는 글을 쓰고 있더라는 거죠. 나중에 자신들이 메모해 온 걸 바탕으로 좀 더 깊이 있는 표현들을 해낸다고 하셨지요. '낭송 잘 하고 싶으면 미술 감상을 하라'는 말도 있습니다. 그렇게 글을 이미지로 가져와요. 그럼 상상을 할 수 있죠.

명함에 새긴 제 프로필 멘트가 '세상의 모든 것은 이야기 한다'인데요, 인쇄하시는 분이 '모든 것을'이 맞는 거 아니에요? 하시기에 이대로 맞으니 조사 바꾸지 마시라고 한 적이 있습니다. 예컨대 "나 가을이야."라고 이야기하지 않아도 사람이 자연을 보고 말합니다, "가을이다."라고요. 구름도 말하잖아요, 비가 올 것 같다고. 모든 것들이 형체가 다른 언어로 이야기하고, 저는 그 이야기를 전하는 사람입니다. 누구는 음악으로, 누구는 그림으로 또 어떤 이는 몸짓으로 이야기를 전달하지요. 저는 그들의 이야기를 말로 전달하는 '스토리텔러'이고요. 시낭송인들도 미술에 대한 조예를 가지시길 바라요. 자연에 숨겨진 언어를 이해하고 미술 속의 언어를 빼낼 수 있으면 진정한 낭송가가 될 수 있다는 말을 전에 굉장히 감동 있게 들었어요.

오래 붙잡고 있던 시지만 그 상황이나 장면을 그림으로 그려본 적은 한 번도 없었던 것 같다. 이미지성, 그리고 색감에 대한 감성을 높이고 전달력을 키우는 훈련이 내게 필요하겠구나 싶다. 시인이 힘겹게 뱉어낸 말들, 피눈물을 흘리면서 자신의 삶과 그 상황을 어떻게 하나의 언어로 뽑아낼 수 있었을까 생각하며 오래 읽다 보니 그 느낌을 전달받게 되었고 그래서 그걸 또 최대한 전달을 하고 싶어 그동안 애썼던 것 같다는 선생님의 설명에 공감이 가고, 설득이 되었다.

Q. 내년에 대상수상자로서 앙코르 무대를 하실 텐데, 다음 풀꽃대회 준비하는 분들께 팁을 주신다면요? 시낭송을 처음 시작하는 분들을 위한 조언도 해주세요.

A. 일단 진정성입니다. 우리는 알아요. 동화 구연에서도 소위 '입만 가지고 전달하는 영혼 없는 소리'인지, 아이들에게 '이게 정말 재미있고 흥미 있는 좋은 동화야' 라며 들려주려는 자세인지. 또 명시들도 최소 50편 정도는 읽어야겠고 그리고 나서 남 앞에 서라고 하고 싶어요. 우리들이 중·고등학생 때 읽었던 시들 뭐가 있어요? 〈진달래꽃〉 〈국화 옆에서〉 〈별 헤는 밤〉 〈목마

와 숙녀〉〈님의 침묵〉〈향수〉〈오감도〉〈청산도〉〈꽃〉 그리고 〈행복〉 등이 있죠. 그런데 낭송해보라고 하면 대부분 못 외웁니다. 한국인들이 좋아하는 여론조사에 의해 선정된 10대 명시(*전체 목록은 부록 참고), 그거 정도는 기본적으로 외우고 그 다음에 본인이 좋아하는 시를 외우라고 당부하고 싶네요. 또한 남한테 주는 거니까 최소한의 예의가 들어가야겠죠. 발음·발성·호흡 등의 기본기를 완전 터득하셔야겠고, 외모를 꾸미라는 것이 아니고 시에 맞는 의상을 갖출 것, 그리고 음악도 그냥 누가 던져주는 곡이 아니라 음악에 대한 상식이 없더라도 본인이 공부를 하고 찾는 노력을 하시라는 것입니다. 누가 주는 음악으로 상을 받은 사람은 오래 가지는 않을 거예요. '그동안 이렇게 공부했고 이런 과정을 겪었어요.' 이렇게 내가 할 이야기가 있어야 설득이 되죠. 내 자신이 노력을 하면 노력을 한 티가 나요. 시와 계속 매칭을 하다보면 음악도 업그레이드되고, 나도 업그레이드되고, 100퍼센트는 아니라도 조금씩 그 합일점을 찾으면 노력의 결실은 분명 생겨요. 결국에 관객이나 심사위원이나 사람인데, 똑같겠죠?

끝으로 '시낭송은 나에게 ○○○이다.'의 빈칸을 채워달라는 마지막 질문에 선생님은 '나를 나 되게 하는 것, 나를 완성하는 것'이라는 답을 주셨다. 동화구연가이자 시낭송가로서 내가 아는 한, 가장 맑고 아름다운 언어들이 숨 쉬는 두 세계 사이를 자유자재로 넘나들 줄 아는 선생님이 부럽다. 죽을 때까지 책을 손에서 놓지 않고 끊임없이 배우며 공부하고 싶어 할 것 같다는 말씀도 인상 깊었다. 역시 한 분야에서 롱런(long run) 하려면 롱런(long learn)해야 한다는 말이 맞구나. 지적인 사람을 좋아하는데, 징그럽게 책을 좋아하는 사람을 만났다며 중간 중간 남편을 향한 만족감, 존경심과 사랑을 비치시던 것도 기억난다. 아직도 남편 무릎에 앉아 눈을 맞추고 함께 음악을 들으며 끊임없이 대화한다는 민은선 선생님은 사랑꾼! 내가 바라는 남편과 나의 훗날 모습이기도 하다.

또한 20대 아나운서 지망생들의 강사인 나와는 달리, 태교 동화 공연을 통해 엄마 뱃속에 숨 쉬는 태아부터 노인대학 출강을 통해 만나는 어르신 제자들까지, 그야말로 요람에서 무덤까지 전 연령층에 사랑 주고 사랑 받을 수 있는 선생님의 커리어가 특별하게 느껴졌다.

긴 시간 인터뷰에 대한 답례로 이쯤에서 나도 선생님께 특별한 선물을 하나 드리려 한다. 가족들이 지어줬다는 '천의 목소리'라는 별명에 전적인 동의를 표하지만, 선생님의 특별함을 담기에는 다소 진부한 감이 있다. 지금 떠오른 세 가지 애칭을 감사의 표시로 선사하고 싶다. 민은선 선생님은 '목소리의 변검술사', '말술사'(말술을 마시는 사람이 결코 아니고요, 말로 요술을 부린다는 뜻인 것 아시죠? 그리고 선생님 자체가 제게는 '인간 책'이었습니다!) 이 셋 중 하나라도 선생님 마음에 든다면 정말로 기쁘겠다.

| 민은선 님의 대상 낭송시 |

-지정시-

비단강

나태주

비단강이 비단강임은
많은 강을 돌아보고 나서야
비로소 알겠습디다

그대가 내게 소중한 사람임은
더 많은 사람들을 만나고 나서야
비로소 알겠습디다

백 년을 가는
사람 목숨이 어디 있으며
50년을 가는
사람 사랑이 어디 있으랴

오늘도 나는
강가를 지나며
되뇌어 봅니다.

-자유시-

바다

귀 기우려도 있는 것은 역시 바다와 나뿐.
밀려왔다 밀려가는 무수한 물결위에 무수한 밤이 왕래하나
길은 항시 어데나 있고, 길은 결국 아무데도 없다.

아— 반딧불만한 등불 하나도 없이
울음에 젖은 얼굴을 온전한 어둠속에 숨기어가지고… 너는,
무언의 해심에 홀로 타오르는
한낱 꽃 같은 심장으로 침몰하라.
아— 스스로히 푸르른 정열에 넘쳐
동그란 하늘을 이고 응얼거리는 바다,
바다의 깊이 위에
네 구멍 뚫린 피리를 불고… 청년아.
애비를 잊어버려

에미를 잊어버려

형제와 친척과 동무를 잊어버려,

마지막 네 계집을 잊어버려,

아라스카로 가라 아니 아라비아로 가라

아니 아메리카로 가라 아니 아프리카로 가라

아니 침몰하라. 침몰하라. 침몰하라!

오- 어지러운 심장의 무게위에 풀잎처럼 흩날리는 머리칼을 달고

이리도 괴로운 나는 어찌 끝끝내 바다에 그득해야 하는가.

눈뜨라. 사랑하는 눈을 뜨라… 청년아,

산 바다의 어느 동서남북으로도

밤과 피에 젖은 국토가 있다.

아라스카로 가라!

아라비아로 가라!

아메리카로 가라!

아푸리카로 가라!

| 부록 | 한국인이 사랑하는 대표 명시 10선 목록

김소월 〈진달래꽃〉

서정주 〈국화 옆에서〉

윤동주 〈별 헤는 밤〉

한용운 〈님의 침묵〉

정지용 〈향수〉

유치환 〈행복〉

박두진 〈청산도〉

김춘수 〈꽃〉

이상 〈오감도〉

박인환 〈목마와 숙녀〉

*윤동주의 〈서시〉와 이육사의 〈청포도〉, 조지훈의 〈승무〉도 사람들이 많이 기억하고, 요즘은 도종환의 〈흔들리며 피는 꽃〉이 많이 애송되기도 합니다. 이상의 〈오감도〉는 '애송시'로는 조금 낯설어하거든요. 다만 우리나라 시의 역사를 공부하는 중에 소개를 할 필요는 있어서 올려드립니다.

- 민은선 -

⟨5⟩ 제1회 보령 해변시인학교 전국 시낭송대회 대상수상자

| 노경호 님 약력 |

- 회사원, 시낭송가
- 제5회 부안 변산마실길 전국 시낭송 경연대회 대상
- 제1회 보령 해변시인학교 전국 시낭송대회 대상
- 제3회 시와 소리 전국문학낭송대회 대상
- 제4회 완도 전국 시낭송대회 대상
- 제17회 전국 K스피치 문화제전 일반부 대상(시낭송 부문)
- 2019 팔마청백리 시낭송대회 문화상
  (창작시 및 시낭송 부문 최고상)
- 2018 서울 김소월 한국낭송문학가 전국 시낭송대회 금상
- 제6회 시사랑 전국 시낭송대회 금상
- 2019 상화 시낭송대회 금상
- 제23회 바다사랑 시낭송대회 금상
- 1회 팔마비 시낭송대회 자유시부문 우수

시낭송대회 5관왕!
시와 음악을 사랑하는 공학인, 노경호 님

　　인생의 고통은 누구에게나 있지만, 즐거움은 찾는 자에게만 주어진다고 했다. 보령 시낭송대회가 열린 지난해 7월은 즐거움을 발견하고자 애쓴 여름이었다. 2년 만에 실시된 SBS 아나운서 공채로 본업인 아나운서 교육이 대목을 맞았고, 전남·경북·대전 출장강의가 집중된 그 달에 보령 해변시인학교 제1회 전국 시낭송대회가 있었다. 바다·섬·해변에 관한 것으로 제한을 두어 시 선정에 시간이 걸린 데다 강의 후 집에 오면 목이 아파서 낭송 연습을 제대로 못하는 밤들이 이어졌다. 결국 마감 전날 새벽 2시, 예심용 파일을 겨우 녹음해 보냈는데 새벽 3시에 '접수 잘 되었다' 는 답장이 와서 확인하고 나니 잠이 확 달아나 그 밤을 새웠다. 본선을 며칠 앞두고 나주의 어느 풀숲에서 모기에 물려가며 연습했다. 암기도 못한 현 상태로는 불참이 백 번 옳다는 생각이 들었으나, 마음은 다른 말을 하고 있었다. 이런 경험도 해봐야 훗날 진정한 낭송가가 될 수 있는 거라고, 요리조리 합리화해가며 이성적 판단을 누르고 있었다. 일이 힘들게 느껴질수록 더 간절히 시낭송을 찾게 되고, 주말의 휴식보다 지방 대회 참가를 갈망하게 되는 이 현상이 혹시 프로이트가 말한 '승화'인가 싶기도 했다. 나주에서 올라온 다음날, 또 2박 3일의 대구·대전·부산 강의를 마치고 집에 와서 내일 일찍 시낭송대회에 갈 거라고 하니 남편은 '홍진영 스케줄'이라고만 한다.

이튿날 아침 9시, 보령 머드축제가 한창인 대천 해수욕장 인근 대회장에 도착했다. 중요한 무대가 임박해 있음을 내 몸이 이미 알고 있기에 피곤한 줄 몰랐다. 참가 제한이 없는 대회인 만큼 본선에 온 50명 중에는 타 대회 대상수상자들을 포함한 실력자들이 많았고, 그중 광주에서 오신 노경호 선생님이 대상을 품에 안으셨다. 한 달 전, 전국적으로 200여명이 지원한 제5회 부안 변산마실길 시낭송경연대회에서 백석의 〈고독〉으로 대상을 수상한 분이다. 오늘의 참가 시, 〈바다의 영가〉를 낭송하실 때 풍성하고 힘 있는 음성이 귀에 잘 들어왔고, 눈빛 · 자세 · 인사 동작에까지 여유와 신중함 등 어떤 '기품'이 배어있음을 느꼈는데, 대상 호명 직후에도 매우 담대했으며, 흔들림 없는 미소로 응하는 모습이 인상적이었다.

다른 무엇보다도 노경호 님을 다른 이와 차별화하는 것은 발성. 선생님은 품위 있고 우아한 클래식 악기 같았다. 잘 다듬어진 동시에 절제되어 있었고, 인위적으로 만들어 내는 것 같지 않은 자연스러운 소리다. 반면, 유치환의 〈바다〉를 낭송한 뒤 몇 분들로부터 '연극을 했냐, 연극 전공이냐'는 말을 들은 나는 지나친 감정 표현 탓인지 동상에 그쳤다. '극상의 미는 담백이지, 농염한 것이 아니다'는 말을 평소 진리라 여기는 나다. 이상하게 무대에만 서면 일종의 '감정 변비'라도 걸린 사람처럼, 그동안 쌓아온 울분과 한을 분출하러 나온 듯 격정적으로 돌변한다. 청중은 같은 배에 타지도 않았는데, 홀로 슬픔에 잠겨 오버하다가 〈바다〉 시 속으로 침몰한 것 같다.

절제와 균형미가 느껴진 노경호 님의 낭송, 보수적인 것 같으면서 현대적인 그 '클래식'한 음성은 서양 고전 음악에서 비롯된 것임을 이후 검색을 통해 알았다. 공학 기술자로서 대기업에 재직하며 시낭송대회 5관왕이 되기까지, 그 간극에 '음악'이 있었다고. 보도된 바에 따르면 선생님은 원래 성악가를 꿈꿨으나 학창시절 뜻밖의 발성 문제로 꿈을 포기해야 했다. 하지만 음악에 대한 애정이 깊어 직장에 다니면서도 주말에 관련 학위를 따고 아마추어 관현악단을 창단해 15년 간 오케스트라의 지휘자로 활동했다. 일과 취미의 몰입과 균형, 시가 다른 예술과 맺고 있는 관계 등, 나는 묻고 싶은 것이 많았다. 기사에 나온 요델클럽과 가곡모임 등에 문의하니, 노 선생님이 전에 합창 지도를 해주셨다며 선뜻 '지휘자님 연락처'를 문자로 보내준다. 첫 통화가 이뤄지고 몇 주 뒤, 충남 계룡시의 한 대회장에서 노경호 님, 그리고 시낭송이라는 같은 취미를 가지신 박 사모님을 함께 뵙는 행운을 누렸다.

이날의 최대 관심사는 단연 '다관왕'. 보통 시낭송을 수년간 해도 전국 대회 대상 트로피 한 번 받기가 힘들다. 대부분의 대회가 대상수상자들의 참여를 제한하고 있어 1관 이후로 도전할 기회 자체가 현격히 줄어든다.

Q. 지난해 6월 부안 변산마실길, 7월 보령 해변시인학교, 10월 시와 소리 문

학낭송대회와 일주일 뒤 열린 완도 전국시낭송대회, 또 전국 K스피치 문화제전의 시낭송 부문 대상까지, 많은 분들이 선생님께서 총 다섯 번의 대상을 받으신 비결을 가장 궁금해 합니다.

이에 노경호 님은 '5관왕 달성 비법'을 어떻게 답해야 할지 모르겠다고, '너무 원론적이기는 하지만 비결이라기보다는 좀 열심히 노력했다'고 하신다. 남들보다 앞서 나가는 것에 특별한 비밀 공식이란 없음을 나도 알고 있다. 아마도 그저 공부하고, 반복해야 하고, 항상 자신을 건강하고 활동적인 상태로 유지해야 한다는 것이겠지. 그래도 나는 꼭 선생님을 통해 어떤 답을 듣고 싶었다. 먼저, 첫 대상을 차지한 부안 대회 준비에 관해 들어보자.

A. 그 전에 참가했던 몇 곳의 대회에서 고배를 마시고 '내게 어울리는 시'를 찾다보니 낭송대회 시들도 일정한 트렌드가 있어 유행하는 시와 사라져 가는 시로 나뉘더군요. 새로운 시를 발굴해 대회에 참가하기를 권유하는 심사위원도 있고요. 그래서 발굴되지 않은 시를 찾아 부지런히 외웠는데, 새 시의 발굴과 대회에서의 입상은 상당히 차이가 있더군요. 숨은 시의 발굴이 중요하다면 대회에서도 그에 맞는 조치들이 따라야 하는데 그렇

지 못한 부분들이 아쉬웠습니다. 그래서 대회에서 자주 **낭송되**고 나름 호소력 있는 시를 찾아 여러 편 암송했답니다. 그 후 바뀐 시를 약간 손을 본 **낭송법**으로 낭송을 했는데 영광스럽게도 첫 대상을 수상하게 **되었습니다.**

이날 인터뷰 시작과 동시에 선생님은 발성 기법, 목 관리법, 대회 전 긴장 푸는 방법 등 해박한 지식과 풍부한 노하우가 빼곡히 정리된 25페이지의 자료를 건네주셨다. 선생님 스스로 책 두어 권은 너끈히 써낼 분으로 보였다. 처음 도전하시는 낭송인들께 자그마한 도움이 된다면 좋겠다는 말과 함께 전하신 '원론적'이지만 5관왕을 가능케 한 그 연습법부터 소개한다. 선생님을 직접 만나본 사람이 느끼는 타인에 대한 선의와 배려가 이 책에 실려 독자 분들께도 전달되리라 믿는다.

공학인답게, 그저 '앉으나 서나' '시시때때로' 식의 연습이 아닌 '서른 번의 규칙'을 만들어 지킨다는 점이 퍽 인상 깊었다. 선생님은 주중 잠에서 깨면 현재 외우는 시를 머리로 되뇌어보고 아침저녁 출퇴근길에 열 번을 반복, 점심 식사 후 작은 소리로 대여섯 번 정도 암송을 해본다고. 그러면 평일이라도 매일 30회 이상

▷ 노경호 시낭송가의 연습법

시가 결정되면 우선 그 시의 배경, 쓰인 시기, 당시 시대상이나 시인의 사상, 처한 상황 등 시에 대한 많은 정보를 알아본다. 그것이 시의 전체적, 부분적인 느낌을 파악하는데 매우 중요하다. 시의 전문을 여러 번 읽으며 어느 정도 분위기를 파악한 후에는 천천히 정독하고 곱씹으면서 특히 감동적으로 다가오는 문장, 낭송 시 중요하게 표현할 행과 연은 어디인지 찾아 표시한다. 그 후 눈을 감고 시의 내용으로 머릿속에 그림을 그려본다. 그림이 그려지면 그림에 나를 주인공으로 동화시켜 동영상을 보듯 영화의 한 장면처럼 만들어본다. 이제 시 전문을 외우는 일. 대회용 시는 아침 열 번, 낮 열 번, 저녁 열 번 정도 연습하고 대회 날이 가까워 오면 횟수를 더 늘려간다. 낭송 중 어색하게 느껴지는 부분은 기법을 여러 번 바꾸기도 한다. 시가 익숙해지면 호흡할 시간이 없을 정도로 빠르게, 머리에서 생각하기도 전에 입에서 시어가 튀어 나온다는 느낌의 속도로 반복한다. 이 훈련을 통해 외우면 무대에 올랐을 때 시어를 잊어버릴 확률을 줄일 수 있다.

암송을 해볼 수 있고, 대회가 임박해서는 연습량을 세 배로 늘린다. 30번 씩 3회, 하루 약 100번을 해봐야 완전히 내 시로 만들 수 있다고 하신다. 처음 방송국에 입사하던 날 사장님 말씀이 "한 가지를 잘 하는 직원은 다른 걸 시켜도 잘 하는데, 기술 때문이 아니라 그 사람이 가진 '자세' 때문"이라고. 공학과 지휘 두 분야의 석사, 산업안전 관련 다수의 전공 자격증 보유자로 시낭송 다관왕까지 이룬 노 선생님의 저력은 목표를 세분화해 과제를 실천해가는 자세에 있는 것 같다.

한 주 전, 나는 대상의 비결을 묻는 두 장의 질문지를 메일로 보냈다. 그 후로 매일 차근차근 답변을 정리하고 손수 타이핑해 스물다섯 장에 달하는 답변서로 만들어 가져오신 것이다.(컴퓨터를 여러 대 쓰시는지 글자체도 조금씩 달랐다!) 방송기자, 아나운서 시절의 인터뷰 경험을 통틀어 나는 이런 분을 만나본 적이 없다. 자료에 담긴 내용보다 중요한 다관의 비결이 어떤 일을 대하는 노 선생님의 자세, 그런 마음가짐과 실천력에 있다는 생각이 든다.

Q. 선생님의 낭송을 처음 들었던 보령 해변시인학교 전국 시낭송대회 때도 그 방법으로 연습해 대상을 타신 겁니까?

A. 박두진 님의 〈바다의 영가〉는 상당히 긴 대작으로, 여유를 두고 암송하면 원시는 9분 30초가 넘습니다. 보통 2/5 지점까지 암송하는데 저는 이미 전편을 암송하고 있었기에 전반부를 할 것인지, 독특하게 후반부를 할 것인지 고민하다가 듣는 이에게 익숙한 1부를 택하여 도전했습니다.

Q. 바다 시 대회를 위해 준비한 것이 아니라, 10분에 달하는 전문을 외고 계셨다고요? 왜요?

A. 시낭송에 막 뛰어들었던 초반에, 암기하는 데 한 달 이상 걸리더라고요. 조금 조금씩 산을 오를 때마다 헐떡거리면서 외웠죠. 주변에 〈바다의 영가〉를 낭송한 분이 계셨는데 그 시에 모든 것이 들어있다고 하셨어요. 장단·강약·완급 등 시낭송의 아홉 가지 대표적인 기법이요. 〈바다의 영가〉를 익숙하게 익혀 낭송을 해보면 그 모든 것이 나에게 올 수 있겠다는 생각이 들어 전체적으로 외웠습니다.

선생님은 '암기머신'인가 싶은 찰나, 잘 쓴 시와 그렇지 않은 시에 관한 의견을 피력하신다. 예를 들어, 6연으로 이뤄진 시를 4

연까지 외우면 나머지 두 연은 아주 쉽게 외워진다고. 3~4연까지 해도 5~6연이 떠오르지 않는 난해한 시가 있는 반면, 뒤가 파악되는 시가 있는데 〈바다의 영가〉는 체계적으로 쓰인 시였다고 하신다. 이 시, 그리고 백석의 〈고독〉으로 각 두 번씩 대상을 받았고, 도종환 시 〈꽃씨를 거두며〉, 곽재구 시인의 〈사평 역에서〉와 〈겨울의 춤〉, 송수권 시인의 〈아도〉, 그리고 〈별 헤는 밤〉 등을 그동안 애송해왔다 하신다. 현재 대회용이나 발표용 시로 암송하고 있는 시는 약 40편 정도라고.(*전체 목록은 부록 참고)

Q. 처음 시낭송 입문은 어떻게 하신건가요?

A. 발을 들인 계기가 좀 특이한데요, 집사람이 먼저 지인에게 낭송 강좌하는 곳을 소개받으며 시작했고, 시낭송 입문한 분들이 피해갈 수 없는 시낭송대회에도 참가하게 되었죠. 그 때 옷가방 등 준비물을 실어다주러 대회장에 따라가게 되었는데, 참가자가 60~70명이라 시간이 너무 많이 소요되고, 카페 가서 커피 한 잔 마시고 와 봐도 그 기다림이 굉장히 지루하더군요. 그래서 그 대회가 끝나고 '이렇게 지루하게 기다리느니 차라리 내가 대회를 나가겠다'고 큰 소리를 쳤는데 2017년 7월에 열리는 대회

에 정말 제 이름으로 참가신청을 해두었더군요. 그렇게 아무런 기본도 없이 정호승 시인의 〈정동진〉을 부지런히 외워 참가했고, 그야말로 시낭송이 아닌 웅변을 하듯 씩씩하게 외치고(선생님은 80년대 후반, 전국웅변대회에 나가 1위를 세 번 하신 이력이 있다.) 시를 잊어버리지 않은 것을 위안 삼고 내려왔지요.

이 대목에서 내가 계산을 해보니, 2017년 7월부터 2018년 10월까지, 총 다섯 번의 대상 획득이 1년 3개월 만에 가능했다! 놀라움을 표하는 내게 '그 점이 오래 낭송을 해 오시는 다른 많은 분들께 누가 되지 않을까 가장 걱정이 되는 부분'이라 하신다. 늦게 시작했는데, 앞서 시작한 분들께 혹여 실망을 주는 것이 아닐까 죄송스럽기도 하여 입문 시점은 밝히지 않는 편이 어떻겠냐고 내게 물어보셨다.

그러나 선생님께는 음악과 함께한 세월이 있다. 내가 보기에 출발선 자체가 다르다. 즉, 보통의 낭송인들처럼 '관심과 열정 먼저, 숙련은 그 다음' 순서가 아니라 그 반대. 화음·선율·리듬과 더불어 살아왔고 평생 좋은 소리의 이미지를 귀와 마음에 새기며, 음악이 주는 감흥 속에 지내온 분이다. 그런 것들이 시를 만나자 금세 아름다운 낭송으로 만개했던 것으로 보인다.

Q. 아주 어린 시절부터 평생 음악과 함께 하신 건가요?

A. 네, 어린 시절부터 지금까지 거의 대부분의 시간을 음악과 더불어 살아왔습니다. 어머니 등에 업혀 다니며 접한 성가대, 합창 문화가 많은 영향을 준 것 같아요. 그 길고 어려운 합창곡들이 초등학생 밖에 안 된 제 머릿속에 마치 레코드판처럼 들어와 있었고, 두고두고 나의 재산이 되었습니다. 나중에 아이들 키울 때 차를 타고 다니면서 10분 정도의 베토벤 곡을 자주 들려주었는데, 서너 살 된 아이가 그 곡의 멜로디를 음 하나 틀리지 않고 흥얼거리는 것을 보고 깜짝 놀란 적도 있습니다.

중학교 때 합창반에 들어갔는데, 갑자기 변성기가 찾아와 합창단에서 퇴출(?)되는 사건이 있었고 중3 때 음악을 하고 싶다는 생각이 들어 작은 합창단의 지휘를 겸해 본격적인 성악 공부를 시작했습니다. 하지만 코 쪽의 문제로 비중격을 깎아내는 수술을 두 번 했지만 코막힘 등의 증상은 크게 개선되지 않았고요, 발성이 원활치 않아 성악가의 길을 포기하게 되었습니다. 어떤 꿈을 갖고 노력하다 한계상황으로 그 길을 포기할 때의 느낌을 알고 계시리라 여겨집니다. 그 후 많은 방황을 겪다가 군에 입대하게 되었는데, 군에서도 군가경연대회가 있어서 지도를 하기도 했었죠.

선생님이 군 생활 중 MBC 〈우정의 무대〉에 두 번 출연하신 이야기를 재미있게 들었다. 아버지 덕분에 일찍이 베토벤을 알고, 음악적 감수성을 물려받은 두 자제분 중 따님은 사대 음악교육과 피아노 전공자로 현재 기획 일에 종사하고, 아드님은 프랑스에서 유학하며 작곡 전공으로 학위를 밟는 중이다. 다섯 가지 악기를 다루는 지휘자 남편을 따라 사모님 또한 우쿨렐레 · 기타 · 오카리나를 수준급으로 연주하여 방과 후 학교 강사로, 지역의 각종 문화예술 행사 출연진으로 활약 중이시라고.

류시화 시인이 좋아하는 구절로 '정원사가 있는 곳에 정원이 있다'를 꼽은 적이 있다. 진정한 정원사는 특정한 정원만 가꾸는 사람이 아니라 가는 곳마다 정원을 창조한다는 뜻. 진짜 왕이라면 그가 머무는 모든 곳이 왕궁이듯, 정원이 정원사를 만드는 것이 아니다. 식물을 사랑하는 사람은 다들 무심히 지나치던 풀, 나무의 존재를 새로이 발견해 독특한 정원으로 재탄생시킨다는 것이다. 마찬가지로 노경호 선생님이 있는 곳에 늘 음악이 있는 것 같다. 선생님은 지난 오랜 기간 동안 퇴근 후 월요일 오케스트라 연습, 화목 대안학교 관현악반 출강, 수요일 합창반 지도, 금요일 요델 합창 지도, 토요일 오후 정기공연 연습을 했고, 2개월에 약 3회씩 연주활동을 했던 시기도 있었다고 한다. 민간 아마추어 관현악단인 아마데우스 체임버 오케스트라를 창단해 이끄는 동안에는 악곡 사오는 비용을 절약하고자 거의 모든 악기의 편곡을 맡았고, 115마디에 매달려 며칠 밤을 꼬박 새운 적도 있다고. 그렇게 당시 새벽까지 작업한 편곡본들이 약 80편, 가장 소중히 간직해온 재산이란다.

A. 저는 어느 한 가지 일을 시작하면 거의 몰입하는 경향이 있습니다. 한 가지에 집중하여 최선의 성과를 이루고자 하는 공학인의 의지라 할까요? 사전에 그 업무나 계획에 대해 되도록 많은 정보를 입수해 그것들을 수용하고, 한번 시작한 일은 최선의 것으로 이루려는 일종의 완벽주의적 성향이죠. 그래서 마음먹기에서 시작하기까지는 패 오랜 시간이 소용된답니다. 그리고 시작하여 그것이 나와 연결되고 공통되는 부분이 있다면 집중, 또 집중, 거의 완벽해질 때까지… 이런 사람은 피곤한 사람이지요.

노경호 낭송가가 다섯 번의 대상 외에도 대구 상화 시낭송대회, 진해 시사랑 대회, 서울 김소월 대회 등 전국적인 대회에서 총 다섯 번에 걸쳐 2위를 차지한 것은 그런 몰입의 힘 없이는 불가능한 일로 보인다. 개인적인 생각이지만, 내가 관찰하고 느낀 바에 따르면 대상만큼은 그 지역 사람이나 인근 연고자에게 주고 타지의 참가자가 가장 높이 올라갈 수 있는 순위가 2위라 생각되는 대회들이 적지 않았다. 그래서 5회에 걸친 금상 수상 경력이 더욱 놀랍게 느껴진다.

Q. 선생님의 시낭송대회 도전은 진행형이지요? 다관왕에 대한 의지도 있습니까?

A. 대상을 받고 나서 다음 번 그 아래로 떨어지는 것에 대한 두려움이 왜 없겠습니까? 하지만 그런 부끄러움을 내려놓고 다시 도전하는 것에 의미를 둡니다. 낭송을 시작한지 얼마 되지도 않는 제가 대상 받았다고 바로 그만두는 것은 아니라는 생각이 들었고요. 다관왕에 대한 의지나 목표가 있고, 그렇게 하고자 도전 중이지만 현재는 참가 가능한 대회가 별로 없네요. 예선 발표일 이후의 대상수상자는 참가할 수 있다고 했다가 대회 사흘 전 전화로 참가하지 말아 달라고 연락을 해온 적도 있었답니다.

이번 인터뷰가 이뤄진 장소는 계룡예술의 전당으로, 이날도 노경호 선생님은 사모님을 비롯해 제9회 계룡 전국시낭송경연대회에 출전하는 지인 등 세 명의 선수단을 차에 태워 광주에서 참관을 오셨다. 본인이 지금까지 20여 곳의 대회에 참가했고, 사모님, 그리고 후에 알게 된 사실인데 처제까지 도전 중이기에 운전 겸 참관차 따라다닌 것까지 모두 합치면 50곳 이상의 대회를 다녀본 것 같다 하신다. 2년이 채 안 되는 기간 동안 50개 대회를 경험한 분이 또 있을까? 그래서 반드시 여쭙고 싶어지는 질문이 하나 있다.

Q. 그 많은 대회를 경험하시면서 느낀 국내 낭송대회들의 문제와 개선점은 무엇입니까?

A. 이 부분은 아주 민감한 부분이라 말씀드리기가 참 조심스러운데요, 여러 곳의 대회를 겪어보니 공정하고 정확, 정직하게 운영하며 그 결과에 수긍할 수 있는 시낭송대회가 많이 있었고 그에 반해 참가자들을 우롱하는 아주 부도덕한 낭송대회도 일부 있었습니다. 그다지 길지 않은 동안 대회를 다닌 제 눈에도 이런 모습들이 보였으니 오랫동안 낭송대회를 다닌 분들의 눈에는 어떤 모습으로 비쳤을까 싶기도 합니다. 분명한 것은 지금

드리는 말씀은 시낭송계의 발전을 위한 고언이며 제가 참가했던 대회도 해당이 되지만 참가하지 않고 참관했던 다수의 대회에서 일어났던 일에 대한 사항입니다.

여러 대회를 다니다보니 자세히 말씀드리기 어려운 어떤 상황에 실망하기도 하고, 대회에 참가하는 시낭송가들을 이용하려고 하는 곳들이 있는 것을 볼 때 가슴이 아픕니다. 하지만 어떤 혜택도 받지 않고 열심히 공부해 참가하시는 많은 낭송가들이 함께 공감할 수 있는 부분이라 생각하며 말씀드립니다.

우선 대회 심사 부정을 방지하기 위해 시낭송대회를 여는 낭송회, 문학회, 문인협회 사람들은 참가하지 못하는 규정이 필요할 것 같습니다. 대회 며칠 전부터 그 회에 가입이 되었거나 연이 닿는 사람으로 대상수상자의 순번과 이름이 이미 돌다가 대회당일 결과가 여지없이 맞는 것을 여러 번 보았습니다. 그 대회와 관계없는 저에게까지 그 소문이 들려올 정도이면 많은 사람들이 그런 문제점을 알고 있으면서도 스스로 포기하거나 방관하고 있다는 것이죠.

또한 시인과 시낭송가는 서로가 동반자라는 생각을 갖고 서로 조금 더 존중해주었으면 하는 생각이 들고요, 시대회마다 심사위원 외에 시의 원문을 체크할 수 있는 위원을 따로 두어 기본적으로 원문을 잘 외우고 있는지 파악해야 합니다. 심사하시는 분들도 누구의 제자, 누구와 연결된 사람이니 하며 기준이나 실력과는 너무도 차이 나는 결과를 내지 마시고, 참가하는 이들도 나름의 기준과 듣는 귀가 있어서 서로 평가하고 그날 대회의 수준과 공정함을 파악할 수 있다는 것을 염두에 두어 주시기를 바랍니다.

굳이 심사위원이 서열을 정하지 않더라도 참가자 모두 어느 정도 스스로 판단하고, 알고 있다는데 지극한 공감을 표한다. 대상 수상자님들을 비롯한 낭송인들과의 만남, 소통 때마다 공통적으로 듣는 말이 참여를 권하고 싶지 않은 대회들이 있다는 것, "이제는 다 보여요. 이건 상처받을 대회구나." 라는 말씀을 하신 분도, 모 대회 탈의실에서 심사위원과 그 지역 출신 수상자 사이 시상금 회수를 두고 모종의 거래가 있었음을 우연히 엿듣고, 실망감에 시낭송을 그만 둔 20대 아나운서 준비생도 있었다.(내 블로그를 통해 시낭송에 관심을 갖게 된 학생인데, 그것이 그녀의 최초이자 마지막 시낭송대회 출전 경험이 되었음이 안타깝다.) 누구든 시를 좋아해서, 시낭송가가 되고 싶은 마음으로 대회에 나간다. 참가자들이 바라는 상, 낭송가증이 필요한 그 점을 이용하는 집단이 현실에는 분명 존재한다. 단체의 존속, 인맥 쌓기, 예산과 금전적 이유들로 말미암아 '수요와 공급'이 만나는 것이겠으나 공정해야 할 대회에서 그런 연유들로 다른 결과가 나온다면, 시간과 정성, 비용을 들여 참가해서 상응한 결과를 얻어야 하는 사람의 기회를 박탈하는 것이며, 일종의 사기이자 기망행위가 아닌가 성찰해 볼 필요가 있다. 나는 시낭송대회들의 고질병인 주최측과 참가자 사이의 결탁, 그로 인해 늘 대두되는 공정성 시비와 관련해 더 자세히 여쭙기로 한다. 노 선생님은 이 문제를 누구보다 안타깝게 보고 계셨다.

A. 수도권과 지방에서까지 체인점 운영하듯이 시낭송대회를 하면서도 3.1운동 100주년에 편승하여 모 시인의 이름을 내건 대회를 하고 결국은 자기 낭송회 사람들로 수상을 하게 해 그 시인과 다른 참가자들은 들러리로 만들어버린 문학회, 낭송가들을 모아 시낭송대회를 열고 '서정시를 왜 여기서 낭송하느냐, 서정시는 집에 가서 해라' 하는 수준을 알 수 없는 시인이자 심사위원, 또 낭송 전 인사를 안했다며 감점하는 대회(대회의 규정이 이렇다면 사전에 공지를 하는 것이 상식이라는 데 나도 공감한다.)도 있었지요. 또한 낭송가분들 중에서도 어떤

대회에 가서는 자신에 대한 평가가 잘못 되었다고 주최측과 다툼을 벌이고 나왔으나, 남부에서 열렸던 어느 대회에서는 오히려 본인이 그 시낭송대회를 주최하는 문학회에 가입한 후 회장단들과 결탁하여 대회 전 이미 수상자로 이름이 떠돌다 결국은 수상자가 되는 것을 보았을 때 심사의 문제도 문제이려니와 일부 낭송가분들에게도 큰 문제가 있다는 것을 알게 됩니다. 더구나 그런 일들을 일으키고 다니는 낭송가들이 처음에 거론한 그 문학회에서 교육받고 활동하는 분들이라는 것이 더 큰 문제점이라 생각합니다. 그들은 자신의 욕심을 위하여 하는 행동들이 타인의 기회를 빼앗는다는 것을 알고 있을까요?

Q. 낭송인들이 다함께 보완하고 노력해야 할 사항들에 대해서도 계속 듣고 싶습니다.

A. 문인과 문학인의 기본바탕은 순수하고 양심이 있어야 합니다. 시낭송도 마찬가지입니다. 근래 들어 시낭송인구가 늘다보니 그들을 이용하려는 사람들도 부쩍 늘어난 것 같습니다. 시낭송 지도 협조가 있어 어떤 낭송협회를 가서 설문조사를 해보니, 연

세가 상당히 높으신 데도 불구하고 거의 대부분이 대회 참가를 목적으로 하고 있었습니다. 이 모습들을 보고 있자니 그들의 도전의 의지에는 큰 감명을 받으면서도 한 편으로는 앞으로 그분들이 받아야 할 마음의 상처에 대해 생각하게 되더군요.

이와 같이 낭송을 시작하니 어떤 등급의 상은 받아야겠고 소정의 증명서도 받아야할 것 같은데, 그것이 어렵다보니까 그것을 남들보다 쉽게 받을 수 있도록 어떤 조작을 해주는 부정한 세력이 생기는 것이라 봅니다. 이런 부분은 먼저 시작한 낭송가님들이 나중에 입문한 사람들이 잘못된 길로 가지 않도록 올바른 지도를 해야 한다고 봐요.

그런데 앞서 간 많은 낭송인분들의 생각이 지금까지 그래왔고 또 그럴 것이니, 그냥 그러려니 하라는 말씀이었습니다. 그러나 그 내면에는 그 과정을 거쳐 지금의 자리에 왔고 지금은 지도를 하는 위치에 있으니 내가 지도하는 이 사람들을 나의 명예와 나의 지도력을 입증시키기 위해서 부정함을 감수하고라도 수상권에 넣어야 한다는 측은함이 먼저 느껴지는 것은 비단 저만의 생각일까요? 아마 그것은 그들의 양심만이 알고 있을 것입니다.

이같이 수요가 있기에 공급이 생기는 것이고 그 공급이 정직한

근거에 의해서가 아닌 부정한 방향으로 흐른다면 그 공급을 거부하면 됩니다. 시낭송인 여러분도 검증을 거친 대회, 공신력과 도덕성이 있는 대회에는 참가하시되 그렇지 않은 대회들은 아예 참가하지 마시라는 바람이에요. 모르고 한두 번은 참석할 수 있겠지만, 아니라고 생각하면 과감히 제외해야 합니다. 또한 문제점을 인지했을 때 그런 부분에 대해 담당자나 관련기관에 문제점을 제기하고, 개선을 촉구하는 이들이 더 생겨야겠지요.

또한 일부 낭송가분들이 좀 더 품격을 지녀야 한다고 생각합니다. 어느 대회에 갔는데 대회장에까지 집에서 키우는 개를 데리고 와서 대회관계자가 협조를 구하자 큰소리로 싸우던 참가자, 행사장의 좌석에 걸터앉아 하이힐을 신은 채로 앞좌석에 다리를 올려놓고 있던 참가자, 다른 이들은 연습할 장소가 없어 계단이나 건물 외부에서 연습을 하고 있는데 대회장의 사무실 한 칸을 혼자만 차지하고 다른 사람은 들어오지 못하게 문을 잠그고 있던 참가자, 그분의 입장에서는 전략일 수도 있겠지만요. 시낭송대회와 관계있는 전국의 문인협회, 문학회, 시낭송회 등에 가입을 하고 실권이 있는 몇 사람을 매수한 뒤 대회에서 일정 성과를 거둔 후 그곳을 탈퇴하는 등 목적을 위해 양심을 버리는 이런 모습들을 볼 때 과연 그분들의 시낭송은 무엇을 위해 존재하는가 의구심을 갖게 됩니다.

몇 가지 예를 들었지만 이런 분들은 아주 일부이고 여러 대회를 다니면서 만나 본 많은 시낭송가분들은 정말 품격 있고 인격이 갖춰진 분들이 많았다는 점에서 많은 위안을 받고 또 그런 정직한 분들이 더 우대를 받는 풍토가 조성되었으면 하는 바람을 가져봅니다. 이 부분에 대해서는 따로 카페를 개설하여 인터뷰에서 다루지 못한 세밀한 부분까지 다뤄보려는 생각도 있습니다.

시낭송계가 바로 잡아야 할 문제점들을 밝히고, 개선을 시작하자고 용기 있게 나서주신 노경호 시낭송가님께 존경을 보낸다. 누구에게도 로비하지 않고, 따로 지도를 받지 않고 정정당당하게 실력만으로 이미 다섯 번의 대상을 받은 분이기에 할 수 있는 쓴 소리라고 생각한다. 엄정한 심사, 편파적이지 않은 심사위원 위촉과 구성, 참가자들을 배려하는 대회공간과 음향시설, 예의를 갖춘 진행에서 그 대회의 이미지가 형성된다. 수상을 못하더라도 참가만으로 기분이 좋고, '내년에 또 나오고 싶은 대회'들이 많아지기를 간절히 소망한다.

낭송인들의 자체적인 노력과 관련해 선생님과 대화하던 중 내 지난 모습을 떠올리며 반성한 부분도 있었다. 나의 첫 도전, 경북 안동의 육사시낭송대회 때는 주최측과 스스럼없이 인사 나누는 지역 참가자들이 유난히 많았으나 모두 수상권에 들지 못하셨고, 외지인인 나에게 최우수상을 주셨다. 그러나 시상식 직후 예매해 놓은 기차를 놓칠까봐 기념촬영조차 안하고 바로 대회장을 떠난 것이 낭송인 생활 중 내가 저지른 실수로 마음에 무겁게 남아있다. 그 기차를 놓치면 세 시간을 기다려야 하고, 경기도 집에서 남편 이 종일 아기를 보고 있다는 개인 사정은 있었으나, 어쨌든 상장 과 상금만 챙겨 뒤도 안 돌아보고 발길을 돌리는 서울 사람의 모습 에서 안동의 문인들이 어떤 생각을 하셨을지 마냥 죄스럽다. 만약 내가 육사대회가 아닌 제 식구 챙기기 식의 파행으로 얼룩진 대회 를 맨 처음 경험했었더라면, 첫 도전에서 멈춘 그 학생처럼 낭송 이 내게 베풀어주는 이 행복을 누리지 못했을 테고 책도 쓸 수 없 었을 것이다. 아이가 자라면서 조금씩 더 운신할 여유가 생기고, 대회 경력도 붙으며 나는 그 지역에 녹아들어 즐기는 법을 배웠다. 그 곳 사람들·색깔·냄새·음식을 음미할 여유를 갖고, 시상식 후 돌아오는 길에는 반드시 지역의 특산품, 맛집 음식이든 뭐든 사와서 지역 홍보와 소상공인 매출 증대(?)에 작은 보탬이라도 되고자 노력한다.

분위기를 바꿔 선생님께 음악 추천을 부탁드려본다. 모차르트
는 '언어가 끝나는 곳에서 음악은 시작된다' 고 했는데 잔혹한 말
들이 주는 상처, 언어의 한계를 뛰어넘는 그 음악의 힘을 나도 좀
느껴보고 싶었기에… 한 주에 한두 번 음악에 영혼을 담가 보면,
몸을 욕조에 담그는 것과 같은 효과가 정신에 나타나리라는 말도
있다. 그동안 모은 음반이 2000여장을 훌쩍 넘고, 한때 오디오에
심취해 여러 대 구입해 비교해가며 들어보셨다는 노 지휘자의 추
천 음악이 무척 기대 된다.

Q. 시와 음악의 만남이 '가곡' 인데요, 낭송가이자 음악가이신 선생님이 가곡
   을 접할 때는 다른 분들과 달리 가사를 의미 있게 보실 것도 같습니다. 가
   장 친근하게 느끼는 아름다운 곡들을 추천받을 수 있을까요?

A. 좋아하는 가곡도 저의 생에 따라 많이 달라지는데요, 10대 초반
   에는 엄정행 교수님이 부르신 〈목련화〉, 그 후 김진원 교수님의
   〈물망초〉〈그리운 마음〉, 신영조 교수님의 〈산노을〉〈뱃노래〉,
   루치아노 파바로티나 엔리코 카루소, 플라시도 도밍고의 오페

라 아리아, 베토벤 작곡의 〈아델라이데〉, 슈베르트의 〈물 위에서 노래함〉, 또 한때는 생상의 삼손과 데릴라 중 〈그대의 음성에 내 마음 열리고〉라는 아리아에 푹 빠져 산 적도 있습니다. 그 곡은 둔중한 비브라토의 마리아 칼라스의 음성이 엄청난 감동을 주었지요. 그 외에도 카운터테너 안드레아스 솔, 바리톤 피에로 카푸칠리, 테너 프랑크 코렐리의 곡들을 많이 듣고 좋아하게 되었습니다. 혹시나 카스트라토에 관심 있는 분들은 마지막 카스트라토이며 유일하게 음성이 남은 알렉산드로 모레스키의 곡도 한 번쯤은 들어보시라 말씀드리고 싶습니다. 영화 〈파리넬리〉에 소개되었던 카스트라토의 소리는 여성과 남성의 목소리를 합성해서 만들어졌으나 모레스키는 유일하게 남은 카스트라토의 음성이죠.

그리고 모차르트의 오페라에 나오는 많은 아리아들과 2중창도 권해드립니다. 피가로의 결혼 중 〈편지의 2중창〉, 이곡은 영화 〈쇼생크 탈출〉에 삽입되기도 했죠. 또 오페라 자이데에 나오는 〈편히 쉬세요, 내 사랑〉, 피가로의 결혼, 마술피리, 돈 지오반니 등에 나오는 곡들은 어떤 곡을 선택해도 아름다움에는 차이가 없으리라 생각합니다.

2중창 한 곡을 더 소개드리자면 들리브 오페라, 라크메 중 〈꽃의 2중창)도 들어보시기 바랍니다. 그리고 이외의 성악곡도 소개하고 싶으나 너무 방대하네요. 기악곡으로 꼭 들어봐야 할 곡을 소개하자면 모차르트 클라리넷협주곡 K622의 2악장, 플루트와 하프를 위한 협주곡 K299의 2악장 바흐의 골드베르크변주곡(관현악과 쳄발로버전), 첼로곡 아리오소 베토벤 교향곡 2번과 6번, 7번의 2악장 특히 피아노협주곡 5번은 모든 악장이 장중하고 아름답지만 특히 2악장은 눈물이 배어나올 정도의 투명한 아름다움을 지니고 있지요. 또 슈베르트 교향곡 5번 등 이루 말할 수 없이 많은 좋은 작품들도 권해드리고 싶습니다.

박은주 님의 책에서 91년 MBC 창작동요제 때 〈아기염소〉를 부른 분임을 읽고 놀란 적이 있는데요, 동요제에 출품된 곡들 중에서는 84년에 발표된 대상곡 〈노을〉이 약간의 편곡으로 다듬어 가곡의 범주에 넣어도 빠지지 않을 정도의 걸작이지요. 2008년 수상작인 〈어느 봄날〉도 정말 아름다운 수작이라 여겨집니다.

'한국인이 가장 좋아하는 창작동요' 조사에서 1위를 차지했던 〈노을〉. 듣는 이에 따라서는 동요 듣고 울컥할 수도 있다. 나는 성인이 된 후 MBC창작동요제 역대 수상자 특별 공연에서 이화여대 약대를 졸업하고 제약 관련 회사를 운영 중인 〈노을〉의 원곡 가창

자를 만났던 이야기를 하며 반갑게 웃었다. 그 외 전문가가 상술해 주신 위의 추천곡 리스트는 한 곡씩 전부 들어볼 생각이다. 내가 생각하는 전문가란 '일정 범위에서 발생할 수 있는 모든 오류를 이미 경험한 사람'이기에, 덕분에 한동안 시행착오 없이 좋은 곡들만 접할 수 있을 것 같아 기쁘다.

노 선생님은 이날 오후 두시부터 박 사모님이 출전하는 계룡 시낭송대회를 참관할 예정이셨다. 두 분은 그 동안 많은 취미와 봉사활동을 공유해오셨는데, 사모님에 대해 '저보다는 백배 나은 사람'이라 표현하신 것이 특히 기억에 남는다. 박 사모님은 월요일에는 아름다운 가게에서 네 시간 봉사, 화요일 재능협회의 시낭송 강의 수강, 수요일 학교 악기 수업 출강, 목요일 호스피스 병동 봉사, 노인 봉사 등을 하신다. 최근에 정부가 수여하는 봉사대상 명장을 받으셨다는 박복숙 선생님께 나도 존경의 마음을 보낸다. 시낭송과 관련해 두 분은 각자에게 어울리는 시의 선택부터 낭송법까지 늘 의견을 교류하는데, 서로의 피드백은 거의 수용하되 개인의 개성은 살려가는 방향으로 하고 있다고. '시에 대한 표현과 감성 등은 집사람이 훨씬 낫다'고도 하신다.

대상 다섯 번, 2등 다섯 번에 빛나는 노경호 님. 그런 분을 코칭해주고 또 코칭 받을 수 있는 사모님의 역대 수상 성적은 어떠하냐고 여쭈니, 박 사모님의 별명은 '대상 제조기'이고 노경호 선생님은 '동상 제조기'란다! 그러고 보니 노 선생님이 대상을 타신 보령 바다시대회날, 나와 같은 동상을 받고 나란히 서서 함께 사진 찍힌 분이 바로 박 사모님이셨다.

Q. 부부가 시낭송대상 수상자이신 경우도 전례 없는 것 같은데, 그런 목표는 어떠세요?

A. 집사람도 어느 대회서인가 꼭 대상을 수상할 수 있으면 좋겠습니다. 본인은 대상을 받으면 나가서 즐길 수 있는 대회가 줄어들어 아직은 욕심이 없다고 합니다. 그러나 대회 때마다 떨며 참가하는 것을 보면 가히 즐기는 대회는 아니라 여겨지네요

선생님은 대회를 앞두고 긴장을 푸는 방법도 알려주셨다. 평소 연습 때 상당한 기량을 보이는 분들이 막상 대회장에 들어가면 무대공포증 때문에 자신의 기량을 전부 발휘하지 못하는 것이 무척 아쉽더라면서…

자리에 편안히 앉아 턱을 약간 당기고 슬쩍 눈을 감는다. 양손을 깍지 끼는데 네 손가락의 두 번째 마디가 서로 교차되듯 맞닿게 한다. 엄지손가락은 서로 손가락 끝이 마주 닿도록 한다. 깍지 낀 그 손을 가볍게 내려 배꼽 아래 3cm, 단전이 있는 부근에 올려둔다. 1분이 지나면 손에서부터 시작된 따뜻한 기운이 온 몸을 따뜻하게 하면서 가슴이 차분하게 가라앉는다.

선생님은 새로운 등산코스 개척이 취미일 정도로 대단한 등산 애호가다. 20여 년간 선생님의 주말 아침을 깨우는 것은 산에 대한 마음이고, 대회나 경조사가 오후에 있는 주말에는 미리 시간을 계산해서 새벽 일찍 산행을 하고 내려와 준비 후 출발하신다고. 인터뷰 관련 연락을 드릴 때도 박 사모님과 함께 등반 중이셨다. 상술한 요령은 선생님이 산에서 만난 '선법' 하시는 분들로부터 직접 들은 것. 원래 사람의 기운은 양 팔에 따로 도는데 두 손을 맞잡는 간단한 동작으로 기의 흐름이 온 몸을 타고 흐르게 된다고 한다. 혹시, 긴장감을 제어하고자 한약계의 구급약 겸 향정신성의약

품, 우황청심환을 복용하는 분이 계시다면 과격한 처방 전, 이 방법부터 써보시라 권하고 싶다.

점심 식사 후 박 사모님의 무대를 보았다. 감정의 과장 없이 진솔하게 들려주시는 낭송이 마음에 들었고, 끝인사까지 전혀 서두르지 않고 여유가 있다는 두 분의 공통점도 보였다. 입장부터 퇴장까지 가장 집중해서 바라보며 촬영 중인 분이 바로 노 선생님. 결혼생활을 오래하다 보면 배우자에서 벗어나 친구가 더 좋아지는 때가 온다고 하던데, 많은 취미와 봉사활동을 공유해온 동무 같은 두 분이 내게 부러움의 대상이다. '진정한 친구를 찾은 사람은 행복하다. 아내에게서 그 친구를 찾은 사람은 더더욱 그렇다.'는 슈베르트의 말이 떠올랐다.

그럼 우리 부부는? 오랜 연습해 완성한 시낭송을 처음 들려 줄 때면 남편은 가만히 듣고 있다가 중간에 갑자기 "언제 끝나?"라고 묻는다. 시 선택이 어렵다는 고민을 토로하니 본인 생각에는 '김동주' 시인 시가 제일 좋은 것 같다는 조언을 한 적이 있는데, 처음 듣는 이름이라 어떤 분이냐고 물으니 〈별 헤는 밤〉을 쓴 유명한 시인을 모르냐 반문할 정도로 문외한, '시 무식자'다.(이름의 2/3는 맞혔다며 계속 당당하다.) 그 외 다른 어떤 관심사나 활동도 겹치는 것이 없어 우리 둘을 생각하면 결혼생활에 관한 책 제목, 〈부부, 같이 사는 게 기적입니다〉가 떠오를 정도. 하지만 내가 시낭송과 사랑에 빠지는 시간, 즉, 거의 매일을 질투하지 않고 주말마다 전국의 시낭송대회에 참가할 수 있게끔 육아를 전담해주는 남편이 실은 많이 고맙다. 물론 나 또한 취미생활을 강제청산 당하지 않도록 무척이나 주의하며 전전긍긍하는 것도 사실이고.

인터뷰를 위해 처음 와 본 이곳 계룡시의 특산물은 팥과 콩이라고 한다. 그날 오후 지역의 소문난 맛집에 들러 남편이 가장 좋아하는 음식 중 하나인 팥죽을 포장하고, 아이에게 줄 계룡 호두과자 세트를 포장해 서둘러 기차역으로 향했다. 알찬 시간이 되도록 애써주신 노 선생님, 인터뷰 도중 대회 참가자에게만 한 개씩 주는 점심 도시락과 과일 간식까지 모두 내어주고 가시던 박 사모님의 따뜻한 배려에 머리 숙여 감사드린다. 아름다운 두 분의 선생님께서 내내 행복하고 건강하시기를 기원한다.

※ 노경호 시낭송가는 인터뷰 이후 열린 2019 팔마청백리 시낭송대회에서 또 한 번 창작시 및 낭송부문 최고상인 '팔마청백리 문화상'을 수상하였음을 덧붙입니다.

바다의 靈歌(영가)

박두진

바다는 이미 나보다도 먼저 있었던 것일까?

내 영혼이 태어나기보다도 먼저부터 바다는 저렇게 푸르르며 있고,

넘실대며 있고, 하나 가득 충만하여 있었던 것일까?

내 마음이 설레이고, 내 마음이 때로는 가라앉고, 때로는 노도처럼

거세이고, 때로는 쾅쾅 굴러 몸부림치듯, 바다는 나보다도 먼저인

먼 아득한 그 시원의 날로부터,

설레이고, 가라앉고 잠잠하고, 노하고, 뉘우치고, 한숨짓고, 절규

하고,

손을 들고, 그리고는 뒤척이고, 미쳐서 뛰고, 통곡하며 있었던 것

일까?

내 마음이 어느날 그 칠옷처럼 깜깜하던 어둠,

그 태초의 태초와 같은 어두운 혼돈에서 별안간에 활활한 태양을

토해내듯, 바다도 저렇게 아침—

싱싱한 아침의 태양을 어둠으로부터 토해낼 땐,

바다는 바로 내 그때의 마음— 혼돈한 온갖 것을 용로처럼 끓이고,

활활히 불사르고, 뿜어 올리고, 솟구치고 하다가,

그것을 바다는 가슴에다 안고, 볼에다 부비고 입으로 입 맞추고,

빨아서 달디달게 꿀처럼 삼키다가,

그 가슴 속속 깊이에서, 가슴속에서, 태양은 태양을 낳고,

빛은 빛을 낳고, 열은 열을 낳고, 사랑은 사랑을 낳고, 불길은 불

길을 낳고,

혁명은 혁명을, 피는 피를 낳고 하는 것인데,

내가 갑자기 그러다가 어느날, 가슴에 솟던 해가 느닷없이 떨어져

빛은 빛으로 더불어 죽고, 어둠은 어둠으로 더불어 죽고,

사랑은 사랑으로, 미움은 미움, 절망은 절망으로, 죽음은 죽음으로

더불어 죽을 때, 바다가 절망하면 가슴이 절망하고, 바다가 뉘우

치면

가슴이 뉘우치고, 바다가 반역하면 가슴이 반역하고,

바다가 노호절규하면 가슴이 노호절규하고, 바다가 일제히 손을

들면

가슴도 일제히 손을 들고, 바다가 달아나면 가슴도 막 달아나고,

바다가 달겨들면 가슴도 막 달겨들고, 바다가 번쩍 칼을 물면 가

슴도

칼을 물어, 아,

바다가 죽으면 가슴도 죽는다.

바다는 일찌기, 바다는 내 먼 영혼의 가슴, 푸르디 푸른 내 영혼

의 가슴,

바다는 내 안, 내 혼, 아가처럼 가슴에 안겨서 혼에 싸여서 자랐다.

정호승 〈정동진〉

도종환 〈세 시에서 다섯 시 사이〉 〈꽃씨를 거두며〉

곽재구 〈사평역에서〉 〈겨울의 춤〉

송수권 〈아도〉 〈징검다리〉

윤동주 〈자화상〉 〈서시〉 〈별 헤는 밤〉 〈흰 그림자〉 〈참회록〉

백석 〈고독〉 〈흰 바람벽이 있어〉

구상 〈초토의 시〉

신석정 〈빙하〉 〈가을이 지금은 먼 길을 떠나려 하나니〉
　　　　〈어머니 기억〉

문병란 〈강의 노래〉 〈그리워 한다는 것은〉,

이근배 〈겨울행〉 〈독도만세〉

정두리 〈그대〉

이상화 〈빼앗긴 들에도 봄은 오는가〉

그 외 한용운, 정일근, 조명희 , 이육사, 심훈 , 한석산 , 전건호,
　　　박건호, 오소후, 강혜규, 김영랑, 천상병 시인의 시 각
　　　1~2편

〈6〉제2회 미당 서정주 전국시낭송경연대회 대상수상자

| 강리원 님 약력 |

- 경남 사천 출생
- 시인, 시낭송가
- 재능시낭송협회 충남지회 부회장
- 제27회 재능시낭송대회 동상
- 제2회 미당 서정주 전국시낭송경연대회 대상
- 제2회 고은 전국시낭송대회 대상
- 제3회 심훈 전국시낭송대회(제39회 심훈 상록문화제) 금상
- 제1회 보재 이상설 추모 전국시낭송대회 은상
- 2012년 하이쿠시인 등단
- 2011년 서울시 지하철 공모시 당선
- 2003년 한맥문학 시부문 등단(한국문인협회원)
- 시집 〈기억으로 도는 시계바늘〉(4인공저) 외 출간

어머니를 부르는 목소리, 강리원 님

수능 '필적 확인 문구'라는 것이 있다. 2005년 수능에서 명문 대생 대리 시험 등 부정행위가 대거 적발되자 수험생 본인 여부를 확인하고자 답안지 필적 확인란에 특정 문구를 쓰도록 한 것이다. 처음 도입된 2006년 수능에서는 윤동주의 〈서시〉 중 '하늘을 우러러 한 점 부끄럼 없기를'을 적도록 했다. '필적을 확인하기에 충분할 정도의 기술성을 충족하면서 수험생에게 힘이 되는 문구'로 매해 수능 출제위원들이 새롭게 정한다고 한다. 인생의 중요한 관문 앞에선 이들의 마음을 단숨에 감싸줄 수 있는 구절, 바로 '시'다!

2018년도 수능 날, 시험지 첫 페이지에서 '큰 바다 넓은 하늘을 우리는 가졌노라.' (김영랑 〈바다로 가자〉 중)를 보는 순간 울컥했다는 학생들이 적지 않았고, 이를 포함한 역대 수능 필적 확인 문구 모음이 만들어져 널리 공유되었다.

'손금에 맑은 강물이 흐르고' (윤동주 〈소년〉 중)

'날마다 새로우며 깊어지고 넓어진다' (정채봉 〈첫 마음〉 중)

'진실로 내가 그대를 사랑하는 까닭은' (황동규 〈즐거운 편지〉 중)

'꽃초롱 불 밝히듯 눈을 밝힐까' (박정만 〈작은 연가〉 중)

'햇살도 둥글둥글하게 뭉치는 맑은 날' (문태준 〈돌의 배〉 중)

'맑은 강물처럼 조용하고 은근하며' (유안진 〈지란지교를 꿈꾸며〉 중)

'이 많은 별빛이 내린 언덕 위에' (윤동주 〈별 헤는 밤〉 중)

그 중 수험생의 심금을 울리고 다독인 최고의 문구라는 호평이 쏟아진 것은 2019년도에 수록된 김남조 시 〈편지〉 중 '그대만큼 사랑스러운 사람을 본 일이 없다' 였다. 긴장감에 바싹 마른 잎 같았을 어린 가슴들이 잠시나마 촉촉해졌을 것이다. 시험 보고 나올 아이를 기다리며 이 구절에 눈물 흘렸다는 학부모들도 적지 않다. 나의 학창시절 때처럼 '본인임을 확인합니다.' 가 아닌 가슴 뭉클 해지는 시 한 조각을 찾아 헤맸을 출제위원들이 자신의 소임을 다 하는 멋진 이들이라 생각했다. 그러나 정작 19년도 수능 시험 문 제가 역대급으로 어렵게 출제된 바람에 출제위원장이 난이도 관 련 공개 사과를 했다. 당시 학생들 사이에서는 "사랑스러운 사람 한테 왜 그랬어?" "그대만큼 못 푸는 사람을 본 일이 없다." 라는 말이 돌았다고 한다.

지난 수능 시험일 저녁, 나는 수능 필적 확인 문구 모음을 평소 좋아하고 따르는 오지현 시낭송가님께 보냈다.

> *"선생님, 오늘 '그대만큼 사랑스러운 사람을 본 일이 없다' 가 나 왔대요. '그 생각을 하면 내가 꼭 울게 된다' 이 구절도 좋은데, 수험생을 울리면 안 되겠죠?"*

선생님은 바로 답장에 좋아하는 명품 시구 하나를 담아주셨다. '저기 저기 저, 가을 꽃 자리 / 초록이 지쳐 단풍드는데'. 서정주의 〈푸른 날〉이다! 단 한 문장만으로 우리말 미학의 극치를 보여주고 한국인의 정서를 맑게 드높이는 서정주 시인. 오지현 낭송가님은 이어 '언어의 연금술사 서정주 시인이 친일을 하지 않으셨더라면 어땠을까 하는 안타까움이 든다' 하신다. 그러고 보니 역대문구에 한 번도 그의 시가 등장하지 않은 이유는 '필적 확인에 필요한 기술적 요소' 때문이 아니라 끝나지 않은 행적 논란과 비판때문이 아닌가 싶다.

　서정주 시인을 숭배하는 사람·비판하는 사람·배척하는 이들의 유일한 공통점이라면 그의 독보적인 언어감각, 탁월한 재능에대한 인정일 것이다. 빛나는 문장 하나, 아름다운 구절 하나 가슴에 품으면 종일 외롭지도 않고 힘이 솟는 나는 미당의 명문장에 압도되었던 경험이 많다.

사향 박하의 뒤안길이다 / 아름다운 배암… / 을마나 크다란 슬픔으로 태여났기에, 저리도 징그라운 몸둥아리냐 (〈화사〉 중)

우리들의 사랑을 위하여서는 / 이별이, 이별이 있어야 하네 (〈견우의 노래〉 중)

이 싸늘한 돌과 돌 새이 / 얼크러지는 칡넌출 밑에 / 푸른 숨결은 내것이로다 (〈석굴암관세음의 노래〉 중)

눈이 부시게 푸르른 날은 / 그리운 사람을 그리워하자 (〈푸르른 날〉 중)

이별이게, / 그러나 / 아주 영 이별은 말고 / 어디 내생에서라도 / 다시 만나기로 하는 이별이게, (〈연꽃 만나고 가는 바람같이〉 중)

무어라 강물은 다시 풀리어 / 이 햇빛 이 물결을 내게 주는가 (〈풀리는 한강가에서〉 중)

내 너를 찾아왔다 순아. 너 참 내 앞에 많이 있구나
내가 혼자서 종로를 걸어가면 사방에서 네가 웃고 오는구나 (〈부활〉 중)

　서정주 시집 〈무슨 꽃으로 문지르는 가슴이기에 나는 이리도 살고 싶은가〉는 제목만 보고 뭐에 홀린 듯 1분 만에 결제한 적도 있다. 적어도 시인으로서는 이론의 여지없이 한국문학사의 가장 큰 인물, 70년 동안 열다섯 권의 시집, 1000편의 뛰어난 작품을 창작한 최고의 작가다.

이번 인터뷰를 하며 지킨 원칙 중 하나는 최근 일 년 내 시낭송 대회 최고상을 수상한 분, 그중에서도 내가 출전한 대회에서 낭송하시는 모습을 직접 보고 그 실력과 인품에 존경의 마음이 절로 생기는 분만 섭외한다는 것이었다. 그러나 예외가 필요할 것 같다. 비록 참가한 적은 없지만, 시낭송대회에 관한 책을 쓰면서 미당 서정주 시낭송대회를 빼놓을 수는 없다는 생각이 들었기 때문이다.

전에 본 서정주 대회 경연 영상들 속 16년 2회 대회의 대상수상자, 강리원 님에게서 남다른 풍모와 위엄을 느낀 적이 있다. 흰색 한복을 입은 강 선생님은 머리, 얼굴에 아무런 꾸민 기색 없이 지극히 수수한 모습으로 〈한양호일〉과 〈수대동시〉를 외셨는데, 그것은 자연스럽게 기품이 흘러나오는 '어른'의 낭송이었다. 편하게 한 쪽 다리를 쭉 펴고 보던 나로 하여금 다리 모으고 자세를 정돈케 하는 힘이 있었다. 그러나 '기품'이란 것은 이런 식으로 태도를 바꾼다고 갑자기 생기는 것이 아니다. 강 낭송가의 모습을 보면서 나는 최명희 대하소설 〈혼불〉의 주인공 '청암부인'을 떠올렸다. '저 분은 꼿꼿한 성정, 단단한 내면을 지니고 오랜 세월 큰 집안 살림을 지휘해온 어느 가문의 종부는 아니실까' 하는 상상의 나래를 펼쳤다. 강 선생님이 제 27회 재능시낭송대회 본선 때 선보인 유치환 시인의 〈세월〉도 내 마음을 적셨다. 이후 나는 방송 기자 시절 익힌 검색 '노하우'와 '두하우'를 총동원해 강리원 님에 대한 각종 자료와 연락처를 확보한 뒤 조심스럽게 전화를 드렸다. 그리고 약 2주 후 무더위가 꼭짓점을 찍던 8월 초, 천안에 갔다. '정말로 천안에서 독립 운동가를 배출한 집안의 종부이실 지도 모른다'는 생각과 함께…

천안시청 인근 카페에서 뵌 강리원 님은 남다른 아우라를 풍기던 영상 속 강한 모습과 달랐다. 부드러운 인상이다. 근엄하면서 좀 깐깐한 캐릭터, 다가가기 힘든 '기숙사 사감' 같은 분이실 줄 알았다고 솔직히 털어놓으니까 전에는 그런 말도 많이 들었다고. 아니다 싶은 것은 날카롭게 짚어내고, 집에 한 점의 티끌도 허용치 않던 시절이 있었지만 나이가 들고 눈도 조금씩 침침해지니까 모난 것들이 둥글둥글해진다며 웃으신다. 예전에 학부형 모임에 가면 근접 못할 정도로 어렵다는 말을 자주 듣고 기관장인 남편의 직업 상 이사를 많이 다니다보니 늘 친구가 없다가 시낭송을 만나 활기차게 되었다고도 하신다. 전날 밤 재능시낭송협회 충남지회 모임에 가셨는데, 고정적으로 나오는 열 명의 회원들이 그냥 가족 같고, 보면 늘 반갑고 좋다고 한다. 공연 연습 후 저녁식사를 함께 할 때면 중앙회에 보낼 사진 찍는 것도 매번 잊을 정도로 즐겁다는 말씀이 진심으로 들렸다. 변하지 않는 사람은 없다. 어떻게 변하는 가가 문제다. 세월과 함께 선생님께는 여유와 틈이 생겼나보다. 그 것이 주는 좋은 점은, 사람들이 다가와 그곳에 무언가를 계속 채 위주려 한다는 것 아닐까.

현 재능시낭송협회 충남지회 부회장인 강 선생님이 카페에 올 려놓으신 '나의 애송시' 다섯 편을 미리 찾아보고 갔다. 지금까지 출전했던 총 일곱 번의 대회에서 암송한 〈내가 백석이 되어〉 〈고 려인〉 〈성묘〉 〈수대동시〉 〈세월〉이다.

Q. 그동안 '가슴으로 낭송' 하셨다는 애송시 다섯 편을 읽어보았습니다. 낭송 인에게 가장 어려운 것이 시의 선택인데, 대회용 시는 어떤 기준으로 고르 셨나요? 서정주 대회 지정시로 선택한 〈한양호일〉 중 "꽃장수 꽃장수 일 루와요", 〈세월〉의 "어머니" 처럼 대화체가 있는 시를 선호하시는지요?

최근에는 그런 시가 트렌드라는 의견이 있습니다.

A. 먼저 마음에 와 닿아야죠. 보는 순간 가슴 밑이 꽉 차오르면서 눈시울이 붉어지는 시가 있어요. 가슴에 딱 와서 안긴 시는 금방 외워져요. 제가 2015년 9월에 처음 나간 심훈 대회에서 한 〈내가 백석이 되어〉는 두 시간 만에 외웠어요. 시가 마음에 들어오면 그림부터 그려지더라고요. 마음에 들어오지 않는 시는 억지로 외우려 해도 안 되는데 그림이 그려지면 감정이 살고 암기가 오래 걸리지 않아요. 또 아무리 좋은 시라도 단시는 고려해 보는 것이 좋은데 저는 장시도 피하고 무난한 행과 연의 보통 시가 좋아요. 처음에는 아무 것도 모르고 내가 좋아하는 시만 외우다가 점점 시낭송대회에 관심이 생기면서 지난 대회 기록들도 찾아보게 되고, 저명한 시인들의 작품 중에서도 대회에 나오지 않은 시, 숨겨진 시가 외우고 싶어졌어요. 그리고 그냥 읽듯이 하는 것보다 "꽃장수 일루와요." 이런 대화체 한 부분이 있으면 낭송의 묘미랄까 그런 면이 있더라고요. 제 2회 송수권 시낭송대회 대상을 받은 분이 〈아도〉를 하면서 "아도 아도 아도 아도 아아아아 아도" 막 이렇게 외치셨는데 낭송만 쭉 하는 것보다는 그렇게 한 번씩 쳐줘야 맛이 사는 것 같았지요. 제 좁은

소견으로는.

　말씀을 정리하자면, '단번에 그림이 그려질 정도로 가슴에 탁 들어와 안기는 시, 단시도 장시도 아닌 2~3분 이내의 대회에 자주 나오지 않은 시, 묘미를 살릴 수 있는 요소가 있다면 금상첨화'가 되겠다.

　그 외에는 본인 목소리에 맞는 시를 선택하며 애국시가 잘 안 맞는다 하시기에 제1회 보재 이상설선생 추모 전국시낭송대회에서 은상을 타셨던 〈고려인〉을 여쭈니, 역시 멀리서 조국을 그리워하는 시였기 때문이라 한다. '깨끗하거나 깔끔하지 않고 딱딱하지도 않은, 감정이 섞인 음성'이라는 의견을 자주 들어서 특히 어머니에 대한 시가 잘 어울리는 것 같다고. 낭송할 때는 일부러 감정을 넣으면 안 되지만 목소리에 원래 어떤 감정이 있기 때문에 어머니에 관한 시를 하면 '그냥 목소리 자체가 혼자 간다.'는 평가를 듣는다고 하신다. 첫 대상을 탄 제2회 고은 전국시낭송대회에서도 널리 알려진 아버지에 관한 고은 시 〈성묘〉대신, 인터넷에서는 볼 수 없고 직접 시집을 구매해서 찾은 어머니에 관한 시 〈성묘〉를 했는데 심사위원께서 '어머니가 몹시 그리웠던 날이다.'라는 심사평을 해주셨단다. 대상의 비결은 '그냥 자연스럽게 어머니에 대한 간절함과 사랑이 밖으로 나왔던 것 같다'고.

27회 재능 본선 대회 영상으로 내 마음을 적신 〈세월〉시를 선택하신 계기에 관해 물었다. 〈성묘〉와 똑같이, 인터넷에서 '유치환 세월'을 쳐보면 같은 시인이 고독에 관해 쓴 동명의 다른 시만 무수히 검색될 뿐 선생님이 낭송하신 〈세월〉은 현재도 웹상에서는 전문을 찾아볼 수 없다. 낭송인들이 인터넷이 아니라 시집을 펼쳐야만 하는 이유다.

Q. 사실 〈세월〉 낭송이 저는 미당 대상 낭송보다 더 좋았어요. 그 시 안에 모든 것이 다 들어있는 것 같았어요. 그 중 가장 마음에 와 닿았던 구절은 무엇입니까?

A. 역대 재능시낭송대회에 참여했던 시를 찾아보다가 유치환의 〈세월〉을 유심히 보게 되었는데 참 좋았어요. 옛날 생각도 나고, 이전에 몇 분이 도전했었는데 수상에 오르지 못했기에 내가 한 번 해볼까 싶었죠. 솔직히 말하면 첫 부분이 제일로 좋아요. 그게 그림이 너무 좋은 거예요. 그냥 자연스럽고, 보통 있을 수 있

는 일이고. 어떤 말이 좋아서라기보다 낭송하다보면 징검다리를 건너는 그런 풍경들이 저의 몸과 마음으로 자연스레 흘러 들어와서 좋았어요.

아래가 〈세월〉 시의 도입부다.

> 내 오늘 하잘 것 없는 소간으로 길을 가는데
> 우연히 한 개울을 건너다가
> 무심코 거기 잔잔히 흐르는 작은 흐름 속을 들여다 보자
> 어머니!
> 나도 모르게 이 부르짖음 소리 가슴에 치밀리며
> 어쩔 수 없는 울음 내쳐 간장으로 울며 갔네라

처음 영상을 볼 때부터 매번 나는, 강리원 선생님이 어머니를 부르는 그 대목에 이르러 예사롭지 않은 느낌을 받았다.

Q. 이 시가 좋아져서 연습을 했는데요, "어머니" 하고 부르는 부분은 흉내를 못 내겠고 따라할 수 없습니다. 게다가 낭송 초반에 있어서 감정이 고조되기도 전에 소화를 잘 해야겠더라고요. 이 대목을 잘 외치는 방법이 뭔가요?

A. 우러나는 외침이어야지요. 그냥 입 밖으로 내는 소리가 아니고 요. 나도 모르게 생각나는 말이 마음을 담아 입 밖으로 나가는 것, 유년시절이 생각나고, 진짜 어머니가 불현듯 생각나면서 사무치는 것? 옛날의 내 어머니에 대한 사무침이에요.

사전에 전화 통화로 〈세월〉시 낭송에 대한 내 흠모의 마음을 내비쳤다. 그러자 강 선생님은 '어머니가 일찍 돌아가신 까닭에 늘 그리운 마음이 있다'고 하셨다. 선생님과 마주한 자리에서 얼마나 일찍 여의신거냐고 조심스럽게 물었다. "내가 열여섯 살 때." "병환으로요?" 그러자 선생님의 속눈썹이 젖기 시작한다. 내 눈도 점점 흐려진다.

A. 중학교 3학년 때 수학여행 가는 날, 늦잠을 잤어요. 강원도 춘천에서 살고 있어서 엄마가 가평까지 택시로 저를 태워다 주셨지요. 원주를 거쳐 경주에 가는 여행이었는데 기차가 완행이고 택시는 빨리 가니까 가평에서 기차를 만나 저를 태워 주셨어요. 그때 엄마에게 허리 구부려 고맙다는 인사를 몇 번이나 하면서 왜 그리 눈물이 나던지… 저는 기차를 타고 가고 엄마는 택시를 타고 다시 집으로 가는 길에, 지금도 춘천에서 가평 오가는 길

은 산과 강 사이의 도로로 구불구불한 길인데 그 길에서 택시가 과속을 했어요. 차가 길 아래 강 쪽으로 굴렀는데 기사는 한쪽 팔만 다치고 엄마는 돌아가셨어요. 수학여행을 못 가고 원주에서 돌아왔지요. 강원일보에 기사도 났었답니다. '눈물어린 모정'이라는 제목으로.

나는 어떤 위로의 말을 하지 못하고 침묵으로 있었다. 그리고 그 점 때문에 집에 돌아온 후 며칠간 혼자 죄송스러워 했다. 누구에게나 감당하기 힘든 슬픔이 찾아올 때가 있는데 그런 순간에 있는 분을 대할 때는 '무엇을 하면 좋을까' 보다도 '무엇을 하지 말아야 할까' 를 고민해야 한다는 글을 나중에서야 보고, 어설픈 공감과 위로보다 침묵이 나았겠다는 생각을 간신히 했을 뿐이다. 하지만 시간이 더 흐른 지금 강 선생님께 전하고 싶은 생각이 있다. 성급한 위로는 아니다.

수많은 우연이 겹쳐 일어난 일이니, 선생님 마음이 편하시면 좋겠다. 또 여러 날 생각하며 깨달은 것은 세상 사람들이 각기 다 다르지만 자식을 향한 마음만큼은 모두 같다는 점이다. 참 신기한 일이다. 내가 옛날의 어머님이었다면 내 마음에 원망은 전혀 없을 것이다. 엄마 나이 네 살, 초보 엄마지만 내가 지닌 최고의 바람은 언제나 내 아이가 밝고 행복한 마음으로 사는 것이라 확신할 수 있다. 강 선생님 어머님의 평온한 안식을 진심으로 빈다.

그 후 선생님 남매는 아버지와 함께 춘천을 떠나 할머니, 큰아버지와 작은아버지, 사촌들이 있는 군산에서 함께 살았다. 어릴 적부터 그림 그리는 것을 좋아해서 미대에 진학하는 것이 꿈이기도 했는데 엄마가 돌아가시자 사춘기 시절 공부도 싫었고 마음이 잡히지 않았다고. 대학교를 안 가도 내 할 일만 잘하면 된다는 생각에 진학을 단념하고 지내다가 스물세 살 봄에 남편을 소개받아 스물다섯 살 가을에 결혼을 하셨다.

A. 결혼해서 살면서 저는 시댁에서 가족과의 관계를 습득했어요. 셋째 아들이었지만 큰아이가 태어나기 전까지, 3년 동안 시부모님께서 저를 데리고 사시느라고 고생하셨지요. 엄마처럼 아버지처럼, 제가 딸인 듯 잘해주셨어요. 결혼 전이었던 시누들 옷 살 때 제 옷도 꼭 사주실 정도로요.

그래서인지 고향을 여쭈었을 때 선생님은 출생지인 경상남도

사천이 아니라 '군산시 옥구군 대야면' 이라고 답하셨다. 군산에서 문학 활동을 하셨다기에 이전 인터뷰의 주인공, 군산문인협회 전병조 시인에 대해 여쭈니 잘 아는 사이란다. 강리원 선생님도 2003년 서울 한맥문학으로 등단한 시인이다. 시를 쓰다 보니 자연히 문학모임에서 발표할 일이 생기면서, 당시는 재능시낭송협회에 관해서 알지 못한 채 무작정 '시낭송'을 검색해봤는데 살던 지역에 평생교육원 강의가 없던 시절이었고, 장거리 외출은 자제하다 보니 먼 데서 열리는 시낭송 교실은 포기를 했다고.

Q. 그렇게 시인으로 시작(詩作)만 하시다가 어떻게 시낭송을 시작하셨나요?

A. 마침 군산에서 시낭송에 관심을 가지신 분이 계셨는데 먼저 회원을 모집하여 낭송모임을 하고 계셨기에 그분이 회장을, 제가 부회장을 맡아 활동했습니다. 아파트 관리소 회의실에서 마이크도 없이, 복사해 온 시 한 편을 돌아가며 '낭독' 했어요. 대여섯 명으로 시작해 나중에는 열 명이 매주 만나서 시 한 편을 각각 읽고 헤어지고, 읽고 헤어지고. 회장이 시낭송에 대해 조금 알고 있었기에 장단음하고 '제목 말하고 하나 둘 쉬고, 시인 명 뒤에 하나 둘 셋 쉬고 해라' 그런 걸 알려주었어요. 처음 저보

고 앞에 나가서 낭독을 해보라고 했을 때는 어찌나 떨리던지 앞에 나가지도 못하고 제자리에서 바르르 떨며 낭독을 했지요. 그렇게 2014년 4월부터 2015년 여름까지 일주일에 한 번씩 빠짐 없이 모임에 갔는데, 대회는 꿈도 못 꾸고 거의 일 년 반 동안 취미생활로 여기며, 놀듯이 했습니다.

Q. 그럼 전문적인 교육을 받아보신 적이 없는 거예요? 첫 대회는 어떻게 출전하셨나요?

A. 2015년 봄 낭송문학기행에서 처음 뵌 분이 시낭송대회에 다닌다고 하셨어요. 전해 심훈 대회에 출전해서 은상을 받았으며 다음 대회에 대상을 마음에 두고 참가하시려는 듯 했습니다. 그런데 그해 여름이 다 갈 무렵, 불현듯 '나도 대회에 참가해 볼까' 하는 마음이 솟아 대회 시로 처음 외운 시가 이생진 시인의 〈내가 백석이 되어〉입니다. 그리고 심훈 전국 시낭송대회가 9월 17일이었는데 얼마를 망설이다가 9월 3일이 되어서야 용기를 내어 제가 마음에 두고 있었던 선생님에게 '텔레포엠'이라는, 보통 일주일에 한 번 씩 전화로 지도 받지만 저는 2주간 네 번 지도를 받았어요. 선생님은 '발음도 좋고, 장단음도 다 나온다'

면서 늘 잘한다고 말씀해주셨어요. 선생님한테 '고저'에 관해 배우게 되었죠. 외운 것을 들려드리면 어색한 부분을 짚어주시며 지도해주셨습니다. 그때 지도 받으며 시낭송에 대해 많이 깨닫고 스스로 터득했지요.

이렇게 해서 처음 출전하신 제39회 심훈 상록문화제 심훈 전국 시낭송대회 결과는 금상 수상! 당일 오전에 예선, 오후에 본선이 치러졌는데 예선 통과자 명단 제일 위에 선생님 이름이 있었고 당시 심사위원께서 '낭송하는 모습이 품위가 있다'고 하셨다며 수줍어하신다. 이후 포석 조명희, 이상설 대회를 거쳐 네 번째로 출전한 제2회 고은 전국시낭송대회에서 첫 대상을 수상하신 것이다. 현재 고은 시낭송대회는 폐지된 상태다. 고은 시인에 대한 문학계 인사들의 충격적인 증언들이 연달아 나온 이래, 교과서에 실린 작품들은 모두 내려졌으며 시인의 흔적 지우기는 여전히 진행 중이다. 강리원 선생님 역시 고은 대회가 3회로 끝이 났다며 탄식과 안타까움을 감추지 않으셨다.

Q. 제2회 고은 시낭송대회 대상을 수상하신 것이 10월 22일이고, 일주일 뒤인 29일 미당 대회가 열렸습니다. 일주일 간격으로 또 대상을 타셨는데 어

떤 기억으로 남았는지 궁금합니다. 전라지역에서 열린 대회들임에도 타지역 출전자들께 큰 상을 주셨다는 점, '심사위원 심사회피제도' 등의 장치로 공정한 심사가 이뤄졌다는 기록이 있어 인상적이었습니다.

A. 당시 서정주 시낭송대회는 타 대회 대상수상자 참가 제한이 없었어요. 예심을 통과한 스물다섯 명 중 일주일 전에 대상 받은 저까지 대상수상자가 총 다섯 명이었습니다. 그래서 대상 받을 생각은 솔직히 못했어요. 제3회 미당 대회 때 초대낭송을 했는데 대상 참가 제한이 생겼더라고요. 신예분들을 키우고 시낭송가를 배출시키려는 의도이겠지요. 제2회 서정주 시낭송대회에 시인 두 분, 낭송 전문가 세 분으로 이뤄진 심사위원 중에 제가 지도를 받은 적이 있는 선생님이 계셔서 그 분은 제게 점수를 안주셨어요. 낭송 지도자인 다른 심사위원도 제자들에 대해서는 심사회피 신청을 하셨습니다. 그리고 경연 후에 심사보신 시인께 '군계일학'이라는 큰 칭송을 받았습니다. 대회 참가자 모두 계신 자리에서 큰 소리로 몇 번이나 그 말씀을 해주셔서 많이 부끄러웠는데 아마 흰색 한복을 입고 짙은 화장도 안한 제 수수한 모습이 좋아 보이셨나봅니다.

사전에 인터뷰 준비를 하며 찾아 본 제 2회 서정주 대회의 참가자가 블로그에 남긴 후기는 이랬다. '명예로운 대상은 예측대로 〈수대동시〉를 낭송한 강리원 씨에게 돌아갔다. 아쉬움이 없는 낭송의 미각을 여실히 드러내 주는 낭송이었다.' 내가 강 선생님 얼굴을 처음 본 것도 그때의 영상이고 강렬해서 잊을 수 없었다. 수수한 모습 때문에 내면은 오히려 더 단단해보였다. 나는 시낭송대회 날이면 새벽 세 시고 네 시고 일어나서 미리 예약해둔 미용실부터 들렀다 가는데, 가끔 거울을 보며 물어볼 때가 있다 "그 속에 있는 너는 누구냐?"

Q. 대회 나가실 때 원래 화장을 안 하세요? 시낭송 할 때 화려하게 꾸미는 분들 많으시잖아요.

A. 젊어서부터 화장하는 걸 좋아하지 않아요. 무엇이든 자연스러운 것을 좋아해서 대회 때도 꾸미는 것을 잘 못해요. 그래도 대회 때는 예의로 화장을 하는데 분만 한 번 칠하고 입술 살짝 바른 후 시간이 지나다 보면 다 먹어서 없어지고, 머리도 집에서 묶고, 한 번도 미장원에 간 적이 없어요. 의상은 원래 입던 흰한복 하나가 있으니 좋더군요. 고은 시낭송대회 때도 돌아가신

어머니를 생각하는 시였기에 고맙게 입었던 기억이 납니다.

미당 대회와 관련한 답변 중 '심사위원 심사회피제도'라는 말에 나는 귀가 번쩍 뜨였다. 요즘의 대회에서는 그런 말을 전혀 들어본 적이 없다. 제2회 미당 대회 때 '심사위원이 경연자와 사제지간이거나 친인척인 경우 심사회피 신청을 해야 하며, 수상을 한후 신청사유가 있었음에도 신청하지 않았음이 발견될 때에 주최측은 수상을 취소하고 경연자는 상장과 상금을 반환해야한다'는 원칙을 두었다. '이미 예술계에서 통용되고 있는 제도이지만 국내 낭송대회에서는 드물게 적용됩니다. 본 대회에서는 총 세 명의 신청자가 있었습니다.'라는 미당문학회장의 설명이 미당서정주시 낭송협회 공지에 아직 남아있다.

또한 대회요강에 '대상수상자는 미당시 홍보대사로서 미당시 낭송협회 회원으로 활동한다'는 공지가 있기에 어떤 홍보 활동을 하고 계시냐 여쭈었다. 그러자 가입 의무가 있는 것은 아니라고. 거주지인 천안에서 미당시문학관이 있는 전북 고창군 부안면까지 참석할 수도 없고, 대상수상 당시는 '초짜'라서 훌륭한 시낭송가들과 대상수상자들 여러 분이 계신 협회에 가입해 어떤 활동을 할 생각은 하지 못했다고 하신다. 그러면서도 강리원 님은 이날 약속 장소에 〈미당 서정주 대표시 100선 시집〉을 갖고 나오셨고, 책을 한 페이지 씩 넘겨가며 나를 위한 '일일 미당시 홍보대사' 역할을 톡톡히 해주셨다.

Q. 저는 〈내 늙은 아내〉라는 시를 좋아하고, 〈해일〉 〈부활〉 〈풀리는 한강가에서〉를 왼 적이 있습니다. 자유시였던 〈수대동시〉 외에 선생님이 좋아하시는 서정주 시인의 작품들을 추천, 소개받고 싶어요.

A. 미당 서정주 전국시낭송대회 준비를 하며 처음 외운 시는 〈자화상〉입니다. 서정주 시로는 제게 최고이고, 많은 참가자가 대회 때 자화상을 많이 낭송해서 수상하였기에 기본으로 알고 있어야겠다고 생각했어요. 〈화사〉 〈석굴암관세음의 노래〉 역시 대회에 많이 나와 수상도 했는데 서정주 시로는 〈석굴암관세음의 노래〉가 두 번째로 외운 시입니다. 그리고 〈선덕여왕의 말씀〉을 외웠지만 내용이 좀 선정적인 것 같아 다른 시로 바꾸기로 결정했습니다. 〈무슨 꽃으로 문지르는 가슴이기에 나는 이리도 살고 싶은가〉는 제목이 멋있지요? 〈신록〉, 이 시는 '가슴 떨림으로 해야 된다'는 말을 듣고 겁이 나서 포기했고 〈신발〉 〈가을에〉도

참 좋았는데 '~오게'라는 반복어가 몇 번 들어가서 낭송을 아주 잘해야 될 것 같아 포기했습니다. 〈신부〉〈상리과원〉은 하는 사람이 많았고, 저는 한 번도 대회에 참가하지 않은 시를 가지고 낭송하고 싶었어요. 그래서 대회에 나오지 않은 시, 〈수대동 시〉로 대회에 참가했습니다.

1915년에 태어나 85년을 살다 간 시인. 김소월·백석·한용운·정지용 시인 등이 한두 권 분량의 작품을 남긴 것에 비해 서정주 시인은 70년에 걸쳐 총 열다섯 권의 시집, 완성도와 성취도가 고르게 뛰어난 1000편의 시를 남겼다. 정상에 오르는 것은 크게 어렵지 않지만, 정상을 '유지'하는 것이 가장 어려운 일이라고 했다. '아무 말이나 붙들고 늘리면 그대로 시가 되는 경지에 이른 미당은 정히 부족 방언의 요술사'라는 평론가 유종호 전 교수의 표현에 고개를 끄덕이게 된다.

Q. 재능 본선에서 동상과 시낭송가 인증서를 받으셨는데요, 그걸 두고 '그동안 받았던 두 번의 대상보다 값진 상. 진정한 시낭송가의 시작이었다.'라고 쓰셨습니다. 재능대회가 선생님께 정말 대상 두 번을 합친 것보다 큰 의미였나요?

A. 제겐 재능시낭송대회가 마지막 대회였어요. 대부분의 낭송가가 맨 마지막에 도전하는 대회가 아마 재능시낭송대회일겁니다. 열 번 넘게 도전하셨다가 포기한 분도 계시고, 많은 노력 끝에 시낭송가 인증서를 받은 분도 계셨는데 정말 기뻐하고 자랑스러워하셨습니다. 저는 재능시낭송협회에 2015년도 12월 천안에 이사 와서 가입했고 회원들과 섞이면서 재능시낭송대회에 관해 자세히 알게 되었어요. 재능시낭송대회는 모두가 인정하는 전국에서 제일 큰 대회입니다. 그래서 모두들 다른 곳에서의 대상 몇 번 보다 재능시낭송협회 시낭송가인 것에 큰 자긍심을 가지는 것 같습니다. 맨 처음 참가한 심훈 대회를 제외하고 일반 대회를 준비할 땐 보통 3~4개월 전부터 준비했는데 재능시낭송대회는 그해 대회가 끝난 12월부터 낭송할 시를 찾아서 외웠고 두세 달은 열심히 연습, 그 후부터는 하루에 서너 번 씩 게으른 낭송연습을 했었지요. 그리고 일 년 동안 타 대회는 다 잊고 지냈어요. 타 대회에 참가할 이유도 없었지만.

강 선생님은 2016년 재능대회 첫 도전에서 〈수대동시〉로 충남지역 예선 우수상을 받으셨다. 좀 더 자연스럽게 했어야했는데 서정주 대회 준비하던 식으로 했더니 좀 어색했던 것 같다고 하신다.

그리고 2017년 9월 17일에는 〈세월〉로 충남지역 예선 최우수상을 받으며 12월의 본선 무대에 서게 된 것이다. 그 날 SNS에 이렇게 남기신 기록을 엿보았다.

> 유치환 시인의 '세월', 시를 처음 대하던 날 사무치던 나의 어머니
> 그 후 내 시로 만드는 시간은 설렘을 지나 그리움 잔잔히 밀려와
> 눈시울 붉히던 나날이었다
> 겨울의 초입에서 다시 환한 웃음으로 '어머니'하고 부를 수 있게
> 되기를…
> 나는 기도한다

　재능시낭송협회 회원으로서 재능대회에서 동상 이상을 수상해 낭송가 인증서를 받으면 규정상 다른 대회 참가가 불가하다. 요즘 나도 재능협회에 관심이 많다. 단기간 많은 대회에 나갔던 터라 대회 출전에는 더 미련이 없지만, 한 번도 한복을 입어보지 못한 것이 아쉬움으로 남아있다. 꼭 한번 입고 싶었는데 늘 어울리는 임자가 따로 있는 것 같아 미뤘었다. 올 11월에 담양 가사낭송대회 때 한복을 입어보고 그걸 끝으로 재능에 들어갈까 싶다고 솔직히 말씀드렸다.

A. 재능시낭송협회원들은 타 대회에 더는 참가하지 못해도, 협회 자체에서 많은 활동을 합니다. 그리고 재능시낭송가가 되었다고 끝난 것이 아니라 이제부터 시작이라는 생각이 들었는데 모든 것이 그렇듯이 알아갈수록 어렵고 그동안의 자신이 부끄럽고 또 한편으론 알아가면서 기쁘고 행복합니다. 선생님도 올해 남은 대회를 마지막으로 재능시낭송협회원으로 활동하시기를 바랍니다. 중앙회에 가입하셔서 활동 많이 하시면 좋은 일들이 있으리라 확신합니다.

재능대회를 끝으로 선생님의 시낭송대회 참가가 끝이 났고, 낭송을 오래 계속 하다 보니까 더는 지도를 받지 않아도 스스로 생각해 깨닫는 것들이 생긴다고 하시면서 특별하게 매일 발성 훈련을 하거나 배에 일부러 힘을 주는 연습은 하지 않는다고 하신다.

A. 많은 분들이 "하헤히호후" 낮은 음부터 높은 음까지, 긴 들숨 날숨 등등 여러 가지 방법으로 발성연습과 복부에 힘주는 노력을 하시지요, 그런데 저는 죄송스럽게도 낭송하기 전 '부르르르' 입술 푸는 것 외에는 하는 게 없습니다. 그러나 낭송하시는 모든 분들은 저처럼 하시면 절대 안 됩니다. 끊임없는 발성연습,

북부의 힘을 키우셔야합니다. 저도 이제부터는 열심히 하겠습니다.

시인으로 시작 활동은 계속 하시냐고 여쭈니 "시낭송을 하니까 시 습작이 안 되더군요. 습작하는 시간에 시 한 편 더 외우고 싶어서요. 그래서 시 쓰는 것은 포기하고 하이쿠를 아주 가끔씩 짓고 있어요."

하이쿠, 세상에서 가장 짧은 시. 여백으로 마음을 전하고 찰나의 깨달음을 전하는 5-7-5 운율의 열일곱 자로 된 일본 고유의 단시다. 지난해 두 번째 인터뷰의 주인공 전병조 시인과의 만남에서 하이쿠에 대해 들은 뒤 나도 사물에 의탁해 우주를 담아내는 하이쿠의 매력에 대해 알게 되었다. 강리원 선생님은 2012년 하이쿠 시인으로 등단하셨고, 가장 좋아하는 시인으로 '고바야시 잇사'를 꼽는다.

잇사는 특유의 해학과 유머로 유명한 시인이다. '유머의 원천은 비애이며 슬픔'이라는 마크 트웨인의 말처럼 잇사는 역경으로 가득한 삶을 살았다고 한다. 15세부터 홀로 유랑생활을 하다 52세에 비로소 아내를 맞아 자녀 셋을 낳았지만 모두 어려서 잃고, 아내마저 죽었다. 그래서인지 인간의 고독, 유한한 삶에 대한 덧없음, 그럼에도 불구하고 살아내야 하는 생명의 아픔을 적나라하게 그린다는 평가를 받는다. 그는 약하고 작은 것에 대한 애정을 자주 표현한 시인. 반딧불에 대해 230편, 모기에 대해 150편, 파리와 벼룩에 대해 190편을 지어 작은 생명체를 통해 삶을 관조한 잇사의 하이쿠를 몇 구 소개해본다.

야윈 개구리 지지마 잇사 여기에 있다

암컷을 놓고 다투는 개구리 중 가장 약해 보이는 개구리를 위해 응원의 메시지를 보내주는 잇사의 외침이다. 52세까지 결혼하지 못했던 자신에게 하는 말 같다.

주무시는 모습 파리 쫓아 드리는 것도 오늘이 마지막

아버지의 임종 전날 쓴 구라고. 몇 가지 더 소개한다.

얼마나 운이 좋은가 올해의 모기에도 물리다니

저녁 벚꽃 놀이 집이 있는 사람들은 돌아가네

이 세상은 지옥 위에서 하는 꽃구경이어라

교보생명의 광화문 글판에 단 한 번 일본인의 시가 걸린 적이 있다. 심지어 2009년 봄 삼일절 무렵에 걸려있던 문구가 바로 잇사의 하이쿠다. '얼굴 좀 펴게나 올빼미여, 이건 봄비가 아닌가'. 이 글판에는 보통 시의 일부를 발췌해 짧은 형태로 고쳐 걸지만 이 시만큼은 전문이 온전히 실렸다. 교보생명은 홈페이지를 통해 상시 광화문 글판 문안 시민 응모를 받고 있는데 당선자 한 명과 후보작을 낸 스무 명에게는 문화상품권도 지급한다. 나도 올해 초 잇사의 하이쿠로 응모를 한 적이 있다. '꽃그늘 아래 생판 남인 사람은 아무도 없다' 였다.

마지막 질문.

Q. 끝으로 '나에게 시낭송은 ○○○이다' 의 빈칸에 넣어주실 말이 궁금합니다.

A. '제 인생의 3막'입니다. 1막은 태어나 결혼하기 전까지, 엄마 돌아가시고 사춘기에 시골 할머니 집에서 친척들과 어울려 남동생과 함께 살았던 시기죠. 2막은 결혼 후에 시댁에서 살며 가족과의 관계를 배운 때부터 입니다. 그리고 3막은 제 나이 쉰살에 때늦은 등단을 했으니, 결혼해서 살면서 이름을 잃고 지내다가 25년 만에 다시 이름을 찾았고 그 후 모두가 인정해주는 재능시낭송가도 되었습니다. 그래서 또다시 25년을 채워보려고요. 일흔다섯 살까지는 시낭송을 할 겁니다. 75세부터는 4막으로 들어가는데 그때는 뭘 해야 할지 아직 모르겠네요.

영상만 보고 가졌던 나의 기대와 달리 선생님은 대대로 천안에 살며 독립 운동가를 배출한 집안 종부는 아니셨다. 연고도 없는 천안에 5년 째 사시게 된 이유는 오로지 따님과 손주들 때문이다. 인터뷰 준비를 하며 SNS에서 따님과 함께 찍은 사진 여러 장을 보았는데 빼어난 미모와 자태의 소유자로 세계 4대 기업 안에 드는 글로벌 제약회사에서 활약했던 커리어 우먼이었다. 어려서부터 영특해서 공부 잘하고 늘 선생님들 관심을 받으며 두각을 나타냈다며 그런 딸에게 엄마로서 바라는 게 많아 스트레스가 여간 아니었을 거라고, 그래도 잘 따라와 줬다고 말씀하신다. 나보다 딱 한 살

많은 강 낭송가의 따님은 중학생인 첫째부터 다섯 살 막내까지 세 명의 자녀를 둔 엄마였다! 현재는 이직해서 서울역 인근 신약개발 벤처기업에 근무 중인데 주 2회 재택근무를, 그 외 날에는 천안역에서 늘 기차로 통근한다고 한다. 나의 친정어머니 표현에 따르자면 '하나 키우면서 아주 떡을 치는' 나로서 믿기 힘든 이야기다. "일을 하면서 셋을 낳아 키우는 게, 그게 어떻게 가능해요?" 라고 묻자 "애를 좋아해요!" 라고 하신다. 덧붙여 "일 안하면 하나 더 낳았을 애예요." 라고. 그런 딸을 보는 친정엄마의 마음이, 몰래 읽어 본 강 선생님 SNS에 고스란히 드러나 있었다.

세 아이의 엄마인 딸
어린 자식들과 아침마다 전쟁을 치르면서
내일도 오늘처럼
8시 40분 KTX를 타고 서울역을 지나
시청 앞 그 곳
빌딩 몇 층으로 출근할 것이다

나는
어린이집에서 돌아와

베이비시터와 지내는 손주들 보다

내 딸이 더 안쓰럽고…

기특하다

　이번 인터뷰는 우리 가족의 여름휴가 기간 동안 이뤄졌다. 나는 네 살 된 아이를 부산에 계신 친정어머니께 맡기고 혼자 올라와 휴가 내내 하고 싶은 일을 아주 마음껏 하는 중이었다. 강리원 선생님이 따님께 가끔 "너는 친정엄마 있어서 좋겠다. 하고 싶은 얘기 다 하고, 애들이 말썽 부리면 찾아 와서 속상해하고, 급할 때는 도움 청하고…" 이런 말씀을 하신다는 대목에서 나는 가슴이 찔려 마른 침을 꿀꺽 삼켰다. 그리고 천천히 여쭈어보았다. "그럼 그럴 때, 따님은 뭐라고 하나요?" 선생님의 답, "지가 무슨 할 말이 있어?" 나도 할 말이 없다.

　강 선생님은 낭송대회를 앞두고 엄마를 자주 떠올렸다고 하셨다. 힘을 달라고. 옛날에 시댁 식구들과 살면서 먼 길 오갈 때도 분묘 잘 해놓은 곳을 지나갈 때마다 항상 인사를 하셨다는데, 이렇게 엄마는 살아서도, 돌아가신 후에도 가장 힘이 되는 존재구나. 어머니의 사랑이 깊다.

그런 사이 시간은 어느덧 두 시간 넘게 흘렀다. 천안역에 예매해놓은 기차 시간이 가까워 얼른 인사를 드리고 시원한 카페를 나서 폭염 속 십오 분을 기다린 끝에 겨우 택시를 잡았다. 떠밀지 않아도 지나갈 여름이고, 기다림 없이도 찾아올 가을이라지만 그런 말은 그날의 태양 밑에서 전혀 위로가 되지 않았다. 택시를 기다리며 동병상련, 함께 날씨 불평을 나눴던 아주머니가 먼저 온 차를 타고 떠나는 나에게 손까지 흔들어주신다. 내가 가장 좋아하는 잇사의 절창을 이렇게 바꿔본다. '무더위 아래 생판 남인 사람은 아무도 없다'. 조금 지나면 '꽃단풍 아래 생판 남인 사람은 아무도 없다'도 될 것이다. 하이쿠 열일곱 자에 온 우주가 담긴다는 말, 맞는 것 같다.

| 강리원 님 대상 낭송시 |

- 지정시 -

한양호일(漢陽好日)

서정주

열대여섯 살짜리 소년이 작약꽃을 한아름 자전거 뒤에다 실어 끌
고 이조(李朝)의 낡은 먹기와집 골목길을 지나가면서 연계(軟鷄)
같은 소리로 꽃사라고 웨치오. 세계에서 제일 잘 물디려진 옥색
의 공기 속에 그 소리의 맥이 담기오. 뒤에서 꽃을 찾는 아주머니
가 백지의 창을 열고 꽃장수 꽃장수 일루와요 불러도 통 못 알아
듣고 꽃사려 꽃사려 소년은 그냥 열심히 웨치고만 가오. 먹기와
집들이 다 끝나는 언덕위에 올라서선 작약꽃 앞자리에 냉큼 올라
타서 방울을 울리며 내달아 가오.

- 자유시 -

수대동시 (水帶洞詩)

흰 무명옷 갈아입고 난 마음
싸늘한 돌담에 기대어 서면
사뭇 숫스러워지는 생각, 고구려에 사는 듯
아스름 눈 감었던 내 넋의 시골
별 생겨나듯 돌아오는 사투리.

등잔불 벌써 키여지는데…
오랫동안 나는 잘못 살었구나.
샤알 보오드레—르처럼 섧고 괴로운 서울 여자를
아조 아조 인제는 잊어버려,

선왕산 그늘 수대동 14번지

224 | 나도 시낭송대회 대상을 탈 수 있다!

장수강 뻘밭에 소금 구어 먹던
증조할아버지 적 흙으로 지은 집
오매는 남보단 조개를 잘 줍고
아버지는 등짐 설흔 말 졌느니

여기는 바로 십 년 전 옛날
초록 저고리 입었던 금녀, 꽃각시 비녀 하야 웃든 삼월의
금녀, 나와 둘이 있던 곳.

머잖어 봄은 다시 오리니
금녀 동생을 나는 얻으리
눈섭이 검은 금녀 동생,
얻어선 새로 수대동 살리.

〈7〉 제7회 박경리 전국 시낭송대회 대상수상자

| 김사헌 님 약력 |

- 1954년 울산 울주군 출생
- 시인, 시낭송가
- 부산시낭송협회 부회장
- (격월간) 문학광장 부산지부장
- 한국좋은글작가회 영남지부장
- 제7회 박경리 전국 시낭송대회 대상
- 제6회 박경리 전국 시낭송대회 금상
- 제3회 미당 서정주 전국시낭송대회 은상
- 부산시인협회 주최 제2회 전국시낭송대회 은상(2위)
- 제2회 미당 서정주 전국시낭송대회 은상
- 제4회 박경리 전국 시낭송대회 은상

당신의 가장 빛나는 전성기, 오늘!
김사헌 님

　박경리, 한국문학의 어머니. 1959년부터 1994년까지 집필한 소설 〈토지〉는 등장인물만 600여명, 원고지 31,200장 분량에 달한다. 한 가지 일을 시작해 26년 만에 이룬다는 건 어떤 기분일까? 박경리 작가는 '내가 행복했더라면 문학을 하지 않았을 것' 이라며 "아이 데리고 부모 모시고 혼자 벌어먹고 살아야 했습니다. 불행에서 탈출하려는 소망 때문에 글을 썼습니다." 라고 말한 바 있다. 하루도 시리지 않은 날이 없었다던 작가의 삶이 〈토지〉라는 역작을 토해내게 한 것 같다. 아버지의 딴 집 살림으로 혼자된 어머니 밑에서 어린 시절을 보낸 후, 20대에 한국전쟁으로 남편을 잃고 의료사고로 세 살 난 아들도 잃었다. 외동딸의 남편, 김지하 시인은 민주화운동 때문에 사형 선고를 받았으며 사위의 수감기간 중 태어난 손주를 등에 업고 창문에 원고지를 댄 채 글을 썼다는 작가. 유방암 수술을 받고 보름 만에 퇴원한 날부터 붕대로 가슴을 동여매고도 집필을 멈추지 않았던 소설 〈토지〉를 탈고한 1994년 8월 15일을 기념해 원주 박경리 문학공원에서는 매해 광복절, 〈박경리 전국 시낭송대회〉가 열린다.

지난해 나도 박경리 대회에 지원했다. 폐암으로 인해 지난 2008년 토지의 품에 안긴 작가가 마지막으로 남긴 책은 한 권의 시집. 〈버리고 갈 것만 남아서 참 홀가분하다〉의 수록 시 하나를 육성 녹음한 파일로 예선이 진행된다. 나는 꼭 본선에 올라 〈토지〉의 4 · 5부가 집필되고 대단원의 막을 내린 곳, 손수 가꾸던 텃밭과 생활 자취를 엿볼 수 있는 박경리 선생의 옛집에 가보고 싶었다. 대상, 금상 수상자에게는 〈토지〉 한 질을 준다는 전년 대회 공지를 본 후로, 고등학생 때 도서관에서 빌려 읽다 중도 포기했던 〈토지〉 20권을 완독할 기회를 기대하면서 일찌감치 유고시집을 사서 연습했다. 그러나 본선 진출자 명단에 내 이름이 없음을 확인하던 날, 등줄기에 여러 번 냉기가 흘러내리는 것 같던 느낌을 아직 기억한다. 시낭송대회 첫 예선 탈락의 경험이다. 10개월 전 처음 출전한 대회에서 금상을 탄 뒤 재미가 붙어서 거의 매 주말 전국의 대회장을 부지런히 누비고 다녔다. 속으로 금보다 더 큰 것을 은근히 탐내며 본업과 취미가 바뀐 듯 열정을 쏟았으나 이후의 결과는 늘 장려상과 동상만 맴돌았다. 노력과 결과가 반비례한다는 생각, 시간은 흐르는데 꿈에 한 발짝도 가까워지지 않고 더 멀어지는 느낌 또한 아픈 고통이었다. 내 실력, 내 가는 방향에 대한 의심만 커져가던 그 무렵, 박경리 대회에서 버림받자 자신감은 바닥을 쳤다. 이전의 추진력이 사라지고, 연습량은 저조하고, 정진해보려던 계획에 중대한 차질이 생겼다. 불합격을 곱씹으며 지난 시험에 미련을 못 버리는 아나운서 학생들에게는 '문 닫힌 전동차, 미련 없이 보내야 다음 차가 빨리 온대.' 라는 문자를 쓰면서도, 예선도 탈락하는 마당에 내가 대상을 받기란 불가능한 일이고, 이 모든 것이 결국 아무것도 아닌 게 되리라는 생각이 들었다. 소리 소문 없이 찾아와 느닷없는 공포감으로 전율케 하는 바로 '그 분' 이 내게 오신 것이다. 슬럼프!

끈적끈적한 늪 같은 슬럼프를 내게 안겼던 박경리 대회이기에 오히려 더 관심이 갔다. 마침 올해 본선 진출자 열다섯 명 안에 드신 지인께서 원주에 도착한 정오 무렵부터 대회장 분위기, 심사위원 소개, 경연 상황을 박경리 문학공원에 파견된 현장리포터인 듯 실시간 생중계 해주신다. 오후 네 시 쯤 "지금 내 옆에 계신 부산의 김사헌 선생님이 정말 잘하셨어요. 작년에 금상 받으셨다는데, 아마 큰 상 받으실 것 같아요. 한 번 두고 봅시다." 라고 왔고, 오후 여섯 시, "김사헌 선생님이 대상! 오늘 나는 배운 것도 많고 정말 즐거운 기분으로 내려갑니다. 이상으로 생중계는 마치겠습니다." 는 연락을 끝으로 미모(美貌)의 특파원께서는 대구 집으로 향하셨다.

시낭송가, 시인으로 현재 부산시낭송협회 부회장과 문학광장 부산지부장 등으로 활동 중인 김사헌 선생님 연락처를 찾는 일은 전혀 어렵지 않았다. 내가 꼭 인터뷰를 해야겠다고 결심하게 된 이유는 연락처와 연동된 SNS에 풀어놓으신 마음의 흔적들 때문이었다. 아래가 박경리 대회 시상식 직후의 기록.

누구에게나 슬럼프가 있기 마련이다. 그러나 그 슬럼프를 어떻게 이겨내는가가 승패를 좌우한다는 것이 오늘 입증되었다. 작년 박경리 전국 시낭송대회에서 금상을 수상한 이후 극심한 슬럼프에

빠져 더 이상 대회에 참가할 용기가 나지 않았다. … 이 대회 네
번째 도전의 결실이다. 시도 때도 없이 읊어대는 내 낭송을 들어
준 가족들에게 감사한다.

전국체전도 아니고 같은 시낭송대회에 4년 연속 출전하셨다는
분 이야기는 들어본 적이 없다. 그 네 번의 도전이 대상으로 행복
한 끝을 맺기도 힘든 일이다. 게다가 극심한 슬럼프를 극복한 결과
라고 하니, 그래서 '레전드는 슬럼프로 만들어진다' 고 하는가?
'좌절의 순간에 마지막이란 심정으로 도전했다. 구름이 걷히니 햇
살이 든다.' 라고 쓰신 구절이 좋았다. 다른 기록의 조각들로 김사
헌 선생님이 50대 중반 이후 한국방송통신대학교 국어국문학과에
진학하셨으며 시인 등단 · 시낭송가 · 한자 1급 · 한국어 강사라는
꿈을 이루었고, 60대 중반을 앞둔 현재는 근대문화자산 해설사와
중국어 자격에 도전 중인 분임을 알게 되었다. '거꾸로 가는 시계
가 있었으면 좋겠다.' '전반전의 아웃사이더에서 후반은 센터로
재탄생하기 위해 이를 악물어본다.' 라는 문장, '친구야, 잘 지내
지? 요즘이 내 인생의 봄인 것 같아.' 라고 쓰신 댓글 모두 마음에
와 닿았다. '시도 때도 없이 읊어대는 낭송을 들어준 가족들에게
감사한다.' 에서는 내 모습이 떠올라 웃음이 나면서, 세련미 · 지성

미·원숙미·야성미 등 사람들이 지닌 각종 미(美)의 종류 중 내가 으뜸이라 치는 '인간미'가 확 풍겨왔다. 이 분을 뵙고 싶다! 벽에 부딪힌 것 같은 슬럼프를 겪을 때마다 내가 시도하는 것은 지혜로운 분들의 생각과 행동을 어설프게나마 따라해 보는 것이다. 김사헌 선생님께 재도전하는 법, 다시 일어서는 힘에 관해 듣고 싶었다. 단단한 벽이 무너지고 그 자리에 새 길이 뚫리는 경험을 하고 싶다. 그리고 내 삶도 김사헌 선생님처럼 후반전에 더욱 빛난다면 얼마나 좋을까. 그런 소망을 품고 부산에 내려가 김사헌 시낭송가를 뵈었다.

내게는 예선탈락과 슬럼프라는 추억만 남긴 박경리 대회다보니, 첫 질문부터 그리 상큼한 이야기는 못 되어 선생님께 조금 죄송스러웠다.

Q. 지난해 박경리 대회에서 금상을 받으신 뒤 올해 대상수상 전까지는 극심한 슬럼프에 빠져 계셨다고요? 어떻게 다시 도전할 용기를 내신 겁니까?

A. 작년 박경리 대회 이후 나간 다른 대회들에서 연습한 만큼 못했어요. 편도가 약한 편인데 연습하는 과정에서 목을 많이 쓰니

대회 때 쯤 되면 꼭 이상이 생기더라고요. 목감기약을 먹고 긴장을 완화시키고자 드링크 종류도 마셨는데 그 부작용이 심각하대요. 동행했던 집사람도 몇 시간을 걸려서 갔는데 왜 연습했던 대로 못하냐고 하고, 동영상을 보니까 스스로 많이 실망스러웠습니다. '이게 내 목소리야? 내가 이랬어? 이건 아니다!' 할 정도로 속도는 빠르고 소리만 크고 고저장단도 없고, 연습한 대로 안 되어 의기소침해있었지요. 그 다음 지원했던 대회는 예심에서 탈락이 되고 자존심이 너무 상하는 거예요. 저는 전에는 예선 전형에서 탈락해본 적이 없었어요. 그러니 내 자신이 부끄럽고, 대회가 두려워져 나서기가 힘들어졌습니다. 그러나 물러서기에는 자존심이 허락하지 않았습니다. 그대로 주저앉으면 스스로 패배를 인정하는 것이고, 그럼 내가 지금까지 해 온 것들이 다 엉터리였다는 뜻 아닌가 싶더라고요. '작년 박경리 대회에서 내가 금상을 받았는데 진짜 내 실력이 뭘까' 싶어서 다시 객관적인 평가를 받고, 실력을 검증받고 싶었습니다. 편안한 마음으로 연습한 만큼만 해보자는 생각으로 갔고요, 가서도 "나 4수다!" 라고 하니까 다른 분들이 "그럼 올해는 대상 받아가셔야겠네요." 하기에 "대상은 무슨 대상? 그냥 무대 한 번 더 서보고 싶어서 왔어요." 라고 했습니다. 기도도 안했어요. 보통은 대회에 앞서 긴장하지 않고 연습한 대로만 낭송할 수 있게 해 달라고 꼭 기도를 하거든요.

선생님은 16·17·18·19년 박경리 대회에 출전하셨고, 대상 전 수상 경력은 은·동·금상이다. 지난해 대회 사진을 찾아보니 흰색 한복을 입고 오른 팔에는 깁스를 하신 채로 다른 팔로 마이크를 잡아 부상투혼을 발휘하셨다.

Q. 작년에 깁스를 하고도 금상 받으셨던데 올해 두루마기 의상까지 갖추고 또 나가신 것은 반드시 대상을 타겠다는 의지의 표현 아닌가요?

김 낭송가는 소매를 걷더니 손목에 꽤나 선명한 긴 수술 자국을 보여준다. 작년 박경리 대회 접수해놓고 발을 헛디뎌 손목이 골절되는 사고로 핀을 심었는데, 제스처만 못할 뿐 마이크 잡는 데는 문제가 없어 망설임 끝에 참가를 강행했다고. 회복에 꼬박 1년이 걸려 올해 박경리 대회 전날에 핀을 빼고 올라가셨단다.

A. 뜻밖에 대상을 받았어요. 저는 제가 낭송을 잘한다고 생각해 본 적이 없어요. 슬럼프 이후 단지 저 스스로 명예회복을 하고 싶

었기 때문에, 올해를 마지막으로 딱 세 개 대회에 더 나가보기로 했습니다. 박경리 대상은 생각 안하고 청마 유치환 대회와 구미 금오 전국 시낭송대회에도 지원했었는데 가족과 주위 분들께 참가 사실도 말하지 않았습니다. 현재 나머지 두 곳 예선에 통과된 상태인데요, 대상수상 후 문의를 해보니까 본선 날짜 기준으로 대상수상자 참가가 제한된대요. 다른 대회 못 나가는 게 섭섭하네요. 두루마기는 산 것은 아니고, 제가 속한 시낭송 협회가 문화재단으로부터 지원을 받게 되어 공연에 필요한 소품들을 구비할 수 있었거든요. 지난해 흰색 생활 한복을 입으니까 속옷도 비치는 것 같고 점잖지 못한 것 같아서 회원들을 위해 마련된 의상을 하루 빌려달라고 했지요. 그것이 관중에 대한 예의라고 생각합니다.

그런데 당일 아침, 빌린 두루마기만 챙기고 나설 때 가져가려고 옷걸이에 잘 걸어두었던 본인 한복을 놓고 나가셨단다. 한복을 빠뜨린 것을 고속도로를 달리는 버스 안에서 알았다고. '한복이 없으면 두루마기 없이 모자만 쓰고 해라' '안에는 대충 입고 두루마기는 입어라' 등 의견이 분분했다는데, 선생님이 그 조언들을 잘 조합하신 건지 평상복·두루마기·모자를 모두 착용하신 사진을 처음 보고 나는 아주 기품 있는 차림이라 생각했다.

Q. 보통은 전에 안 가본 대회, 새로운 곳을 경험하길 원하잖아요. 특별히 그
　대회만 4년 연속으로 나가신 이유는 뭔가요?

A. 박경리 대회가 저와 잘 맞는 것 같았어요. 무대에 올라서면 의
　외로 편안해지고 결과도 좋게 나왔거든요. 원래 이름이 있는 대
　회고 작가의 인지도가 높다는 것은 전부터 잘 알고 있었고, 제
　일 좋은 것이 본인 스스로 순서 추첨을 한다는 점. 저는 참가 순
　서의 영향을 좀 받는 편인데 '가나다' 이름 순서로 하는 대회에
　서 꼭 앞에 하게 되어 긴장도 많이 되고 늘 불안하더라고요. 추
　첨을 통해 이번에 열다섯 명 중 13번이 되어 침착하게 했고요,
　부산에서 가기에 교통도 좋았어요. 그 전에 간 어느 대회는 백
　명도 넘는 참가자가 나오니까 새벽부터 밤까지 진을 다 빼고,
　심사위원들도 제대로 심사가 되겠나 싶어 좀 추려서 하면 좋겠
　다는 생각이 들더군요. 어디까지나 제 개인적인 생각입니다.

　　박경리 시낭송대회에 대한 좋은 평은 익히 들어 알고 있었다.
앞서 언급한 미모의 '일일 특파원' 말씀에 따르면 토지시낭송회에

서 대회 준비과정부터 자상히 연락을 주고 두 편의 참가시를 일일이 교정해 보내주셨다고. 참가자가 보낸 원문과 주최측이 보유한 시집을 일일이 대조해 다른 곳을 사전에 확인하는 철저함이 돋보였다고 한다. '선수보호' 조치도 확실해서 경연 중에 방해가 될 수 있는 개인적인 촬영은 일체 금지, 영상자료는 주최측이 촬영해 모두 카페에 올린다. 대회 진행 방식이 고착화하는 것을 막고자 배경음악을 도입하고 지정시 자유시 비중에 변화를 주는 등 매해 새로운 시도들로 생동감 있게 운영하려 한다는 토지시낭송회 회장님의 설명이 있었다고 한다.

박경리 대회는 무엇보다도 대회의 생명이라 할 수 있는 심사가 공정하기로 정평이 나있다. 토지시낭송회원들의 참가는 철저히 배제되며, 점수표에 인적사항 기재 없이 접수번호만으로 채점해 본선 진출자를 결정한다. 본선 심사위원은 예선과는 다르며, 매해 전국적으로 이름난 시낭송가를 한 분씩 포함한 시인, 전 아나운서 등 외부 인사들로 다양하게 구성한다. 올해 심사를 보신 서수옥 낭송가는 주최측의 부탁을 받아 즉석에서 청중에게 스카프 한 장을 빌려 김소월 시인 탄생 100주년 공연 때 퍼포먼스를 보여주셨는데 '그동안 멋만 추구하던 내 모습을 반성하게 되더라' 는 어느 분 소감을 읽었다. 열다섯 명 전원에게 상을 주어 빈손으로 돌아가지 않게 배려하고 경연 후 따끈따끈한 떡까지 일일이 나눠줘서 기분이 좋았다는 나의 특파원께서는 "정말 이런 대회 처음 봅니다." "내년에 봐서 한 번 더 도전해볼까 해요. 그 전에 어느 대회든지 대상 받을 가능성이 커서 못 올 확률이 많지만…"이라며 연신 만족감을 표하셨다.

그 인근에서 열린 대회들의 최고상 수상자가 주로 강원·충북 지역 출신인 것과는 다르게 지난 해 박경리 대회의 대상수상자는 울산의 박경희 님(제29회 재능시낭송대회 대상수상자)이었고, 올해 앙코르 무대를 통해서 모두가 인정할 만한 실력을 또 한 번 보여주셨다고 들었다. 그 전통에 따라 김사헌 님도 내년 대회 날, 축시를 위해 다시 부산에서 원주로 향하실 것이다. 선생님께서는 5년째 광복절 아침이면 반복되는 연례행사 수준이다.

Q. 대회에서 실패를 겪은 뒤 무대공포증에 시달리거나 트라우마가 생겼다는 분들이 있는데요, 낭송인들이 겪는 슬럼프를 어떻게 극복하면 좋을까요?

A. 저는 제 자신을 돌아봐요. 문제는 늘 내 자신에게 있더라고요.

누가 들을까 싶어 부끄럽고 내 얼굴 못 보겠다 싶은, 제가 한 동영상을 스스로 돌려 보고요, 또 처음에 어떻게 시작했는지 초심을 돌아보죠. 내가 시낭송대회를 나가려고 낭송을 시작한 것은 아니더라고요. 2016년에 서랑화 선생님의 권유로 나간 정지용 전국시낭송대회에서 뜻밖에 얻은 동상에 탄력 받아 여러 대회에 나가 작은 상도 많이 받았지만 이번엔 상이 진짜 문제가 아니고요, '연습한 만큼만 해보자'를 목표로 하니까 이번 대회에서는 편안하게 할 수 있었어요. 저는 대회 출전은 4년, 시낭송 배우기 시작한 것은 5년째 접어들거든요. 그런데 지켜보니 빨리 대상을 받은 분들이 오히려 쉽게 좌절하는 경우가 많더군요.

대회 지원부터 해놓고 시낭송을 시작해서 10개월 만에 지쳐버린 내가 그 비슷한 경우인가보다. 일 년이 지나 그때를 생각해보면 그렇게 짧은 기간, 나는 전성기도 없었던 까닭에 슬럼프라 부르기조차 부끄럽고 그냥 '슬럼프와 비슷한 시기'라 해야 할 것 같다. 어쨌든 당시 마음이 괴로워서 낭송이고 대회고 다 때려치워야하나 싶다가 구덩이에서 기어 나올 수 있었던 데, 내 자신에게 던진 두 가지 질문 덕이 컸다. '누가 시켜서 시작했나?' 그리고 '시낭송이 죽고 사는 문제인가?' 결국 김사헌 선생님 말씀대로 '초심'이 가장 좋은 답이고 약인 것 같다. 이런 명언도 보았다. '슬럼프라는 문은 초심이라는 열쇠를 넣으면 부드럽게 열린다.' 고. 지난번 jtbc 방송국 아나운서 공채 3차 시험장에서 어느 지원자가 '끝으로 하고 싶은 말 해보라' 는 질문에 했던 답변도 옮겨본다. 3차 면접에 가기까지 개인적인 시련이 참 많았던 학생이다. "하늘이 어떤 자리를 주시려 할 때는 반드시 몇 가지 시련을 줘서 마음과 뜻을 흔들고 몸을 수고롭게 한다는 말이 있는데 제게 생긴 그런 일들이 뜻을 꺾고자 하는 것이 아니라 저를 시험해보고 단련시키려는 과정이라 생각하니 즐길 수 있었고, 때로 신이 나서 혼자 어쩔 줄 몰라 하며 오늘 면접까지 임했던 것 같습니다. 아침에 어머니가 '약간 역경은 방해물이 아니고, 그걸 발밑에 놓고 일어설 줄만 안다면 네가 더 높이 올라갈 수도 있을 거다.' 라는 말씀을 해주셨습니다. 조금 힘들었던 지난 일은 테이프로 꽁꽁 묶인 포장지를 벗기는 작업이었던 것 같고, 이걸 다 벗기고 나면 합격이라는 선물이 꼭 그 안에 기다리고 있으면 좋겠습니다." 이 학생은 jtbc에 최종합격을 하지는 못했지만 곧 자기 자리를 찾았고, 바라던 아나운서가 되어 살고 있다.

　　김 낭송가께 대회 다음으로 궁금한 이야기는 방송통신대학교 국문과 이력이었다. 사전 조사에 따르면 2015년에 퇴임하신 마리아 수녀회 법인 재직 기간에 학업을 병행하신 것 같다. 중간·기말시험 준비와 과제물 제출이 결코 쉽지 않았을 텐데 무사히 졸업을 하신건지 제일 궁금했다. 방송대는 학사관리가 엄격한 편이라 전업 학생을 포함해도 입학생 대비 졸업생 비율이 20%일 만큼 졸업이 힘들다고 한다. 우리 가족 중에도 만학도로서 공부와 원수진 사람처럼 매진했으나 여러 사정들로 인해 방송대를 중도 포기해야만 했던 분이 계신다.

Q. 한국방송대학교 국어국문학과는 힘들지 않으셨나요? 언제 입학하셨고, 졸업은 몇 년 만에 하신건지 궁금합니다.

A. 2011학번이고 4년 만에 졸업했습니다. 국문과에 처음 입학할 당시 160명가량이었는데 4년 만에 졸업한 학생은 스무 명이 채 안 되는 것 같았어요. 과제가 떨어지면 책 빌리는 것부터 전쟁 같았어요. 인근 도서관을 다 찾아다녔고, 그때는 다른 생각할 틈이 없었어요. 주위로부터 '저 양반은 일하러 왔나, 공부하러 왔나' 하는 손가락질을 받기도 했죠. 현재는 시인으로 등단하고 시낭송가 되어 공연에도 참가하고 하지만, 그때만 해도 사

람들 이목이 지금 같지 않아서 틈만 나면 제가 책 들여다보는 것을 곱게 보지 않는 분들도 있었죠. 3학년 때는 나도 그만 두고 싶었습니다. 그러나 국문학과 수석부회장을 맡게 되었어요. 우리 회장이 전국 국문학과 회장을 맡게 되면서 저도 덩달아 수석부회장을 하게 되고 더 바빠져 아내로부터 학교하고 결혼했냐는 소리도 듣고요, 집사람이 저랑 이혼하려고 했어요. (웃음) 그래도 4년 만에 졸업할 수 있었고 8학기 동안 총 5학기, 전액은 아니지만 조금씩 장학금도 받았습니다. 그럴 수 있었던 건 어릴 때 학교를 그만둔 것이 평생의 후회로 남았기 때문에… 방송대 들어갈 때 58세였거든요. '내가 지금에 와서 그때처럼 또 그럴 수는 없다' 하는 그 생각이 나를 지탱해주는 원동력이 되었죠. 주위 사람들에게 '그렇게 열심히 하더니 중간에 그만두고 마네' 하는 웃음거리가 되기 싫었습니다. 그리고 혹시 주위에 방송대에 진학하시려는 분이 계시면 임원을 맡으라고 하세요. 임원을 맡으면 책임감 때문에라도 끝까지 갈 확률이 높습니다.

Q. 어떤 열망에서 진학하신 건가요? 시작(詩作)을 위해 필요한 배움이었는지요. 그리고 학업을 통해 그 바랐던 것을 정말 얻으셨습니까?

A. 2008년에 초등학교 동창회 카페에 글을 쓴 적이 있어요. 〈붕어빵과 메레치(멸치)〉라고 아득한 시절에 순진무구한 아이로 겪었던 실화인데, 글이 재미있다고 반응이 좋았어요. 또 그걸 좋게 봐주신 안경모 시인께서 온라인으로 조언을 해주셨습니다. 제게는 시혼을 일깨워주신 분이죠. 그런데 지도를 받아도 무슨 말씀인지 잘 모르겠고 이럴 바에 국문학을 정식으로 배워야겠다, 글을 쓰기 위해서는 내 자신을 좀 더 가꿔야겠고 정상적으로, 제대로 배우고 싶다는 생각이 들었어요. 방송대에서 국어학, 국문학, 교양과목들을 들으며 1학년 때부터 '참 잘 왔다'싶었습니다. 특히 고대문학, 고전시가를 접하면서 우리 문학이 이렇게나 폭이 넓고 일찍부터 발달했다는 것, 문학의 흐름을 알 수 있었어요. 그때 배운 것들 하나도 안 버리고 자료를 다 모아 놓았습니다. 그런데 사람이 알면 알수록 겁이 나고 글 하나 써서 되고하기가 더 힘들어져요.

Q. 2014년 〈문학광장〉 신인상을 수상한 등단시 〈찔레〉를 읽었습니다. '형벌같은 세상 / 자식 꽃 홀로 피운 / 내 어머니 향기, 꽃'이란 구절이 있더라고요. 붉고 화려한 장미보다 작고 소박한 찔레꽃에 마음을 빼앗기는 이유는 찔레가 어머님의 삶을 닮았기 때문이라고요?

A. 어머니가 쉰셋에 돌아가셨는데 삶 자체가 형극의 삶이었어요. 단순히 가난 때문만이 아니고, 봉계에서 포목상을 꽤 크게 하시던 아버지가 저 다섯 살 때 젊은 여자와 바람이 나서 가산을 탕진하고 열두 살 때 돌아오셨어요. 찔레꽃 향기 말아봤어요? 아카시아 향기는 강한데 찔레꽃은 그윽하면서도 진해요. 그 꽃이 가시를 저렇게 가득 담고도 진한 향기를 낼 수 있다는 것 자체가 놀랍죠. 해마다 오월이 되면 저는 장미보다 찔레꽃을 찾고 거기서 어머니의 소리를 듣는데 '내 아픔이 있기에 너희가 꽃이 되었다'고 하시는 것 같아요. 아버지는 돌아와서도 황제처럼 군림하셨고 그렇게 속을 썩였어도 어머니는 늘 아버지께 잘하셨어요. 밥상에 늘 생선이나 고기를 올리고 발도 씻겨드렸죠. 우리 형제들도 아버지의 발을 안 씻어 본 사람은 없어요. 아버지를 따라 식구들이 강원도의 광부 사택에서 지낼 때도 아버지, 어머니, 아버지의 첩, 내가 한 방에서 칼잠을 잤습니다. 어머니가 그걸 견디셨어요. 요즘 사람 같으면 버리고 갔을 텐데 우리를 버리지 않고 행상해 가면서 5남매를 키우셨죠.

집에 돌아온 후 꽃을 잘 아는 분께 찔레향이 어떤지 설명을 해 달라고 하니 "완전 좋죠. 좋은데 뭐라 설명할 방법이 없네…" 라는 답이 왔다. 또 누구는 '은은한데 꽉 찬 향'이라 한다. 장미 옆에 찔레꽃이 같이 피어있는 경우가 많고 장미꽃의 어머니를 찔레꽃이라 보면 된다고, 꽃말은 '고독, 신중한 사랑, 가족에 대한 그리움'이라 알려주는 분도 있다. 찔레는 이래저래 어머니를 닮은 꽃이 맞는 것 같다.

Q. 지금이 선생님 인생의 봄이라고, 거꾸로 가는 시계가 있으면 좋겠다고도 하셨습니다. 지난 반세기 삶은 어떠했는지 여쭤봐도 될까요? 어린 시절의 어머니를 떠올리면 가장 먼저 떠오르는 장면은 무엇입니까?

A. 울주군에서 출생해 제가 자란 고향은 봉계인데요, 아버지가 저를 귀여워하신 편이라 딴 살림 냈을 때도 저는 불러서 작은엄마랑 김해에서 살았어요. 그런데 그 사이에서 이복동생이 생기자 다시 쫓겨 와 어머니랑 살았죠. 여덟 살부터 큰집에서 지내면서 겨울에는 나무 해주고 봄에서 가을까지는 소치는 아이로 내 밥벌이를 했어요. 중학교 시험치고 입학해놓고 바로 신문배달 나가고 일하면서 야학 다녔고, 검정고시를 치고 방송대를 나왔네요. 내 삶도 힘들었지만 어머니 삶도 평생이 한이죠. 어머니 하면 공광규 시인의 〈별국〉이 떠올라요. '멀국'이라고 하죠? 저

는 그래도 큰집에서 그때그때 밥을 먹었는데 한 번씩 집에 가면 엄마나 동생들이 진짜 말 그대로 멀건 국을 먹고 있어요. 그런 때 어머니는 늘 "나는 많이 먹었다"고 하셨지요.

가난한 어머니는 / 항상 멀덕국을 끓이셨다 / 학교에서 돌아온 나를 / 손님처럼 마루에 앉히시고 / 흰 사기그릇이 앉아있는 밥상을 / 조심조심 받들고 부엌에서 나오셨다 / 국물 속에 떠 있던 별들 / 어떤 때는 숟가락에 달이 건져 올라와 / 배가 불렀다 / 숟가락과 별이 부딪히는 / 맑은 국그릇 소리가 가슴을 울렸는지 / 어머니의 눈에서 / 별빛 사리가 쏟아졌다 (공광규, 〈별국〉 전문)

그런 어머님의 운명(殞命)과 관련된 꿈 이야기도 해주신다. 6.25 때 민간인들은 낮에는 경찰, 밤에는 빨치산에게 내내 시달렸는데 선생님의 어머님께서도 당시 구타를 당한 후유증으로 돌아가실 때까지 허리를 못 편 채 지내셨다고 한다. 그런데 돌아가시기 전날 밤, 동네 아주머니의 꿈속에서 어머님이 하얀 소복을 입고 허리를 반듯하게 세운 채 꼿꼿이 펴고 웃으며 걸어가기에 "어디 가노?" 물으니까 "내 좋은데 간다."라고 하셨다고. 어머님의 안식을 가늠케 하는 더 확실한 증거가 있을까? 듣고 나서 내 마음까지 편안해졌다.

어머니를 닮은 꽃, 찔레 외에도 김 낭송가는 세상 모든 꽃을 사랑하는 꽃애호가로 보였다. 자귀꽃, 자운영, 조팝꽃, 병꽃, 족두리꽃, 때죽나무꽃, 팥배나무꽃 사진들로 SNS가 온통 꽃잔치다. "꽃을 왜 그렇게 좋아하세요?" 여쭈니 "그러면 남자들에게 '왜 당신은 예쁜 여자를 좋아하나요?' 라고 물어봤습니까?" 라고 하셔서 할 말이 없다. 곧바로 "상사화와 꽃무릇을 구별하십니까?" 라고 물으시니 나는 또 할 말을 잃고, "그런 게 있는지도 몰랐네요." 하니까 사진까지 동원해서 그 둘의 차이점을 열심히 설명해주신다. 남자분으로서는, 아니 웬만한 여성들보다 더, 꽃에 관한 해박한 지식과 관심, 사랑을 가진 분이 분명하다. 선생님은 글을 쓰려면 뭐든 정확히 알아야 한다는 생각에서, 낯선 꽃은 카페에 올려 회원들 의견을 듣는다고. 그럼 또 말해주는 이름들이 다 다르단다. 직접 여러 번 확인을 더 거쳐 정말 정확할 때 그 이름을 잊지 않고자 SNS에 올리는 거라 한다.

Q. 시 관련 활동할 때 쓰시는 예명, '화랑' 도 꽃에 대한 마음에서 스스로 지으

셨나요?

A. 저는 경순왕의 아들, 마의태자의 후손입니다. 그리고 화랑도 세
속오계 정신을 어릴 때부터 내 생활의 척도로 삼아왔어요. 온라
인상 아이디도 늘 '화랑도'를 쓰다가 줄여서 '화랑'으로 바꿨
지요. 친구들 사이에서 "'의리' 하면 사헌이에게 물어봐라."고
할 정도로 '충효의예' 중에서도 특히 신의를 으뜸으로 삼고 살
아가요.

문학광장 부산지부장 · 한국좋은글작가회 영남지부장 · 심지어
공부하러 가신 방송대 국문과에서도 수석부회장. 속한 조직 어디
서든 항상 임원이 되시는 비결이 나는 궁금했다. 선생님은 "나는
능력도, 실력도, 기여도도 부족한 사람이라 안하려고 하는데 자꾸
만 맡겨요." 라고 하신다. 그렇다면 남은 답은 하나, 인기가 많은
것이다! 선생님은 인기가 좋아서가 아니라며 거듭 부인하시고 믿
음이 가는 사람이라 직책을 맡았나보다고 부담스러워하시는데,
내 보기에는 그 인기의 바탕에 바로 의리가 있는 것 같다. 한번 이
어진 인연에 최선을 다하려 노력하고, 살면서 먼저 상대를 배신하
는 일 없이 인간관계를 소중히 여긴다고 하신다. 사진첩에서 엿보

니, 선생님의 초등학교 동기가 30년간 몸담았던 교수직을 내려놓으며 개최한 자서전 출간 기념회를 불과 20여일 앞두고 오프닝 시낭송을 부탁했다. 그 청을 거절하지 못한 선생님은 2년간 공부해온 중국어 자격시험도 취소하고 무대에 서셨다. 그 우정에 친구 분이 뿌듯하셨겠다는 지인의 말에 "백아절현이라는 말이 있지요. 남자는 자신을 알아주는 이에게 목숨까지 내 놓는다고 합니다. 수많은 친구들 중에 유일하게 나의 낭송에 관심을 가져주는 하나 뿐인 친구지요." 라 쓰셨다.

이 인터뷰가 진행된 화요일은 마침 선생님이 부회장을 맡고 있는 부산시낭송협회 수업이 영광문화예술원에서 있는 날이라 수업 몇 시간 전, 그 인근에서 만나 뵈었다. 시낭송교실을 이끄는 분은 부산의 유명한 시낭송가, 서랑화 선생님이다.

Q. 부산시낭송협회 서랑화 회장님을 '시를 노래하고 싶은 목마른 나의 입술에 한 모금의 청량음료로 다가온' 분이라 표현하셨더라고요. 두 분의 첫 인연이 궁금합니다.

A. 2011년, 문학기행 가는 차 안에서 서랑화 회장님의 낭송을 처음

들었어요. 전에 서울에서 한 번 잘 하시는 분을 뵌 적이 있지만, 목소리가 정말 똘똘 굴러가고 '부산에도 저런 분이 계시는구나' 싶었지요. 취미가 같은 저희 집사람과 함께 선생님 공연에 몇 번 찾아갔었고 방송대 졸업한 후에 시낭송을 해보라고 이끌어주셨어요. 제가 화요일 저녁에 시간이 된다고 해서 오늘 하는 이 화요일 반이 저로 인해 처음 만들어졌어요.

그렇게 2015년부터 5년째 매주 화요일 저녁이면 만나는 '정서가 통하는 고운님들'과의 연습 시간이 늘 기다려진다고. 앞으로 대상수상자들도 나갈 수 있는 대회 출전은 더 안하시냐고 하니 목표를 이룬 정도가 아니라 나름대로 목표를 이미 '초과' 했기에 시낭송은 즐기고 근대문화자산 해설사 과정과 중국어 공부에 매진할 생각이라 하신다. 이후 농담으로 어떤 자리를 제안 드렸더니 이제는 내려놓을 때이며 이형기 시인의 〈낙화〉가 떠오른다고 대답하셨다.

Q. 가족 분들은 어떠세요? 대상 소감으로 '시도 때도 없이 읊어대는 내 낭송을 들어준 가족들에게 감사한다' 하셨는데 처음 낭송 시작하실 때부터 집에서는 응원이나 조언 많이 받으셨어요?

A. 지난해 박경리 대회 때는 혼자 갔고 이후 대회에 집사람이 따라 갔는데 두 번 다 고배를 마시고 나니 그 후로는 안 들어줘요. "실컷 집에서 연습하면 뭐하나? 본선 가면 엉뚱하게 하는데 하지 마라!" 그러니까 나는 오기가 나서 더하고… 시낭송 연습은 집보다도 목욕탕 가면 제일 잘돼요. 네시에 일어나서 다섯시쯤 가면 사람 없거든요. 온탕 들어가서 두 번 하면 5분이 가고, 냉탕 들어가서 또 5분, 그렇게 한 시간을 냉온탕을 번갈아 가면서 하고, 자주 산에 가서 자연과 동화되는 느낌으로 나무들을 관중이라 생각하며 해보기도 합니다. 현 직장의 휴식시간 이용해 천마산 편백숲 갈맷길을 걸으며 부산 남항 내려다보면서 낭송하고, 조각공원에서 운동하다 거꾸로 매달려서도 하고 그래요.

이날 거의 모든 답변마다 사모님 이야기가 들어가고, 인터뷰 도중 걸려온 전화 통화를 들으면서 두 분 사이가 아주 좋음을 느꼈다. 사모님도 취향이 비슷해, 선생님의 방송대 국문과 후배가 되셨고 시낭송도 시작했는데 안과 질환으로 눈이 불편하고 목소리가 안 맞는다는 이유로 그만두셨다 한다. 나는 칼국수로 맺었다는 두 분의 인연 이야기를 이미 알고 인터뷰에 갔다. 아내를 처음 만나던 날 칼국수를 먹자고 했는데 주머니 사정도 물론 그렇지만,

결혼할 준비가 갖춰져 있지 않은 상황에서 여자의 자존심을 세워 주면서 거절할 수 있도록 이유를 만들어주고 싶었던 거라고. 그런데 사모님은 아무 망설임 없이 따라와 주셨다. 사모님 생각은 총각이 데이트를 하며 칼국수를 먹자고 해 굉장히 알뜰한 사람으로 봤단다. 선생님은 '그 착각이 험한 길로 들어서는 문턱이 되었지만, 지금껏 나로 하여금 속죄의 삶을 살게 하고 있다'라고 쓰셨다. 사모님으로부터 많은 지도 편달을 받고 계신가 보다. 뒤늦게나마 글을 쓰게 하고, 학사모를 쓰게 했고, 사모님 덕분에 선생님 인생도 빛을 볼 수 있었다고 하신다.

어느 봄날 오후에 '내가 이렇게 행복해도 되나요? 이런 질문을 던져봅니다.'라고 써 올리신 이유의 많은 부분이 37년째 선생님 곁을 지키시는 사모님과 두 따님, 그리고 '할배 마음을 훔친 예쁜 도둑'이라 부르시는 손주들 일거라 짐작된다.

Q. 생의 반환점을 돌고 나니 허전하고 외롭다는 분들도 계시잖아요. 후반전이 봄날 같으려면 어떻게 해야 하나요?

A. 사람이 나이가 들어갈수록 자기 취미 한 가지는 있어야 하는 것

같아요. 술자리나 오락하는 자리는 끝나면 남는 것이 없지만 취미는 안 그렇죠. 시인·시낭송가·한국어 강사·한자와 중국어. 그런 활동들이 쌓이다 보니까 스스로 자긍심이 생기고 지금이 저는 제일 대우 받는 것 같아요. 요즘 직장 일 마치고 나면 저 할 일로 너무 바쁘죠. 근대문화자산 해설사 과정수업을 듣는 월요일, 시낭송 교실 있는 화요일, 중국어 공부, 정기 공연 윤송 준비. 집에 가면 집사람이 잘해주고 휴일에는 손주들 재롱도 볼 수 있고요. 그렇게 매일 매일이 모두 기다려지니까 지금이 제일 행복해요. 이전에는 자식들 뒷바라지 하는 일 외에는 나를 돌아볼 틈이 없었죠. 저는 어릴 때부터 작가나 화가, 사진작가 같은 예술가가 되고 싶었지만 어린 시절 힘들게 살았기 때문에 삶의 기반이 잡히면 그때 생각해보자고 묻어두고 살아왔지요.

꿈이라는 것은 살면서 점점 늘어나기보다는 하나씩 지워가는 것이라 오랫동안 생각했다. 하지만 실패와 슬럼프를 딛고 다시 도전할 수 있는 용기에 끈기가 더해지면 꿈이 이루어지는 때가 반드시 온다. '세컨드 찬스'가 한 번은 더 오고, 두세 번 더 올수도 있을 것이다. 이 믿음의 증인이 되어주신 김사헌 선생님께 감사드린다.

다시 박경리 선생을 떠올려본다. 〈토지〉를 처음 쓰던 날, 그 일이 언제 어떻게 끝날지를 알았을까? 암 수술까지 받고 돌아와 자신의 생이 앞으로 어떻게 흐를지 짐작이나 했을까. 연재를 무사히 마칠 수 있으리란 확신은 있었을까? 그저 매일 다시 시작하고, 또 했을 것이다.

국민대학교 이영아 교수라는 분이 강의 중 했다는 이야기를 지인의 SNS에서 보았다. 네 살짜리 아들이 휴대폰 게임을 하다가 'FAIL'이라는 단어가 뜨자 막 좋아하더란다. 그래서 'FAIL'이 무슨 뜻인지 아냐고 물으니까 "실패"라고 그러더란다. 다시 '실패'가 무슨 뜻인 줄 아냐니까 "다시 하라는 거야." 하더라고… 다만, 다시 시작해야겠다!

- 지정시 -

우주 만상 속의 당신

박경리

내 영혼이
의지할 곳 없어 항간을 떠돌고 있을 때
당신께서는
산간 높은 나뭇가지에 앉아
나를 바라보고 있었습니다.

내 영혼이
뱀처럼 배를 깔고 갈밭을 헤맬 때

당신께서는
산마루 헐벗은 바위에 앉아
나를 바라보고 있었습니다.

내 영혼이
생사를 넘나드는 미친 바람 속을
질주하며 울부짖었을 때
당신께서는 여전히
풀숲 들꽃 옆에 앉아서
나를 바라보고 있었습니다.

그렇지요
진작에 내가 갔어야 했습니다.
당신 곁으로 갔어야 했습니다.
찔레덩쿨을 헤치고
피 흐르는 맨발로라도

백발이 되어 이제
겨우 겨우 당도하니

당신께서는
아니 먼 곳에 계십니다.
절절히 당신을 바라보면서도
한 발은 사파에 묻고 있는 것은
무슨 까닭이겠습니까

- 자유시 -

연 륜(年輪)

박두진

소나무와 갈나무와 사시나무와 함께 나는 산다.
억새와 칡덤불과 가시 사이에 서서
머언 떠나가는 구름을 손짓하며,
뜻 없는 휘휘로운, 바람에 불리우며,
우로(雨露)와 상설(霜雪)에도 그대로 헐벗고,
창궁(蒼穹)과 일월(日月)과 다만
머언 그 성신(星辰)들을 우러르며
나는 자랐다.

봄 가고, 가을 가는 동안,
뻐꾹새며 꾀꼬리며, 접동새도 와서 울고,
다람쥐며 산토끼며, 사슴도 와 놀고 하나,

아침에 뛰놀던 어린 사슴이
저녁에 이리에게 무찔림도 보곤 한다.

때로- 초부(樵夫)의 날선 낫이,
내 애끼는 가지를 찍어가고,
푸른 도끼날이 내 옆에 나무와 번뜩이나,
내가 이 땅에 뿌리를 박고,
하늘을 바라보며 서 있는 날까지는,
내 스스로 더욱 빛내야 할 나의 세기(世紀)…

푸른 가지는 위로 더욱 하늘을 바뜰어 올라가고,
돌사닥 사이를 뿌리는,
깊이 지심(地心)으로 지심(地心)으로 뻗으며,
언제나 티어질
그 찬란한 크낙한 아침을 위하여

일월(日月)을 우러러,
성신(星辰)을 우러러,
다만 여기 한 이름 없는 산기슭에,

퍼지는 파문(波紋)처럼

작고 내 고운 연륜(年輪)은 늘어간다.

※ 단, 낭송의 편의를 위하여 고어는 현대어로 고치고 연과 연은 임의로 편집하였음.

〈8〉 부산시단 제6회 전국시낭송대회 대상수상자

| 김은희 님 약력 |

- 1956년 경북 대구 출생
- 1978년~2015년 공립 중 · 고등학교 재직
- 부산시단 2019 제6회 전국시낭송대회 대상
- 제2회 대구문학제 시조암송대회 대상
- 2019 전국 김소월 시낭송대회 은상

시낭송 대상으로 이룬 완주,
김은희 님

지난 주말 재능시낭송대회 학생부 서울경기 지역대회 사회를 보았다. 소파 방정환 선생님의 말씀처럼 '어른보다 한 시대 더 새로운 사람'들과의 시간이 성인부 대회 진행보다 의미가 컸다. 1차 예선을 통과한 중·고등학생, 60명에 달하는 초등부 참가자들이 저마다 가슴에 담아온 아름다운 문장들을 펼쳐보였다. 작은 입에서 울려 퍼지는 소리가 주는 아주 해맑은 에너지가 있었다. 그 보드라운 가슴 속에서 일어나는 일들에는 무관심한 채 아이의 머릿속을 채우는 데 열성을 쏟는 어른들과는 다른, 관객석의 모든 부모님과 재학생들을 인솔해온 지도교사들이 훌륭해보였다.

그간 시낭송대회장에서 전·현직 교사이신 참가자들을 자주 뵈었다. 가르치시는 과목은 대개 국어. 그때마다 '시를 사랑하는 선생님으로부터 받는 수업이 얼마나 풍요로울까' 하는 생각이 든다. 나는 '교육의 질은 교사의 질을 능가할 수 없다'는 말을 믿는 편이다. 수상을 통해 시낭송가가 된 교사들은 동아리, 발표회 활동을 통해 학생과 학부모들에게 적극적으로 시를 전파하고, 대회에 참가하는 제자들을 세심하게 지도해 주말에는 대회장 동행을 자청하실 만큼 열정적이다. 그런 선생님 덕분에 일찍부터 시와 진한 만남을 가져본 학생들은 더 다정하고, 사려 깊고, 특히 내면이 단단한 사람들로 자랄 것 같다. 내 경험상 소설은 타인을 이해하게 해주고, 시는 내 자신을 잘 이해하도록 돕는다.

시낭송대회 참가자들이 서로 부르는 호칭은 언제나 무조건 '선생님'. 나는 그중에서도 진짜 선생님, 교사 출신의 수상자님 한 분을 꼭 인터뷰에 모시고 싶던 차에, 김은희 선생님의 〈부산시단 전국시낭송대회〉 대상 소식을 듣게 되었다. 그동안 대회에서 몇 번 뵈었고, 특히 보령에서는 김 선생님 바로 뒤 번호로 똑같은 자유시를 하기도 했다. 인사를 드린 적은 없지만 그날 동일한 시를 한다는 사실만으로 선생님과 나 사이를 이어주는 끈이 하나 생긴 것 같았다. 즉, 우리는 같은 시에 꽤 오랜 시간 자신의 마음을 포개본 그런 인연. 이후 부산에서 열린 어느 대회 날, 김은희 선생님이 나의 아버지의 고향이자 23년 간 제2의 거처로 삼아온 전원주택이 있는 경상북도 청도에 사신다는 사실을 처음 알게 되자 그 끈이 좀더 두터워진 듯한 기분이 들었다. 최근 대상수상 소식과 함께 김 선생님이 국어교사로 오래 재직하시던 중 혈액암 진단으로 퇴직하셨고 현재 완쾌하셨다는 이야기를 전해 듣고는 선생님을 더욱 뵙고 싶어졌다.

추석을 보름 앞둔 8월 말 이뤄진 첫 통화에서 나는 선생님의 건강부터 여쭈어보았다. 오는 9월 9일에, 미리 해둔 검사 결과를 보러 가시는데 별 문제가 없으면 치료가 잘 되었다는 이야기를 듣게 될 거라고 하신다. 38년 간 국어를 가르친 선생님답게 말씀을 논리적이고 조리 있게 하셔서 모든 설명이 머리에 쏙쏙 들어오고 이해가 잘 되었다. 힘든 병을 극복해 내신 만큼 이번 기회에 시낭송이 가진 '치유'의 힘에 관해서도 여쭙고 싶다는 요청에 바로 "시낭송계도 일부 병들어 있잖아요!"라고 지적하시는데, 급소를 가격하는 비유였다. 물론 시를 통해 큰 위로와 힘을 받았지만 대회에 참가하는 과정에서 상처도 많았기에, 처음 시작하는 분들께 시낭송을 무조건 찬양하는 인터뷰를 할 수는 없을 것 같다는 진솔함에 나는 깊이 끌렸다. '시낭송계도 병들어 있다'는 그 말이 며칠 간 잠자리에 누워도 계속 떠올랐다.

일 년 중 고속도로가 가장 붐비는 추석 하루 전날, 나는 부산에서 출발해 청도새마을휴게소로 향했다. 살면서 휴게소가 여행의 최종목적지인 것은 처음이다. 김은희 선생님은 경북지역 휴게소 몇 곳에 주얼리 매장을 갖고 계신데 오늘의 근무지가 바로 부산 방향의 청도휴게소다. 상행에서 하행으로 바로 갈아탈 수 없는 고속도로 구조를 놓고 미리 방법을 여쭈었더니 휴게소와 연결된 뒤편 국도를 알려주신다. 휴게소 직원들은 어떻게 출퇴근을 할까 궁금했던 적이 있는데 이런 숨은 출입로가 있었다니! 21세기의 휴게소는 한 끼 대충 때우거나 화장실만 들렀다 휑하니 떠나는 장소가 아니다. 다양한 쇼핑을 즐기며 여유 있는 휴식시간을 보낼 수 있는 공간으로 거침없이 진화 중. 운전자들을 위한 무료샤워장까지 갖춘 청도휴게소가 바로 그런 곳으로, 내부에 들어서자 백화점이나 고급 아울렛 같은 포스를 풍겼다. 입구 바로 왼편의 주얼리 매장을 들여다보는 순간, 다양한 액세서리들을 착용하신 김은희 선생님이 반짝반짝 빛나는 웃음으로 나를 맞아주신다.

Q. 헤어핀·귀걸이·목걸이·반지 예쁜 것 많이 하고 계시니까 시낭송대회
때 한복 입으신 모습과는 또 다르세요. 원래 주얼리를 좋아하셨나요?

A. 원래는 관심이 없었어요. 남편이 귀금속협회 일을 하며 주얼리
수입해 들여오고 디자인 알리는 일을 한 적이 있는데, 주변에서
휴게소 매장이 비어있다며 주얼리로 휴게소의 품격을 높여보라
는 제안을 주셨어요. 여기 입점한지는 10년 되었고, 주얼리 매
장을 백화점처럼 차려놓으니까 다른 휴게소 소장님들도 우리
휴게소에 들어오라고 하셔서 한때 여덟 곳까지 운영하다 현재
는 네 개로 줄였습니다. 저는 2015년 교직에서 퇴직한 후 발을
담그게 되었는데 처음에는 액세서리 착용을 안했더니 주위에서
왜 안하느냐고 해요. 그래서 매장 나오면 여기서 이것저것 달고
착용하고 있으니까 고객 분들도 '그건 어떤 거냐'고 관심을 보
이세요. 그럼 '이게 예쁘고, 잘나가는구나. 이게 트렌드구나'
하는 것을 알게 되죠.

김은희 선생님은 '여기 와서 많이 울었다'고 하셨다. 교직에
있다가 사회에 나오니까 그동안 생각했던 사회와는 완전히 달랐
고, 특히 영업계통에 뛰어드니 처음에는 말하는 거나 사람들 상대

하는 데 있어 스스로 유치원생 수준밖에 안 된다는 생각이 들더라고. 그것은 학력과는 상관이 없으며 사람들과 얽히고설키다 보니 이제 초등학교 고학년 정도 된 것 같다고 하신다. 주얼리에 관한 공부도 하시냐고 물으니 즉각 "공부 안하면 안 되죠!" 라는 답이 돌아온다. 직원들과 같이 제품관리와 판매에 대해 공부하고 책도 보면서 터득한다고. 원래 인생의 도전이 사람들로 하여금 학생과 선생의 자리를 반복하며 앞으로 나아가게 하는 것 같다. 강사라는 직업을 가진 나도 얼마 전 새로운 걸 배우러 간 자리에서 하는 일을 말하라기에 "안녕하세요. 수업을 하고 또 수업을 받는 박은주입니다." 라는 자기소개를 했다.

Q. 지난 6월 부산시단 전국시낭송대회에서 대상을 수상하시던 날의 이야기가 궁금합니다. 그날 대회장 분위기는 어땠던가요?

A. 아는 분이 혼자서는 쑥스럽다고, 친구 삼아 같이 나가보자고 하셔서 참가한 대회예요. 대회장은 부산의 영광문고 문화홀이었는데 무대도 크지 않고, 개최 역사가 길지 않아서인지 대회 시작이 지연이 되어 분위기도 다소 어수선했어요. 그러나 어느 대회든 참가하는 분들은 나름대로 최선을 다하고 모두 준비를 정

말 많이 해오시죠. 그런데 대회요강과 진행방법이 달랐어요. 참가자들 자유시를 모두 듣고, 상위 열 명의 지정시를 듣는다고 했는데 현장에서 자유시와 지정시를 한번에 하는 것으로 바꿔었어요. 자유시로는 본선에 나갈 자신이 있다가 미리 공지한 요강대로 진행을 안 하니 특히 앞 번호 참가자들 중에 당황해서 지정시를 잊어버리고 실수했다며 시상식 전에 돌아가는 분도 계시더라고요.

말씀을 들어보니 진행이 다소 매끄럽지 못했을지언정 가장 중요한 심사만큼은 그 어떤 곳보다도 공정하게 이뤄진 대회였다. 왜냐하면 주최측인 새부산시인협회가 카페에 공개해둔 심사결과표를 통해서 누구나 심사위원 이름과 함께 수상자 5인의 순위, 총득점, 동점여부 등 심사내역을 확인할 수 있었기 때문이다. 동상과 은상, 은상과 금상은 각 2점 차이인 반면, 금상수상자와 김은희 선생님은 7점으로 차이가 꽤 컸다. 이렇게 시원스럽고 투명하게 다 보여주는 대회를 나는 정말 처음 보았다.

대회 때 늘 한복을 멋지게 차려입으신 모습만 뵈었는데 왜 대상 받으시던 날 사진에는 일상복 차림이었냐고 여쭈니 대상을 생각하지 않고 간데다 〈김소월을 가르치다보면〉이라는 자유시 때문이라고 하신다. 그 시를 쓴 곽재구 시인도 학생을 가르쳤던 선생님이었고, 시의 화자가 국어교사이니 편안한 교사의 복장이어야겠다는 생각에서 평상시 교단에 설 때 입던 옷을 입으셨다고.

Q. 〈김소월을 가르치다보면〉은 잘 알려지지 않아 몰랐던 시인데요, 선택하게 된 과정이 궁금합니다.

A. 시 선택과 관련해서는 우여곡절이 좀 있었어요. 2017년 8월부터 오지현 시낭송가님과 대구 남산복지센터에서 시낭송 공부를 했는데 올해 1월, 자신에게 잘 맞는 시를 각자 하나씩 만나게 되었어요. 당시 개인 사정으로 몇 주 걸러 나갔더니 다른 사람들은 이미 자기 시를 골라 연습중이더라고요. 제가 추천 받은 시는 〈김소월을 가르치다보면〉이었는데 동료 한 분이 홍윤숙의 〈백조의 노래〉를 하는 걸 보고 참 마음에 와 닿았습니다. 그 시가 그때 내 이 상황과 너무나 똑같았고 나도 모르게 저절로 외워지면서 정말 감정이 그대로 실려 나오는 거예요. '내 속에도 백조가 있다. 내 마음 속에 키우는, 나와 생활을 같이 하는 백조가 하나 있는데 그게 바로 나한테는 시다, 시낭송이다' 라는 생

각요. 그래서 〈김소월을 가르치다보면〉 그 시가 아니고 〈백조의 노래〉를 꼭 대회에 갖고 나가고 싶었어요. 내 마음이 가는 대로 혼자 연습해서 4월 4일에 열린 〈섬진강에 벚꽃 피면 전국 시낭송대회〉에 아무에게도 이야기하지 않고 다녀왔어요. 그런데 수상자 명단이 신문에 나고 알려진 거예요. 〈백조의 노래〉를 연습하시던 분은 아직 대회에 한 번도 써보지 못한 시를 제가 먼저 갖고 나가서 상을 받은 것이 되어 선생님께서도 곤란해 하시는 것 같아 앞으로는 절대로 어느 대회에서든 하지 않겠다고 말씀을 드렸죠. 다른 두 군데 대회에도 〈백조의 노래〉를 보냈고, MP3 예선에 통과했다는 통보를 받은 상태였는데, 전화해서 죄송하다하고 본선에 안 나갔어요. 이후 부산시단 대회에는 〈김소월을 가르치다보면〉으로 지원하게 된 거죠.

대회당일, 김은희 선생님이 무대에서 내려오실 때 심사위원장이 "이야! 진짜 잘한다." 라고 하셨다는 이야기를 나는 인터뷰 전 다른 분께 전해 들었다. 대상을 타시던 날은 낭송 직후 여느 때와 좀 다른 느낌이 있었는지 여쭤보았다. 1월에 〈김소월을 가르치다보면〉를 처음 접하고 두서너 달이 아니라 계속 오래 연습하다보니 자신감이 붙은 것 같다고 하신다. 대상을 받기 전 이 시로 두 번 대회에 나갔는데 좋은 점수를 못 받아서, '너무 평범했나, 너무 빠르게 했나?' 고민하며 낭송법을 바꿔보는 과정을 통해 경험이 쌓인 것 같다고.

Q. 〈김소월을 가르치다보면〉도 국어 선생님의 이야기고 잘 통하는 부분이 있었을 텐데, 왜 처음부터 끌리시지 않았을까요?

A. 내가 평생을 가르쳤지만 그 시의 내용처럼 가르치지는 않았어요. 솔직히 말해 학교 국어교사를 하면 문학적인 것보다는 시를 해석하고 분석하고 따지고 나누고 진짜 작품을 해체해서 '이건 무슨 법이고 이건 시험에 잘나오니 꼭 외워야한다'고 가르쳤죠. 한 번도 시를 천천히 낭송해본 기억이 없었던 것 같아요.

교과서에 나온다는 이유로 골칫덩이 취급을 받고, 시험 지문에서 처음 만난 탓에 몇 초간의 묵독으로 넘겨버린 보석 같은 시들이 내 삶에 얼마나 많았을지 생각해본다. 대표적인 예가 〈상춘곡〉이다. "수능과 각종 모의고사에 매번 출제되는 고난도 시다." 라는 학원 선생님의 소개와 함께 처음 접했던 〈상춘곡〉은 20년이 지나 다시 음미해본 후, 나의 '인생 봄노래' 가 되었다.

막 익은 술을 칡 두건으로 급히 걸러
꽃나무 가지 꺾어 잔 수를 세며 먹으리라.
화창한 봄바람이 마침 불어 푸른 물결 건너오니
맑은 향이 술잔에 어리고, 붉은 꽃잎은 옷에 떨어지네

　이 부분이야말로 눈부시게 아름다운 봄 햇살 아래서 술 마시는 정취를 자신만의 느낌을 담아 세상에서 가장 아름답게 부른 노래라고 생각한다. 고등학교 국어교사로 37년째 봉직하고 계신 나의 블로그 이웃께서도 모의고사 감독을 들어가, 파리한 얼굴로 서정주의 〈신록〉에서 출제된 문제를 푸는 학생들을 지켜보며 이런 글을 남기셨다.

　겨울을 뚫고 고개 내미는 새싹마냥 새록한 시를, 엄마의 품에서 포근한 잠을 자고 일어난 발그레한 아기의 얼굴마냥 아름답고 새뽀얀 시들을, 찢어서 뒤집고 두드려서 시험문제로 내놓느냐고. 이렇게 아름다운 사랑 이야기도 내팽개치고 이렇게 가녀린 그리움도 들여다보지 않고 그저 정답이 무엇이냐고 눈을 들입다 뜨고 있으니 어찌 세상이 재밌겠느냐고. 어찌 학교가 학교겠느냐고.

Q. 정말 교직생활 중에는 시낭송을 해보신 적이 없었나요?

A. 네, 외워서 암송을 하기는 했지만 제대로 낭송한 적은 없죠. 학교에서 김소월 시인의 시를 PPT로 띄워놓고 공개수업을 한 적이 있어요. 학생들과 학부형, 교장선생님, 연구주임님들을 모셔놓고 열정적으로 수업을 진행했어요. 잘했다는 평가를 받아서 그에 대한 포상으로 해외연수 기회도 얻었어요. 그런데 교장선생님이 '수업은 정말 잘했는데, 왜 그렇게 시를 소리를 치면서 읽느냐' 하셨던 기억이 나요. 그때는 아직 젊은 나이고 자신이 넘치니까 수업만 잘하면 된다는 생각으로 계속 국어 수업을 그렇게 했어요. 한 명도 엎드리거나 딴 짓하면 안 되고 나를 쳐다봐야 되고 시험을 잘 봐야 하고 성적이 중요하니까 문학작품들을 분석해서 아이들로 하여금 책이 새까맣도록 외우게 만들었죠. 낭송을 배우고 나니 '그때 학생들에게 감성적으로 시를 낭송해줬더라면 아이들이 더 잘 이해하고 시험도 잘 봤을 텐데' 하는 생각이 들어요.

인터뷰 전 주위 분들로부터 김은희 선생님이 말씀을 진짜 재미있게 하신다고, 독보적인 유머감각을 지닌 분이라고 들었다. 내가 대회를 통해 아는 선생님은 침착하고 품위가 넘치는 이미지인데 진짜 성격이 어떠시냐고 물으니 시낭송을 하러가서 학교에서의 경험과 아이들 이야기를 하면 상상 이상의 일들이 벌어지고 있다며 다들 놀라고 재미있게 들어주더라고. 나도 "아! 요즘 학생들 화장하잖아요?" 라고 아는 체를 하니 "당연하죠. 그건 기본!" 이라며 학생들이 큰 가방을 메고 다니는데 거기 책이 하나도 안 들었다고, 다 화장품이나 옷이고 책은 학교에만 있다고 하신다. 정말 그럴까? 안 그럴 것 같은데…

A. 벌점을 받으면 내신에 영향을 받는데도 고등학교 2학년짜리가 아침마다 걸리면서 늘 화장을 하고 오는 거예요. 선생님 앞에서 화장 지우라고 하면 돌아서서 화장실로 가서 다시 싹 하고 교실에 앉아있어요. 어느 날은 눈이 퉁퉁 부어있어 "너 왜 울었어?" 하고 가만 보니까 눈의 라인을 지우고 다시 그리고를 너무 많이 해서 눈 위아래 라인이 벌겋게 되어 그런 거예요. 그럴 정도로 학생들이 어른 흉내를 내며 화장과 쌍꺼풀 수술을 하고 있어 심각하다 싶었어요. 취업을 목적으로 하는 상업학교에서는 아침에 오면 책상이 화장대라 별의 별 화장품을 다 펴놓고 바르죠. 화장하지 말라고 하면 "선생님은 왜 했어요? 선생님은

맨얼굴로 있을 수 있어요?" 이렇게 나와요. 입술 안 바르면 "입술도 안 바르고 수업하러 들어오세요?" 해서 "아, 입술 다 빨아 묻다. 밥 먹다가 보니까." 라고 받아치죠. 한번은 교장선생님이 교무회의를 하던 중 연수를 하시는데 저는 다음 시간 수업이니까 얼굴을 두들기면서 들었어요. "김 쌤 뭐해요?" 하셔서 "수업준비요. 수업 준비하는데요." 하니 선생님들이 다 웃어요, 교장선생님도 "맞다. 수업 준비해야지요." 하시고. "교사도 무대에 서는 사람이에요. 예뻐야지 애들이 집중을 하죠." 그 후로 선생님들끼리 밥 먹고 난 다음에는 "수업준비 하자!" 가 유행어가 됐어요.

선생님의 입담을 나도 인정! 어제 중·고등학생들 학원이 밀집한 건물 엘리베이터에 탔는데 선생님께 들은 이야기가 떠올라 유심히 보니까 정말 화장 안 한 여인은 나뿐이었다. 다들 피부는 백지장처럼 하얗게, 입술은 피난 것 같고 눈엔 마스카라를 한 건지 뭘 한 건지 새카맣다. 싱그러운 연두색 풀잎을 더 예쁘게 하겠다고 다른 걸 덧칠할 필요가 있나? 못하게 한다고 안 하지 않는다니까 좋은 화장품 쓰고 클렌징 잘 하기를 빈다.

Q. 어린 시절부터 가졌던 꿈이 국어교사였는지요?

A. 어릴 때부터 늘 책을 읽었고, 동화작가가 되고 싶었어요. 서문 시장에서 장사하시던 부모님이 늦게 들어오시니까 할머니랑 집에 있는 시간이 많았는데 밤마다 7남매 중 다섯 명이 모여 할머니께 옛날이야기를 들었어요. 제 기억으로는 우리 할머니가 글자를 모르셨어요. 찬송가 부를 때 '몇 장' 그러면 우리가 옆에서 펴드리고, 찬송책은 거꾸로 들고도 1절부터 4절까지 부르셨는데 듣고 다 외우신거예요. 국문과에 가니 다른 친구들은 시도 쓰고 소설가로 등단했어요. '나도 어릴 때 할머니에게 들었던 그 이야기들을 기록해놨으면 아마도 유명한 동화작가가 되었을 텐데' 하는 생각이 들었어요. 할머니는 책을 안 읽어보셨고 공부를 한 것도 아니고 우리가 보는 동화책에 있는 내용도 아니어서 할머니가 지어낸 이야기였음을 알죠. 토막토막 떠오르는데 왜 마무리가 없나 가만 생각하니 어릴 때 듣다가 항상 잠이 들어버린 거예요. 앞은 너무 재미있는데 결말을 기억해내서 적어보려고 해도 안 되고, 졸업하고 교사자격증이 있으니까 학생들 가르치는 것을 기쁨으로 알고 살아왔죠.

김은희 선생님은 할머니의 그 비상한 머리를 닮으셨나보다. 2016년에, 시조 100편을 무작위로 뽑아 암송하는 〈대구문학제 시조암송대회〉 대상을 타셨다. 나의 관심사 〈문경새재 전국시조암송경연대회〉에도 이미 참가해보신 선생님의 생생한 후기를 통해 '시만 완벽히 외우면 결승까지 가겠지' 싶던 안일한 생각을 전면 수정하게 되었다.

A. 열일곱 명 대회 도전자 전원이 완벽하게 외웠어요. 두 명씩 나가서 상대편이 뽑아주는 시를 암송하면 뒤에 원문 화면이 떠서 정확한지 확인하는 것과 별도로 심사위원이 일곱 분이 '백청' 팻말을 들어 평가를 해요. 어떤 분은 3년을 도전하셨고 단 한 글자도 틀린 적이 없는데 한 번도 수상을 못하셨다고, 이건 '암송' 대회가 아니지 않느냐고 하세요. 사투리를 쓰고 그냥 외우기만 하신 거죠. 다들 보통 몇 년씩 도전하고, 그해 1등도 3년째 도전한 분이었는데 이번에 대상 못 받아오면 남편이 이혼하자고 그랬대요. 그래서 우리가 "이제 이혼 안 해도 되겠어요." 하면서 축하해줬어요. 100편 암송은 기본에, 시를 깊이 있게 이해해서 낭송을 잘해야 하는데 저는 낭송을 제대로 못하던 당시에 그걸 모르고 거기 갔어요.

내가 열다섯 번째 도전 끝에 대상을 탔다고 하니 선생님도 마찬가지로 두 번의 시조암송대회와 향가대회, 상화 · 섬진강 · 예천, · 보령 · 육사 · 민병도 · 문병란 대회 등 대상 전까지 열대여섯 번 이상 기회의 문을 두드려봤다고 하신다. 선생님과 내가 처음 만나 똑같은 시를 했던 충남 보령 대회 이야기를 꺼내니 지금 생각하면 너무 멀었다고, 비행기 빼고 모든 교통수단을 다 이용했다며 기차 타고 택시 타고 하루 전날 대회장인 상동 수양관에 도착해 열한 명씩 함께 자는 방에서 1박을 하고 이튿날 경연을 치르신 거라고.

그중 시낭송대회 참가 역사 상 가장 기억에 남는 곳은 〈섬진강에 벚꽃 피면 전국 시낭송대회〉란다. 하동 최 참판 댁에서 열린다는 그 대회 공지가 떴을 때 나도 섬진강 벚꽃 길을 걸어보고 싶었으나 1박2일 일정의 부담 때문에 지원하지 못했다. 김은희 선생님도 남편에게 혼자 '힐링' 좀 하고 오겠다며 거길 가셨는데 '힐링투어'가 아닌 '고생투어'를 하고 오신 듯 했다. 최 참판 댁에서, 혹은 인근의 한옥 같은 곳에서 주무셨냐고 하니 모텔에서 보내셨단다.

A. 그 대회는 서울이나 강원도에서도 참가자들이 왔는데 예선을 치르고 나서 '내일 본선을 치른다'는 말만 있고 숙식을 어떻게 해결할지는 '각자도생'이었어요. 다음날도 오전부터가 아니고 오후 한시부터 대회가 있었죠. 여섯시에 끝나고 집에 오니 밤 열시가 되었더라고요. 그래도 홍윤숙 시인의 〈백조의 노래〉, 그 시를 선생님께 지도도 받지 않고 내 마음대로 풀어헤쳐 혼자 공부해가지고, 아무도 모르는 곳에서 두 번이나 마음 놓고 할 수 있어서 굉장히 기억에 남아요. MP3 녹음이 아니고 현장 예선을 치렀고, 그 자리에서 방을 붙여 본선 진출자를 뽑았는데 '내가 여기서 제대로 시낭송을 했구나' 하는 확신이 들었습니다. 야외무대라 흙바람이 날렸고 시상식 할 때는 하동 군수를 기다리면서 시간이 계속 지체되었지만 내가 정말 하고 싶은 시를 했기에 제일 기억에 남죠.

홍윤숙 시인의 시들은 좀처럼 감정에 사로잡히지 않고 지적이며 세련된 느낌을 준다. 가장 널리 애송되는 대표시는 '여자가 장식을 하나씩 달아가는 것은 젊음을 하나씩 잃어가는 때문이다'로 시작하는 〈장식론〉이지만, 시인은 〈백조의 노래〉를 두고 이것이 자신의 시론이며, 시를 쓰지 않을 수 없는 숙명적인 질환을 고백

하는 작품이라고 했다.

Q. 이제 건강을 다 회복하신 거죠? 특히 혈액암은 치료데이터가 많이 누적되어있고 개인별로 잘 맞는 치료방법이 계속 나오고 있다고 들었습니다. 지난해 12월 혈액암 진단을 받은 작가 겸 방송인 허지웅 씨가 8개월 만에 완치소식을 알리기도 했더라고요.

A. 완치는 되죠. 아니, 완치라기보다는 암세포가 안 보이는 건데 혈액암은 빨리 치료도 잘 되지만 재발률이 50%래요. 처음 진단받았을 때 쉽게 나을 수 없다고 다들 생각했지만 하나님의 도움으로, 그리고 제 자신이 정말 살고 싶었어요. 하기 좋은 말로 '편안하게 상황을 받아들이고 항암치료는 거부한다' 그렇게 말하지만 그거 아니에요. 막상 진단을 들으니까 '내가 왜? 내가 살 수 있다면 돈은 생각 안 하고 외국이라도 가서 좋다는 약을 다 구해 와서 먹고 살아야겠다, 나는 그럴 리가 없어, 내가 왜 죽어? 내가 이렇게 멀쩡한데, 이 병은 반드시 극복할 수 있어, 난 살거야' 그러면서 죽는다는 생각은 안 해봤어요. 주변 사람들은 다 죽을 거라고 해도 본인들은 죽을 거라 생각 안 해요.

Q. 교사 건강검진도 꾸준히 받으셨을 텐데, 언제 처음 진단을 받으셨나요?

A. 진단은 2013년에 11월 25일 받았어요. 교사 건강검진 때마다 아무 이상 없고 건강하다고 했는데 제주도 여행간 금요일부터 옆구리가 결렸어요. 주말 동안 쉬어도 안 낫고 기분 나쁘게 아파서 월요일에 학교 앞 늘 가던 병원에 가서 약 한 봉지 먹으니 조금 낫고, 계속 몸이 피곤하면서 불쾌하게 옆구리가 아파서 또 가니까 초음파를 해보자고 해요. 임파선이 온 몸에 퍼졌다면서 CT를 찍어와 보라는데 사실 충격도 안 받았어요. 제가 처음 경기도에 발령을 받아 교육청에 들어가는데 '선진경기'라 쓰여 있었거든요. 농담처럼 "선진경기에 있다가 여기 내려왔더니 시골병원이라 오진인가 봐, 옆구리 이 정도 아픈 것 갖고 뭔 암이래, 임파선 있다고 암이라고 하는데." 하면서 친구가 하는 병원에 갔어요. 그런데 가져간 CD 보고 심각하게 말을 하니 그때부터는 아무 생각이 안 났어요. 준비가 안 되어있는 상태에서는 충격이 오니까 뭐를 어떻게 해야할지 모르겠더라고요. 식구 셋이서 2박 3일 동안 아무 이야기를 안 하고 가만히 있다가 동산병원에 혈액암을 잘 보는 의사가 있다고 소개를 받아 입원하고 4일 동안 검사를 했어요. 일주일 후 목요일에 B호지킨미만형

림프암 3기라고, 혈액암 중에서 치료가 잘 된다며 월요일부터 항암치료를 하자고 해요. 그때부터는 정신이 차려져서 여기서 치료를 해야 하나, 서울로, 외국으로 가야 하나 고민을 했죠. 서울대병원에 근무하는 가족이 수술은 서울이 10년 빠르고 최신기술이 있지만 림프 혈액암은 수술, 방사선도 아니고 화학요법 표적치료를 할 수밖에 없다고 대한민국, 미국 어디든 똑같이 약은 개발이 되어있지만 거부반응이 문제가 되는 거래요. 여섯 가지 암치료약이 개발되어 있는데 이걸 조절하는 것이 명의이고, 거부반응으로 약이 안 들어 조정을 하면 시간이 많이 걸리는 거죠. 그런데 저는 여기서 선생님을 잘 만났고 약도 잘 맞아서 빨리 치료가 되었어요.

투병의 고통을 겪어보지 않은 사람은 가늠조차하기 힘든 항암 과정에 대해 여쭤보니 의사선생님께 차라리 죽는 게 낫다고 의식이 없이 무의식 상태로 치료해줬으면 좋겠다고 할 정도로 환청도 들리고 토하고 의지와 상관없이 아팠다고 하신다.

Q. 한번 아프고 나면 삶에 대해 다시 생각해보게 된다고 하는데 항암 이후 삶을 보는 관점에 어떤 변화가 생겼는지요?

A. 똑같아요. 다른 사람들은 어떨지 몰라도 제 경험으로는 아플 때는 오로지 치료에 집중하고 살고자 하는 의지 외에 다른 건 생각 못하고 아무 것도 못했어요. 항암은 총 스물세 번, 한 번 가면 2박 3일간 다섯 가지 약을 맞는 것이 한 회차인데 남편의 힘이 컸죠. 같이 병원에 가주고 무균실에 들어갔다가 퇴원해서 집에 오면 면역력이 신생아와 똑같은 수준이에요. 외부사람들과 접촉을 하거나 세균이 있으면 안 되니까 마치 집으로 옮겨진 병실처럼 청소하고 무얼 만지면 소독해야하고, 그걸 누가 하겠어요? 남편이 하죠. 그렇게 3개월 정도 하고 병원에 가면 의사선생님이 그 다음 지시를 해요. '간이 없는 것, 백김치만 먹어라' 하고 6개월 되면 '약간 맵게, 날 것은 먹지 마라' 그러면 살고자 하는 의지로 선생님이 하라는 대로만 한 것이 최고였던 것 같아요. 다른 사람들은 중간에 민간요법도 하고 주위에서 몸에 좋다는 것 뭘 먹어보라며 해주고 보내주고 하잖아요. 그럼 그걸 선생님께 다 물어보고 먹지 말라고 하면 말씀을 잘 들었어요. "여행가도 되나요?" 하면 "동네만 산책하세요." 하시고 1~2년 후 "외국여행을 가도 될까요?" 했을 때 "제주도 정도 갔다 오세요." 하시는데 표정을 봤을 때 별로 좋지 않으면 '아, 제주도도 아직 가면

안 되는구나' 그러면서 따랐죠. 지난 9월 9일에는 만 5년이 지났으니까 졸업하나 보다 했는데 똑같이 3개월 후 오래서 좀 실망이네요.

허지웅 씨도 혈액암 쾌유 소식을 알리는 SNS에 이렇게 썼다. "같은 병을 앓는 환자에게 있어서 가장 행복한 소식은 '요행 없이 의사말만 잘 지켜서 완쾌한' 사람의 이야기라는 걸 뼈저리게 깨달았습니다. 저는 이제 앓기 전보다 훨씬 건강합니다. 반드시 건강할게요."

Q. 요즘 건강관리는 어떻게 하시나요?

A. 운동도 하고 잘 먹죠. 주변에서 말하길 긍정적인 사고를 갖고 있다 하고, 타고난 체질이 건강해서 병이 와도 잘 이겼다고 생각해요. 어릴 때 못살지는 않아서 친구들처럼 집에서 국수나 라면을 먹은 기억이 없이 늘 밥을 먹었어요. 기초체력이 있고 원래 건강해서 지각, 결근이 없었고 보험을 들어도 병원 한 번 갈 일 없어 보험비가 아까웠죠. 학생들이 "자율학습 안 해요? 선생님은 안 아파요?" 그럴 정도로 힘들거나 피곤한 적이 없었거든

요. 한창 힘 좋을 때는 1층에서 수업하면 3층까지 들린다고 마이크 꺼달라는 말도 듣고, 옆 반에 들어가면 학생들이 "우리 이미 다 들었어요. 수학 시간에 선생님 국어 수업을 같이 하는 것 같았어요."할 정도로 목도 튼튼하니까 오래도록 교사생활을 했던 것 같아요.

교직생활을 잘 마무리하는 것을 소중히 여기고 그 누구보다도 정년퇴임을 고집하던 분으로서 갑작스러운 치료로 인해 완주하지 못한 것이 선생님께 큰 아쉬움으로 남은 듯 했다. 정년을 5년 앞두고 명예퇴직을 하셨다는 부분에서 투병기간을 회상할 때도 전혀 흔들림 없던 목소리가 자꾸만 떨리고 잠겼다.

A. 공립이니 5년마다 학교를 옮기면 선배교사들이 "난 이제 명퇴할거야. 난 이제 농사도 하고 싶고 전원생활도 하고 싶고."그러면 저는 '이 숙제를 끝내고 전원생활해도 늦지 않다'며 정년을 고집하는 사람이었어요. 마지막 학교에 갔을 때 정년을 2년 앞둔 52년생 선생님이 "애들도 말을 안 듣고 무시하고 정년까지 할 것 뭐있어?" 그러세요. "정년퇴임식을 학교에서도 교육청에서도 해주는 이유가 뭔지 알겠어요. 40년씩 한곳에서 별

탈 없이 사고 없이 마무리 할 수 있다는 것은 정말 대단한 영광이에요." 하니까 "그럼 김 선생이 옆에 있어줄래? 내 정년을 지켜줄래?" "물론이죠. 선생님 정년 하시고 나면 저도 할게요." 그랬는데 제가 먼저 명퇴를 한거예요. 나중에 그 선생님이 정년 퇴임하면서 제가 제일 생각난다고 하셨어요. 저는 마무리를 못했어요. 정말 속상해요. 아프기도 하고 또 서운했던 게 보통 명퇴를 해도 퇴임식을 해줘요. 그런데 아파서 학교를 아예 못나가니까 그냥 서류로 정리가 되었죠.

진단 일 년 후 치료를 마치고 5월에 퇴원하고 나오니 햇살이 눈부시게 빛나고 병원공기가 아닌 세상 사는 사람들의 공기가 처음 느껴지셨다고 한다. '아, 내가 뭐를 해야 하지? 나를 사랑하는 방법이 뭐지?' 생각하다가 시험 문제를 내기 위해 보던 교과서와 문제집이 아니라 전에 늘 읽고 싶던 책을 많이 읽기로 하셨다고. 그래서 도서관에 갔더니 거기 시창작교실이 있었는데 순간 눈이 탁 트였다고 한다. 그것이 김은희 선생님과 시의 진정한 첫 만남이었다. 꽤 많은 낭송인들이 시를 처음 접한 곳으로 도서관을 꼽는다. 나 역시 열렬한 도서관 애호가로, 거길 갈 때마다 돈 한 푼 내지 않고 이런 혜택을 누릴 수 있다는 점이 생각할수록 신기하고 놀랍다.

맛있는 걸 먹거나 쇼핑을 할 때 등 세상 거의 모든 물건은 가격을 놓고 고민을 해야 하는 법인데 원하는 책들을 평생 공짜로, 무한정 우리 집에 가져가 읽을 수 있다는 점은 작은 기적 같다. 김은희 선생님은 도서관에서 시조시인으로부터 시창작을 배워 시인으로 등단하셨고, 2017년 3월부터는 시낭송도 시작하셨다고 한다. 등단 후 자작시를 남 앞에서 더 괜찮게 발표하기 위해서, 또 예전에 교장선생님이 시낭송을 외치듯 하지 말라고 한 것이 생각이 나서… 이쯤에서 가장 중요한 질문을 해본다.

Q. 시낭송대회는 왜 그렇게 열심히 다니셨고, 왜 대상이 그렇게 타고 싶으셨던 건가요?

A. 이게 직업병이에요. 뭔가를 배우면 결과가 나와야죠. 공부를 하고 나면 반드시 시험을 보잖아요? 그거와 같아요. 제가 교사로 그걸 38년을 했잖아요. 그래서 시낭송대회를 나간거지, 이걸 어디 써먹거나 이걸 해서 다른 사람을 가르쳐보겠다는 게 아니었고 나는 공부한 것에 대한 결과와 내 실력이 어느 정도 되는지 그걸 알고 싶어서 간 거예요. 학교에서도 국어 선생님들이 다섯 명 있다면 이왕이면 그 중에서 내가 가장 우수한 사

람이어야 기분이 좋은 것처럼 시낭송대회도 1등이라고 대상을 받으면 더 기분이 좋잖아요. 그럼 내가 인정을 받은 거고 내 목표를 성취한 거죠.

38년, 내가 태어나 지금껏 살아온 거의 모든 시간동안 김은희 선생님은 교사이셨다. 그래서인지 해야 할 일을 가리킬 때는 꼭 '숙제'라는 단어로, 더 이상 할 필요가 없게 된 것을 '졸업'이라 표현하는 김은희 선생님께 시낭송대회란 교직생활 대신 새롭게 주어진 하나의 목표이자 시험이었고, 시낭송 대상이야말로 그 일의 마무리, 가장 멋진 완주였음을 나는 비로소 깨닫게 되었다.

삶에 대한 정의는 마라톤, 소풍, 투쟁, 발자국, 계란(?)까지 다양하지만 일상에서 내가 가장 뼈저리게 느끼는 비유는 삶이 '시험'의 연속이라는 것이다. 학교를 졸업하고 나니 오히려 더 중요한 시험들이 찾아왔고, 취업·결혼·창업을 거치면서 시험에 준하는 크고 작은 심사들도 나를 반갑게 맞아주었다. 시험지는 없을지언정 요즘에도 매일 수많은 테스트를 경험하고 있다. 시험이 문제와 답으로 이루어져있듯 끊임없이 몰아닥치는 질문에 나름 최선의 선택을 내어놓고 그것에 대한 책임을 지는 것이 바로 우리의 인생인 것 같다.

교육은 '목표 - 내용 - 평가'라는 일련의 과정으로 구성되어 있다. 학습 내용을 통해 목표가 온전히 달성되었는지를 평가하는 도구가 바로 시험. 시낭송대회도 그런 측정도구의 하나이고, 입상 결과가 곧 학생 개개인의 성취도 수준이라고 할 때 가장 중요한 것은 그 시험의 객관성과 신뢰도 문제일 것이다.

Q. 많은 시낭송대회를 다니시면서 참가자로서 아쉬웠던 부분, 다른 낭송인들, 문학인들이 함께 바꿔가야 할 점은 무엇이라고 생각하십니까?

A. 저는 첫째 의상 점수를 빼면 좋겠어요. 어느 곳에서는 공개적으로 의상 점수가 있고 심사에 포함된다고 말해요. 처음에 멋모르고 시낭송대회 나갔는데 시험이라고 생각해 편안하게 입고 갔다가 내가 대회를 잘못 찾아왔나 싶었어요. 화장실마다 여기저기 사람들이 옷 갈아입고 눈썹을 달고 꾸미고 붙이고 하느라고 정신이 없는 거예요. 순수하게 미를 뽐내는 자리가 아니고 목소리로 표현하는 시낭송대회가 맞나, 이렇게 화려하게 할 필요가 있나 싶어요. 서울 쪽으로는 옛날처럼 무대복이 아니라 많이들

자연스럽게 입는다고 하는데 지역에서는 아직 '한복을 2백만 원에 맞췄고 누구는 몇 십만 원 주고 대여했다. 한복을 어디 가서 빌려 입어라' 이런 말이 들려요.

어떤 대회에서는 전날 지정된 숙소에서 1박을 하는데 거기도 텃세가 있었어요. 다음날 심사위원을 맡으신 선생님이 평소 지도하던 사람들과 함께 와서 전날 밤 그 방에서 지도를 하고 그 회원들이 혼자 온 사람에게는 "다른 방으로 가시면 안 되겠어요?" 하더라고요. 그 선생님이 미워요. 꼭 몰려서 다녀야 되나 싶고요. 가능하면 대회장 근처에는 선생님들이 안 보이면 좋겠어요. 물론 제자들 봐주고 싶고 궁금하겠지요. 하지만 요즘에는 동영상 찾아보면 다 있고, 학생이 다녀와서 어떻게 했다고 다 이야기를 하잖아요. 선생님들이 오셔서 심사위원이나 사무국장과 다 알고 친하게 인사하고 제자를 소개시키는 모습을 보면 그런 것들이 심사에 작용이 될까, 안 될까 생각하게 되죠.

힐링하는 마음으로 시낭송을 하러 갔는데 이 세계가 참 좁고 이야기가 무성히 오고가고 말들이 많다는 것을 알게 되어 시낭송을 그만둘까 생각했던 적도 있어요. 누가 대상을 탔다고 하면 뒷말들이 있으니까 '사람들이 내가 없는 곳에서는 또 나를 도마에 올려 이야기를 할 수도 있겠구나' 싶고요.

Q. SNS에 올리신 대상 기념 촬영 사진 밑에 '시낭송대회 졸업'이라고 쓰셨
던데요, 이제 대회는 더 안 나가시나요?

A. 저는 그게 희망사항이에요. 대상을 받은 사람들만 참가할 수 있
는 대회, 그런 대회가 있으면 좋겠어요. 그럼 저는 또 새로운 시
험을 보러가는 거죠! 그거 아니고서는 다른 사람들의 기회를
박탈하는 것과 마찬가지예요. 대상이 필요한 분들이 참 많은데
또 나오고, 또 나온다는 말을 듣고 싶지는 않아요. 제가 필요한
곳에서 낭송 요청이 오면 당연히 기쁘게 할거고요!

청도휴게소의 주얼리 매장에 머무르는 동안 몇몇 분들이 주얼
리를 구경하고, 고르고, 구매해 나가기도 했다. 김은희 선생님이
인터뷰에 집중할 수 있도록 배려함인지 평소 매장에 잘 나오시지
않는다는 부군께서 내내 주위에 머물며 고객 응대를 맡아주셨다.
계산대에 문제가 생겼을 때 딱 한 번 김 선생님이 자리에서 일어나
해결하고 돌아오셨는데, 나는 인터뷰가 얼마든지 중단되어도 좋
으니 추석 귀향길에 예쁜 선물이 필요한 손님들이 많이 많이 들어
오시기만을 바랐다.

김 선생님은 부군을 국전초대작가·검도사범·서예가·성악가로 소개하시며 문화예술 활동을 좋아하고 사업에는 큰 관심이 없으면서 매장을 여러 곳 차려 놓으신 거라 했다. 남의 손에만 맡겨놓으니 매출이 떨어지면서 관리가 안 되는 것을 느껴 방만하게 벌여놓은 것들을 정리하고, 우리도 살고 우리를 통해서 직원도 사는 거라고 설득해 대구에서 가게가 있는 청도로 지난해 여름 이사를 오셨다고 한다. 그런데 청도로 들어간다니까 다들 전원생활 즐기러 가는 줄 알더라는 말씀에 "돈 벌러 오신 건데요?" 하니 "돈 막아보려고, 나가는 돈!"이라며 웃으신다. 또한 '나는 청도로 온 것을 후회한다'며 이제 정말 믿을 사람이 한 명 가게에 있으니까 사장님은 자기 할 것, 좋아하는 것들을 전보다 더 하셔서 다시 나가야 할 것 같다는 농담까지. 상행과 하행 청도휴게소, 그리고 덕명휴게소 등 각 매장을 돌며 한 달에 22일씩 바삐 근무 중이시라는 그 말씀이야말로 선생님이 건강하게 회복하셨다는 증거로 보여 기뻤다.

　30대 후반, 젊음의 끝, 나이 듦의 초입에 들어서고 있는 나도 건강이 가장 소중한 것임을 점점 더 절실히 알아가고 있다. 왜 그렇게 건강이 소중하다고들 하는지 그 이유를 곰곰이 생각해보았는데, 이 세상에 질병은 수천 개지만, 건강은 단 하나 뿐이라서가 아닐까 싶다. '건강한 이에게는 매일이 축제' 라고 했다. 숙제를 잘 마무리하신 김은희 선생님께 앞으로는 건강이 선사하는 축제 같은 날들만 계속 이어지기를, 이 흔한 말에 내 마음을 담아 전해 본다.

| 김은희 님 대상 낭송시 |

- 지정시 -

빨래 너는 여자

강은교

햇빛이 '바리움' 처럼 쏟아지는 한낮, 한 여자가 빨래를 널고 있다, 그 여자는 위험스레 지붕 끝을 걷고 있다, 런닝셔츠를 탁탁 털어 허공에 쓰윽 문대기도 한다. 여기서 보니 허공과 그 여자는 무척 가까워 보인다, 그 여자의 일생이 달려와 거기 담요 옆에 펄럭인다, 그 여자가 웃는다, 그 여자의 웃음이 허공을 건너 햇빛을 건너 빨래 통에 담겨 있는 우리의 살에 스며든다, 어물거리는 바람, 어물거리는 구름들.

그 여자는 이제 아기 원피스를 넌다. 무용수처럼 발끝을 곧추세워서 허공에 탁탁 털어 빨랫줄에 건다. 아기의 울음소리가 멀리서 들려온다. 그 여자의 무용은 끝났다. 그 여자는 뛰어간다. 구름을 들고.

김소월을 가르치다 보면

곽재구

정주 곽산 영변 이런 지명들이
강진 해남 마산 이런 지명들과 맞부딪칠 때면
그 속에는 어린 시절 봄 들판의
어느 아지랑이보다 뜨거운 현기가 숨어있다

김소월을 가르치다 보면
아이들은 낯선 지명에도 눈빛이 빛나고
지금은 죽어 한줌 진달래빛 흙가루나 되었을
한 병약한 북녘 시쟁이의 고향과 추억에
그들의 어린 귀와 가슴의 문을 열어 젖힌다
마른 북어처럼 어눌한 저들의 국어 선생이
맹렬히 침을 튀기며 눌변을 이을 때

아이들은 은빛의 몸을 퉁기며

압록강 상류를 거슬러 올라가는 은어떼가 된다

쏟아지는 햇살의 추억을 뚫고

뗏목 위에 우뚝 선 조선 사내의 가슴팍을 스치기도 하다가

달구지에 어린 것 헌 솥 이불짐 올려두고

눈발 속을 떠나가는 일가족을 만나기도 하다가

늦핀 개마고원 참꽃 떼거리를 기웃거리기도 하다가

꽃잎 새로 배시시 웃는 젖통 큰 산가시내의 얼굴을 붉히게도 한다

김소월을 가르치다 보면

아이들의 추억과 따뜻한 피 속에는

따로 세워진 40개의 논물기둥은 없다

만질 수 없는 시간의 벽과 증오의 절벽도 없다

한 번도 만난 적 없는 북녘 사내의 낡은 사진과

오래된 시구에서 남녘 아이들의 눈빛은 빛나고

아이들의 피는 쿵쿵 튀어 올라

약술에 취한 듯 저들의 어눌한 국어 선생은 오늘 기분이 좋다

〈9〉 제3회 매헌 윤봉길 전국 애국시 낭송대회 대상수상자

| 정정란 님 약력 |

- 1981년 경남 하동 출생
- 요가 · 중국어 · 한자 · 토털공예 강사, 시낭송가
- 제3회 매헌 윤봉길 전국 애국시 낭송대회 대상
- 2017 개천예술제 전국시낭송대회 대상
- 제1회 보재 이상설선생 추모 전국시낭송대회 금상
- 제20회 하동 야생차 문화축제 전국시낭송대회 은상
- 제28회 재능시낭송대회 동상

"시낭송도 인생도 여행하듯이, 소풍 다니듯이" 정정란 님

며칠 전 방송사 면접을 보고 온 아나운서 준비생이 이런 후기를 들려준다. 가장 좋아하는 책이 뭐냐는 질문에 〈레미제라블〉이라고 답하니까 면접관 중 한 분이 고개를 갸웃하며 '거리에 나가서 〈레미제라블〉 읽을래 재미난 통속소설 볼래, 하면 다들 후자를 고르는데 무슨 근거로 고전이 더 가치 있고 좋은 책이라고 말할 수 있냐'고 하시더란다. 이 학생이 '가치를 판단하는 좋은 기준은 시간'이라며 '만약에 자기가 선택한 그 책을 오랜 시간, 한평생 봐야 한다면 쉽게 통속소설을 고를 사람은 없을 것'이라고 답하자 다들 고개를 끄덕이셨다고 한다. 나도 동감이다. 책이든 노래든, 사람이나 구멍가게까지도 업계에서 오래 살아남는 데는 다 이유가 있는 법이다.

내가 아나운서 준비생이던 시절, '가장 좋아하는 프로그램'에 대한 답은 언제나 KBS 다큐 미니시리즈 〈인간극장〉이었고, 평생 단 한 개 TV프로만 계속 봐야한다면 역시 그걸 택할 것 같다. 20년째 방영중인 이 휴먼다큐멘터리는 '보통사람들의 특별한 이야기, 특별한 사람들의 평범한 이야기'들을 통해서 '사는 것은 무엇이고, 어떻게 살아야 하는가?'라는 질문에 대해 생각할 기회를 주기 때문이다.

지난 해 나는 〈인간극장〉에 제보하고 싶은 분을 만났다. 지리산 밑 산청에서 두 아이를 키우며 살고 있는 30대 시낭송가, 정정란 님이다. 태풍으로 전국에 물 폭탄이 떨어졌던 2018년 10월의 첫 주말, 가족들 만류를 무릅쓰고 경남 진주에 내려가 참여한 개천예술제 전국시낭송대회에서 전년도 대상수상자인 정정란 님의 축시를 들었고, 12월의 재능시낭송대회 본선 때는 선생님과 처음 인사를 나눌 수 있었다. 그날 본선의 막이 오르기 전부터 나는 재능 부산·울산·경남 지역 예선 대회를 1등으로 통과해 올라온 선생님께 큰 관심을 갖고 모습을 찾았으나, 배정된 3번 순서까지 오지 않으셨다. 35번인 내가 속한 4부 경연 때 비로소 검은색과 흰색이 정갈하게 어우러진 도복을 입고 가죽 모자를 쓴 정 선생님이 도착하셨는데, 마지막 37번 참가자 뒤에 입장하기로 된 상황에서도 너무 해맑게 웃고 정답게 대화를 즐기는 모습이 인상 깊다 못해 저런 여유로움이 어떻게 가능한지 이해가 가질 않을 정도였다.

그날 이후 산청에 사는 낭송인 한 분이 내가 운영하는 스피치 인터넷 강의를 수강하시게 되며 나는 정정란 선생님에 대해 조금 더 알 수 있었다. 선생님은 요가, 한자와 중국어, 토털공예, 동화구연 등 여러 분야 강사로 일하며 여행, 가야금과 판소리, 승마, 시·수필 창작, 한국사 공부 등 다양한 취미를 누리시는 분이라고 했다. 한마디로 늘 정진하고 연구하는 분이고, 내가 욕망하지만 엄두를 못 내고 있는 삶을 실천 중인 분인 것 같았다.

정 선생님과의 첫 통화 후 4개월 동안 간간이 연락을 주고받으면서 넓은 마당이 있는 집에서 자라며 더운 날 냇가에서 물놀이 중인 두 자녀, 많은 근력을 요할 것 같은 고난도 요가 동작을 선보이고 있는 모녀의 모습, 요가수업 후 시골의 어르신들이 차려주셨다는 소담한 밥상 사진을 두루 보았다. 문득 생각이 나서 안부를 여쭐 때면 선생님은 제주도에서 중국인들 가이드를 하고 있다며 천지연 폭포 소리를 녹음해 들려주셨고, 여름휴가 중 설악산 대청봉 정상에서 찍은 가족사진을 보내주셨다. 그 무렵 이홍섭 시인의 〈적멸보궁 - 설악산 봉정암〉이라는 시를 읽고 설악산에 무척 가보고 싶던 내가 네 식구의 체력에 감탄하자 선생님은 부군의 체력이 '하얀산(에베레스트)을 갔다 온 사람'이라 웬만큼 해서는 인정을 못 받는다고 하신다. 이 정도면 내가 하는 시낭송대상 인터뷰가 아니라 KBS 〈인간극장〉에 추천을 넣어야겠다고 하니 예전에 〈인간극장〉 작가님에게서 연락이 왔었다며 더 열심히 사시는 분들 정말 많다고, 아직은 아닌 것 같다고 한다. 요즘 생활비를 천만 원씩 쓰니 〈인간극장〉보다는 〈서민갑부〉에 나가봐야겠다는 농담도 함께…

개천예술제에서 선생님을 처음 뵌 지 꼭 1년이 지나 진주에서 올해의 개천예술제가 열리던 10월의 첫 토요일, 매헌 윤봉길 전국 애국시 낭송대회 전년도 대상수상자로서 축시 낭송을 위해 산청에서 올라오시는 정 선생님을 뵈러 용인포은아트홀로 향했다.

약속 시간보다 일찍 도착한 나는 전에 늘 대회에서 뵙던 경남 지역 현직교사이신 남성 낭송가님을 또 만나게 되었는데 정정란 님과의 인터뷰를 위해 왔다고 하자 '그 분이 지난해 대상을 받았다고 해서 이 대회는 심사가 공정할 거란 판단에서 참가했다'고 하신다.

얼마 뒤 지리산 가을 향기 가득 실은 차가 주차장에 도착했다는 연락이 왔고, 가뿐해 보이는 쇼트커트에 단정한 회색 원피스 차림의 정 선생님이 걸어오신다. 요가 강사답게 탄탄하고 날씬한 몸매부터 눈에 들어왔다. 아침 일찍 산청에서 손수 끓여 오신 원두커피를 마시며 우리의 대화가 시작되었다. 오늘은 '온 식구가 함께 도시락을 싸서 용인으로 가을소풍을 가는 날'이라며 축시 후에 초등학교 6학년, 4학년 자녀들은 에버랜드에 갈 꿈을 꾸고 있고 부군께서는 용인민속촌을 생각 중이라고 하신다. 선생님이 현재 하시는 일부터 여쭈어본다.

Q. 선생님도 저와 같은 강사시죠? 주로 요가와 토털공예, 한자를 가르치시나요?

A. 네, 가만히 한곳에 있는 것 보다 장소를 옮기면서 강의하는 것이 적성에 맞는 것 같아요. 작년에 민간 요가 강사 자격증을 취득해 대한노인회에서 운영하는 어르신들 건강을 위한 요가 프로그램을 맡고 있어요. 그리고 공예 쪽으로는 대학생 때부터 아르바이트를 많이 했는데요, 어릴 때부터 꿈은 유아교육학과를 나와 어린이집 선생님이 되고 싶었는데 수능점수대로 가다보니 부모님이 원하시는 등록금 적은 국립대로 가게 되었습니다. 경상대학교 농대 축산학과를 졸업했죠. 중간에 전과를 하려다가 그냥 아르바이트로 돈을 벌기로 하고 대학교 때부터 어린이집으로 계속 출강수업을 나가면서 공부보다 돈 버는 것이 더 좋아서 전과를 하지 않았고 결혼과 동시에 공예 관련 자격증을 취득하면서 시간강사로 활동하게 되었습니다.

초등학교 방과 후 프로그램이 시작되던 시기에 공예 강사가 부족했어요. 그래서 운 좋게 초등학교, 중학교들을 다니며 공예 강사를 할 수 있었습니다. 한자 강사는 큰 아이가 2014년 초등학교에 입학했는데 아이 학교 홈페이지에 올라온 강사 모집 공고를 보고 활동하게 되었습니다. 중국어를 할 수 있었기에 전공학과를 나오지 않고도 한자 급수 시험과 HSK(중국어 어학능력 시험) 성적으로 지금까지 초등학교와 중학교에서 중국어와 함께 한자를 가르치는 생활 중국어 강사 활동을 하고 있습니다.

네 살 된 우리 아이 한 명 5분 재미있게 해주기가 버겁고 벅찬 나는 그런 선생님이 신기하기도 하고 존경스러웠다. 어린이집 교사를 꿈꿀 정도로 원래부터 아이들을 좋아하셨냐고 하니 "사실 아이들을 좋아하는 것도 있지만, 아이들이 저를 더 좋아하는 게 맞는 것 같아요!"라는 진짜 육아고수 같은 답이 돌아온다. 요즘 신조어로 '놀.알.못'(놀이를 알지 못하는) 엄마인 나는 놀.잘.알 엄마에게 얼른 그 비법을 묻는다. 선생님은 '그냥 무조건 잘 놀아주기만 하면 되는 것 같다.'며 "육아 전문가들께서 많이 얘기하시던데 우리는 항상 정리하고, 마무리하고, 어떤 결과를 꼭 보려고 하지만, 아이들은 지금 당장 지저분해도 계속 뭔가 새로운 걸 하고 싶어 해요. '책 읽었어? 왜 책 안 읽어? 하기 전에 '우리 뭐할까? 어떤 책 읽을까? 물어보고 그냥 그걸 같이하면 돼요."라고 하셨다. 선생님의 답변이 라이너 마리아 릴케의 시 〈인생〉을 떠올리게 했다. 바람 불 때 꽃잎을 줍는 아이들은 그 꽃잎들을 모아 둘 생각은 하지 않는다고, 꽃잎을 줍는 순간을 즐기고 그 순간에 만족하면 그뿐이며 그것이 인생이라고. 일어나지 않은 일들에 대한 걱정으로 힘겨워하는 밤에 떠올리면 내게 큰 위로가 되는 시다.

  그러나 자녀들이 고학년이 되자 학원 하나 보내지 않는 것이 걱정이 되어서 학습지만큼은 시키게 되었는데 부모 역할 분담에 있어 선생님이 교육담당을 맡다보니 "엄마는 악마!"라는 말을 듣기도 한단다. 오늘처럼 어디를 가게 되면 아이들이 제일 좋아하는 장소와 주위의 맛집 정보를 알아보고 "오늘 어떤 영화 볼까? 어떤 게임 할까? 아이스크림 먹을까?"라고 묻는 아빠가 오로지 제일 좋은 사람이 되었다고. 인터뷰가 진행되고 있는 지금, 아이들은 대회장 주변에서 '천사'랑 놀고 있다.

Q. 부군께서 에베레스트 등반을 하셨다고요? 어떤 일을 하시나요?

A. 산악회에서 아이아빠를 만났는데 그때는 무슨 일을 하는지도 잘 몰랐어요. 제일 시간이 많고 제일 산을 좋아하는 사람 같았어요. 아이아빠가 20대 때는 스폰서를 조금 받아 산악인들의 꿈이었던 에베레스트 고산 등반을 했다고 해요. 결국 등정은 못 하고, 베이스캠프에서 올라가다가 눈사태가 많이 생기는 바람에 하산을 했다고 하더라고요. 신랑은 토목과를 나와서 지금까

지 토목 관련 일을 하고 있어요.

애들이 중학생이 되면 에베레스트 등정은 아니고 '트래킹'이라고 해서 4000미터까지 갈수 있지 않을까 생각해요. 제일 중요한 건 돈보다 건강이라고 아이아빠는 생각을 하면서 토목 목수 일을 열심히 하고 있어요.

정 선생님께서 부군과 처음 인연을 맺은 곳이 바로 그 산악회다. 대학교 입학 후, 희망했던 과가 아니다보니 축산학과 생활에 적응을 못한 채 동아리 열 개를 들었고, 그 중 하나인 산악회에 살짝 발만 들여놨다가 대학교 3~4학년 때 부군을 알게 되었다고 했다. 당시만 해도 다들 안정적인 직장을 찾던 때라 선생님도 경찰공무원을 준비했지만 잘 되지 않았고, 군대에도 지원했다가 떨어지자 '에라, 모르겠다. 산이나 가야겠다.' 하는 마음으로 동아리 선배였던 부군께 산에 가고 싶다고 했는데 부군께서는 당시 정 선생님이 산을 엄청 좋아하는 사람이라고만 생각했단다. 그 당시 정 선생님의 이야기를 가장 많이 들어준 사람이 바로 남편이었다고.

A. 같이 산에 가면서, 또 지금도 같이 살며 느끼는 것은 다른 분들이나 저희 부모님도 "열심히 해라, 뭐든 열심히 하면 잘 될 거

다." 이런 얘기를 많이 하신다면 아이아빠는 늘 "하지 마라, 쉬어라, 놀아라." 이렇게 말을 해요. 지금도 그렇지만 그게 아마 그때 가장 많은 위로가 되었던 것 같아요.

경남 진주에서 공부하다가 결혼 후 토목일이 많은 산청으로 간 거죠. 그 당시 산청에서는 한창 도로 공사를 많이 하고, 아이아빠가 산청에 땅을 좀 사놓은 게 있었어요. 공기 좋고 지리산도 가깝고 해서, 산청에 산지 벌써 15년 되었어요

하동이 고향인 선생님이 산청에 온 지는 15년, 부군께서 집짓기 교육을 받아가며 직접 지으신 현재의 집에서 산 것은 첫째 아이 나이랑 같으니 13년째라고 하신다. 인터뷰 자료를 모으던 중 나는 마을 진입로에 물레방아가 있고, 아이들을 위한 작은 수영장이 딸린 선생님 가족의 펜션 같은 그 나무집을 본 적이 있다. 집 주소마저도 자유로운 '방목' 리.

전부터 궁금했던 '〈인간극장〉 작가에게서 연락 온 이야기'를 여쭈어본다. 그동안 내가 가장 재미있게 본 것은 명문대를 졸업한 30대 젊은 귀농부부를 다뤄 〈인간극장〉 사상 최고 시청률을 올렸던 〈이보다 더 좋을 순 없다〉 편이었는데, 역시 도시의 흐린 하늘

아래가 아닌 생기 있는 땅 위에서 자연과 여러 도전을 즐기는 선생님 삶을 취재하고 싶었던 것일까?

A. 제가 대학생 때 우연한 기회에 TV에 나갔던 적이 있었어요.

Q. 아, 뭘로요?

A. 그때 한창 소재가 떨어졌는지, 진주MBC 기자님이 학생들 대상으로 6mm 방송을 제작하셨는데 제가 좀 특이하다며, '여대생인데 산에도 다니고 자기관리도 많이 하면서 공무원을 준비한다.'는 내용으로 하루 정도 함께 움직이면서 촬영을 하셨어요. 그게 방송이 되고 얼마 지나지 않아 〈인간극장〉에서 연락이 왔더라고요. 진주MBC에서 연락처를 받았다고 하셨어요. 여대생이 지게 지고 산에 가는 소재가 특별하니까 우리 〈인간극장〉에서도 같이 재미있게 해보면 어떻겠냐고 하시더라고요. 그 당시제가 대학교 4학년이었기 때문에 가장 중요한 것은 취업이었고, 졸업 전 관심 있던 마지막 이벤트가 하동의 녹차아가씨 선발대회였어요. 대학교를 졸업하기 전에 부모님께 공부를 열심히 해서 받는 장학금은 못 드렸지만 이 향토 상금 만큼은 따드

릴 수 있지 않을까 해서 지원했어요. 제 나름으로는 그걸 염두에 두고 "이제는 지게 지고 산에는 안 가고 녹차아가씨 대회에 나갈 건데, 그때 저를 껴주시면 참여하는 것으로 할게요."라고 했지만 안 오셨더라고요. 아마 그분들은 저에 대해서 조금 더 강한 캐릭터를 원했나 봐요.

그럼 진주MBC 촬영 때는 정말 지게 지고 산에 가신 거냐고 물으니 산악인으로서 몸을 만들려는 사람들은 일부러 그런 극한 훈련을 한다는 걸 보여주기 위한 재미있는 설정 같은 것이었다고 한다. 산에서 많이 파는 캔 맥주나 음료수를 지게에 싣고 날라주는 장면을 찍었는데 지금은 헬기로 산장에 물건을 다 보급하지만 예전에는 대학생이나 일반인들이 체력훈련으로 했던 일이라고 했다. 실제로 부군께서는 그 일을 한 경험이 있다고도 하신다. 한편 〈인간극장〉 촬영 팀이 오지 않았던 하동 녹차아가씨 선발대회에서 선생님은 3등을 차지하며 장학금 획득에 성공!

Q. 이제 시낭송에 관해 여쭤볼게요. 아이들 덕분에 처음 시작을 하셨다고요?

A. 예, 맞죠. 저희 아이들이 다니는 초등학교에 김태근 선생님이

돌봄 교사로 계십니다. 아이들에게 시심을 길러준다고, 방과 후 특기적성 프로그램으로 시낭송을 가르쳐주셨어요. 아이들 데리고 대회도 많이 나가셨고, 저희 애들도 나갔죠. 처음에는 학생들만 지도하시다가 몇 년 후에는 어른들에게도 같이 하자고 하시며 지리산힐링시낭송회를 만들고 카페를 활성화하셨어요. 보통 아이들이 하다 보면 엄마까지 하게 되고, 그렇게 해서 회원이 그렇게 많이 모아진 거죠.

산청에 시낭송 바람을 일으키며 '지구 한 모퉁이를 좀 더 아름답게' 만들겠다는 목표로 활발히 시낭송 문화를 전파중인 김태근 시낭송가에 대해 나도 알고 있다. 정 선생님의 두 자녀, 수화와 승민이는 선생님보다도 오히려 1~2년 빨리 학교에서 시낭송을 배웠고, 금오 전국 시낭송대회에서는 박목월 시인의 〈내가 만일〉을 합송해 은상을 받았다. 2015년 3월에 성인을 대상으로 산청도서관 시낭송 아카데미가 개강하며 정정란 선생님도 낭송을 시작하게 되었고, 지리산힐링시낭송회에서 활동하며 대회에도 참여해 수강생들 중 제1호 시낭송가가 되셨다.

선생님의 첫 대회 출전은 2015년 10월의 개천예술제. 사전에 시낭송회 카페에서 관련 자료를 찾다보니 그날 정 선생님이 입은 검은색 원피스를 다른 사진에서는 김태근 선생님이 입고 계셨다. 어느 분 옷이냐고 하니까 김태근 선생님 거라고, 첫 대회 때는 무대의상으로 갖춰 입고 나갈만한 마땅한 옷이 없었는데 김 선생님께서 급히 이 옷을 갈아입으면 어떻겠냐며 빌려주신 거였다고 한다. 시낭송 선생님이 없는 독학생으로서 옷도 나눠 입는 그런 스승, 제자 사이가 잠시 부러웠다.

Q. 활동사진을 보니 함께 모여 시낭송 연습하고, 뭐든 나누고, 같이 먹고 즐기는 '잔치' 같은 느낌이 들었어요. 지리산힐링시낭송회에서 가장 기억에 남는 일은 뭔가요?

A. 다른 분들도 모두 화목해 보인다고 하시는데 김태근 선생님이 잘 이끌고 계세요. 돈을 버는 취미생활이 아니고, 내 돈을 들여서 무대의상을 사고 대회 접수도 하고 또한 시간적인 여유가 있어야 되는 취미생활이 시낭송이라고 생각해요. 그러다보니 연령대가 50~60대가 좀 많아요. 젊은 우리가 모임 활동을 하려니 아이 키우는 엄마들은 시간도, 돈도 없는데 그런 조율을 김 선생님께서 중간에서 잘 해주세요.

지리산힐링낭송회에서 시극을 두 번 공연한 것이 가장 기억에 남아요. 시극이라는 것은 진짜 뮤지컬인데, 말은 배역을 떠나 다들 열심히 하셨고 선생님이 아무것도 모르는 우리에게 시극을 가르쳐주시려고 애를 많이 쓰셨죠. 무대 날짜는 다가오고, 다들 일상이 바쁜데 거의 매일 모여서 연습을 해도 실력은 빨리 안 느는 그런 상황에서 많이 힘이 들었지만 하고 나니까 크게 남았어요. 조그만 단체에서 지역 축제의 특설무대에 올라가서 다 같이 시낭송하고 시극도 한 그 영상들이 유튜브에도 다 남아 있어요. 아이들이 지금도 시극 유튜브 영상을 보면서 "엄마는 일본 순사였지? 나쁜 사람."이라고 해요.

15년 개천예술제에서는 무관에 그쳤지만 정 선생님은 2년 뒤 같은 대회에서 대상을 차지하셨다. 대상수상 전인 16년 5월에는 하동 전국시낭송대회 은상을, 16년 8월의 보재 이상설 추모 전국 시낭송대회에서 금상과 함께 첫 시낭송가 인증서를 획득하셨다.

Q. 선생님의 시낭송 역사를 보니 발전의 기울기가 남다르신 분 같아요. 처음 참가했던 대회에서 2년 뒤 대상을 받기까지 그 기간에 어떻게 연습을 하셨나요?

A. 처음에는 김태근 선생님의 지도를 받았어요. 선생님께서는 유튜브에 올라온 다른 사람들 동영상을 자주 보라고 하셨어요. 또 책으로 지도를 해 주실 때는 음도 등 이론에 관해 설명을 많이 해주셨죠. 그러나 처음 수업을 들을 때는 무슨 말인지 도무지 이해가 가질 않았어요. 그러는 와중에 대회를 나가면 실력이 많이 는다고 하시더라고요. 그래서 연습을 많이 하지도 못하고 처음 시낭송대회를 나가게 되었어요. 김태근 선생님께서는 대회에 나가려면 천 번을 연습하고 나가라고 했지만, 두 아이 키우면서 강사일을 하면서 시낭송대회 준비를 하다 보니 연습량은 턱 없이 부족했고 그래서 대회를 나가도 성적은 좋지 않았어요. 그러다가 우연히 유튜브에서 공혜경 낭송가가 낭송하는 걸 듣고 '이렇게 시낭송 하는 분도 있구나' 하고 새로운 시낭송 기법을 보게 되었습니다. 그래서 그분의 강의 영상도 보게 되었어요. 자기만의 색깔, 본인의 것을 가져야 한다는 것이 그 분이 강조하는 시낭송 기법이었어요. 대회에 나가면 지도받는 선생님들 목소리가 나와서 심사하시는 분들은 이 참가자가 누구에게 배웠는지를 아신대요. 그래서 지도해 주는 선생님이 하신 것과는 다르게 자기만의 색깔을 찾아가야하고 그러려면 남의 것을 정말 많이 봐야 그런 결과물이 나온다고 하시더라고요.

요즘은 김윤아 시낭송가 동영상도 많이 보고 있어요. 그분의 목소리를 들으면 좋은 목소리는 타고 나는 것이 아닐까 생각해요 공혜경 선생님 영상을 보면서 하나 더 배운 것이 있어요. "아, 시낭송은 뮤지컬이다! '시선'이라는 게 있구나!", 그래서 중앙·오른쪽·왼쪽을 보고 손짓도 해봤어요. 같이 시낭송을 공부했던 분들이 어떻게 그렇게 빨리 대상을 받았냐고, 김태근 선생님의 개인지도가 있었냐고 물어보시는데요, 물론 선생님의 개인지도도 있었지만 공혜경, 김윤아 시낭송가의 동영상 역시 저에게는 큰 공부가 되었어요.

요즘은 김 선생님께서 많이 바빠지시면서 개인적으로 항상 녹음을 많이 하면서 대회 준비를 합니다. 선생님은 연습을 많이 강조 하시는 분이세요. 그래서 지금도 저는 대회가 며칠 안 남아서는 동영상을 찍어보면서 시선이나 손동작이 자연스러운지 점검합니다. 시낭송할 때 포즈를 잘 하려고 요즘은 댄스도 배우고 있어요. 그러면 자연스럽게 발도 뗄 수 있을 것 같아서요.

그 외 정정란 낭송가 만의 특별한 낭송 비법이 있냐고 하니 중국어를 든다. 중국어 강사 활동을 하며 중국 한시를 좋아하게 되었고, 그것이 감정을 살려서 낭송을 하는데 많은 도움이 되었다고.

중국을 일러 '시의 나라'라고 한다. 지식인 계층에서는 아이들이 어릴 때부터 거의 반강제적으로 시를 외우게 하고, 지도층에서는 시를 모르고서는 아예 정치를 할 수 없다고 들었다. 적재적소에 인용하는 시구들로 자신의 속내를 에둘러 표현하는 것이야말로 중국 정치인들의 기본 소양이자 특유의 고품격 정치술이다. 이렇듯 시가 일상에 자연스럽게 숨 쉬고 있는 나라가 바로 중국.

선생님이 이날 제4회 매헌 윤봉길 전국 애국시 낭송대회를 축하하고자 준비해 오신 것 역시 한시 낭송이었다. 나는 인터뷰를 마친 뒤 대회장에 입장해 정 낭송가가 감성 짙은 음성으로 들려주는 중국 역사상 가장 위대한 시인, 술과 달을 사랑했던 낭만파 시인 이백의 〈산중문답〉을 중국어 버전과 한국어로 감상했다.

Q. 지난해 윤봉길 대회, 그리고 개천예술제에서 두 번의 대상 모두 허영자 시인의 〈만세로 가득찬 사나이〉로 받으셨지요? 낭송가님은 특별히 애국시를 선호하시나요?

A. 아닙니다. 김태근 선생님께서 〈만세로 가득찬 사나이〉라는 시를 저에게 추천해 주셨어요. 그래서 애국시를 하게 되었죠. 애

국시를 하면서 역사 공부도 하게 되었고 애국심도 생기더라고요. 다시 한 번 이 자리를 빌려 선생님께 좋은 시를 추천해 주셔서 감사하다는 말을 전합니다.

사전에 보내드린 질문 몇 가지에 선생님은 '시낭송은 내게 가족이다.'라는 답을 미리 보내주셨다. 아이들 덕분에 시낭송을 했고, 지금도 두 아이와 함께 하고 있으며 오늘도 시낭송대회에 축시 하러 간다고 하니 신랑이 운전을 해줘서 온가족이 소풍을 떠난다고, 또 앞으로는 친정엄마도 함께할 계획이라고 하셨다.

Q. 첫 번째 스피치 선생님이셨던 친정어머님께서도 시낭송을 하실 거라고요?

A. 제가 초등학교를 다닐 때는 가훈자랑대회며 웅변대회가 있었어요. 그 때 저의 선생님은 지금의 친정엄마였어요. 세월이 흘러 이제는 딸인 제가 엄마의 시낭송 선생님이 되려고 하는데 못 외운대요. 엄마께는 항상 제가 짧은 시를 드리거든요. 그런데도 못 외워서 못하겠다고 하셔요. 계속 엄마의 삶의 여유와 취미생활을 찾아주고 싶다는 생각이 있어요.

하동이라는 시골에 사시고 한창 바쁜 농번기라 지나면 엄마에게도 살짝 우울함이 오더라고요. 그것이 항상 반복이어서 그 때 시를 하나 드리는 거죠. "엄마, 이 시 하나 외워봐!" 꼭 어떤 대회에 보내야겠다는 것보다도 저희 어머니가 글도 좀 쓰시고 계속 라디오를 듣다보니 감성이 있으셔서 엄마의 노후를 위해서, 그리고 조금 더 행복하게 늙어가는 모습도 보고 싶어서 친정엄마에게 시 외우기를 권하고 있어요.

Q. 그럼 올겨울에는 어떤 시를 드릴 생각이세요? 그걸로 내년부터는 대회에 나가실까요?

A. 되도록 짧은 시로 드리고, 내년에는 개천예술제나 하동에서 가까운 대회에 제가 접수도 해드리고 모시고 가고 싶어요. 정호승의 〈수선화에게〉가 어머님들께 인기가 많아요. 시작이 '울지마라'인데 거기서 많이들 우시더라고요. 저희 엄마가 65세이다 보니 신랑이 있어도 외롭고, 자식이 있어도 외로울 나이가 되었잖아요.

친정어머니가 제일 좋아해서 어머니가 처음 제게 먼저 보내주신 시는 심순덕의 〈엄마는 그래도 되는 줄 알았습니다〉였어요.

그런데 이 시는 너무 길어서 안 될 것 같아요.

엄마가 좋아하는 시를 제가 녹음해서 보내드려요. 〈엄마는 그래도 되는 줄 알았습니다〉 그 시를 제가 녹음해서 보내주었더니 친정엄마께서 제가 보낸 낭송을 이모들에게도 보내신대요. 그러면 이모에게서 전화가 와요. "너무 많이 울었다, 정란아." "울게 뭐야?" 그러면 "너무 좋아서." 라고 하세요. 눈물이 나온다는 것 자체가 단지 슬퍼서 나온다기보다는 그 안에 모든 감정이 다 들어가서 복합적으로 나오는 거니까 처음에는 "내가 눈물 주는 사람이네?" 라고 했다면 지금은 그냥 '내가 감동을 주는 사람이네.' 해요.

그런 가족들에게 감동을 주고자 선생님이 요즘 즐겨 연습하는 시는 정윤천 시인의 〈어디 숨었나, 사십마넌〉이라고. 전에 어느 시낭송대회에 축하공연을 오셨던 전북 출신의 남성 시낭송가가 맛깔나는 사투리로 들려주던 그 시에 나도 끌렸던 기억이 있다. 선생님 역시 이 시를 광주 애송시낭송대회에서 처음 들었고, 사투리로 시낭송을 해도 감동을 받을 수 있다는 생각이 들었다고 했다.

A. 요즘 저를 지도해주는 사람은 아이아빠인데요, 크게 코칭을 해

주는 것은 아니지만 "아닌데, 이게 아닌데." 라고 하면 제가 저를 한 번 더 생각 하게 만드는 거죠. "저번하고 똑같은데." 그러면 다시 해보고. 애들도 "이거 엄마 목소리 맞아? 이거 누구야?" 이렇게 저를 가장 잘 아는 사람이 평가해줄 때 저는 많은 것을 배우고 느낀다고 봐요. 남편이 사투리는 진짜 사투리처럼 해야 한다고, 어설프게 하면 안한 것만 못하다고 해서 재능대회 때 〈망향가〉 라는 시를 할 때 많이 망설였죠. 그 시를 연습하기 위해서 전라도 사투리대회 동영상 같은 것도 많이 찾아서 봤어요. 사투리를 제대로 쓰려면 몇 번 해서는 안 되고, 정말 그 사람들 문화에 젖어있어야만 나온다고 생각했어요. 그래서 '내가 시 선택을 잘했나?' 고민을 많이 했지만 저는 사투리 잘 하는 사람이 되고 싶었죠.

그리고 보니 재능대회에서 하신 황송문 시인의 〈망향가〉 역시 진한 전라도 사투리로 쓰인 시. '어매여, 시골 울엄매여' 로 시작해 "구만리장천에 월매나 시장허꼬? / 비행기 속에서 먹어라, 잉! / 점드락 갈라면 월매나 시장허꼬 / 아이구, 내 새끼, 내 새끼야!' 라는 대화체로 진행된다. 인터넷 상에서 자주 볼 수 있는 '시낭송에 대하여' 라는 제목의 대회 준비 지침을 보면 '혹 사투리가 심한 사람은 피나는 노력으로 사투리를 고쳐야 한다.' 라는 구절이 꼭 있다. 그러나 정 낭송가의 생각은 조금 다른 듯 했다.

A. 저는 아무리 노력을 해도 표준어가 안돼요.

Q. 저는 지금 정 선생님 발음을 표준어처럼 듣고 있는데요?

A. 그건 제가 지금 노력을 하니까요. 저는 유튜브를 보면서, 서울에 살고 있는 상담사들과 통화를 하면서 편안하고 예쁜 말투를 듣고 따라서 연습을 해요. 그리고 시낭송처럼 녹음하고 듣는 연습을 많이 하거든요. 그래서 표준어처럼 보이는 거죠. 제가 사회를 보면 꽤 잘 하는 것처럼 보이고, 사람들이 잘 한다고 착각을 하고 들으세요. 노력하면 된다고는 하는데, 그러나 100프로는 안돼요. 그게 부끄러운 것도 아니고, 틀린 것도 아니고요. '내가 아무리 잘해도 표준어를 쓰는 사람하고는 억양이나 발음이 다르다.' 이건 항상 저를 따라 다니는 꼬리표예요.

Q. 사투리로 쓰인 〈망향가〉로 재능시낭송협회 부산 · 울산 · 경남 지역 예선대회를 1등으로 통과해 본선에 오셨지요?

A. 그 시를 대회용이라고 생각한 건 아니었고 상을 받을 거라는 생각도 안했어요. 사투리 버전이라 만약 큰 상을 받는다고 해도 분명히 좋은 이미지와 함께 좋지 않은 평가도 따를 것 같았어요 그래서 상에 대한 생각은 떨쳐버렸고, 이미 내가 받고 싶은 상은 다 받았다고 생각하고 스스로 선택한 시가 〈망향가〉였거든요. 김태근 선생님은 제가 그 시를 가지고 대회 나가는 것조차 모르셨으니까요.

그러나 제28회 재능대회의 마지막 순서로 선생님이 들려주신 것은 내게 운이 아닌 감성과 실력이 빚어낸 낭송으로 보였다. 동상 수상과 함께 재능시낭송가가 되셨지만 후에 선생님 영상을 돌려볼 때마다 더 큰 상이 합당한 무대였다고, 혹시 차례에 늦은 것이 점수에 영향을 미쳤을까 싶기도 했다. 그 본선 날, 뭘 하든 항상 걱정이 앞서고 긴장을 많이 하는 편인 나는 제주 지역 출전자와 비슷할 것 같은 출발 시각 대회장으로 향하며 현지적응(?)을 해야 한다고 부산을 떨었다. 그날은 무슨 이유로 늦으셨냐고 하니까 마침 구미에서 일이 있었다고, 참가 중이던 박람회 기간과 대회가 겹쳐 아침 일찍 가게만 오픈해놓고 경북에서 상경했는데, 생각보다 너무 멀어 시간을 못 맞춘 거라 하신다. 그런 상황에서도 전혀 서두르는 기색이 없고, 수상에 대한 욕심이 없는 듯 편안했던 선생님 모습이 떠오른다.

Q. 작년 이 윤봉길 대회를 취재한 기사를 봐도 선생님이 대상은 생각지도 않았는지 옷을 평상복으로 다 갈아입은 채 집에 가려던 참에 뜻밖의 소식에 겅중겅중 뛰었다는 내용이 있었어요. 수상에 대한 욕심이 별로 없는 건가요? 왜 옷을 갈아입으셨어요?

A. 시낭송대회에 아이들을 데리고 다니잖아요. 늘 같이 다녀요. 무대의상을 계속 입고 다니는 것보다 중요한 것이 아이들이 뛰어다니니까 계속 챙겨야하고, 같이 놀아야하기 때문에 제 차례가 되기 두세 사람 전에 후다닥 갈아입고, 무대를 마치고 나면 다시 평복으로 갈아입습니다. 애들이 있는 상황에서는 대회 수상에 큰 의미를 두지 않는 거죠. 저에게는 상을 받아도 가족과 같이 갔다는 것이 더 컸어요. 혼자 즐기는 것은 재미가 없죠. 오늘도 식구들이 다 같이 왔고요.

Q. 선생님의 그런 여유로움이 어디서 나오는 건지도 궁금해요.

A. 그게 아마 시낭송 때문에 더 생기지 않았나 싶어요. 말을 많이 하는 강사라는 직업에 슬럼프가 올 때 저는 시낭송을 하면서 좀 더 부드러운 말투를 쓰게 됐고요, 시낭송과 함께 요가도 하게 되면서 더 많은 여유를 찾았어요.

특히 올해 같은 경우는 제가 일주일이 강의들로 꽉 차며 전보다 일도 훨씬 많이 하고, 돈도 더 많이 벌었는데 사람들이 그리 바빠 보이지 않는다고 해요. '나에게 왜 편안하고 푸근한 게 있을까?' 스스로 생각해보면 요가도 일이라기보다는 저에게 취미고, 시낭송도 저에게는 대상을 받기 위해서가 아니고 정말 취미여서 더 여유 있어 보이는 게 아닐까 싶어요. 그래도 가장 가까이서 지켜보는 아이아빠는 '정신없다, 바쁘다'라고 하지만 저는 즐기죠.

아! 알았다. 선생님은 '덕업일치'를 이룬 분이었구나. 자신이 열성적으로 좋아하는 분야를 파고드는 활동, 요즘말로 '덕질'을 곧 직업으로 삼았다는 뜻이다. 전에 '평생 하루도 일하지 않고 살 수 있는 방법은?'이라는 재택부업 광고 문구를 보고 '일'하지 않고 사는 가장 쉬운 방법은 그런 게 아니라 내가 정말 좋아하는 일을 업으로 삼는 것, 완전한 덕업일치의 상태 아닐까 생각했던 적이 있다. 물론 쉽지는 않다. "프로가 된다는 것은 당신이 하고 싶은 모든 일을 당신이 하고 싶지 않은 날에 하는 것을 뜻한다."라는 말도 있다. 취미는 단순한 재미면 되지만, 일은 실리를 추구하는 법이고 그 순간 어깨 위에 무거운 책임감이 얹히기 때문이다.

Q. 지난번에 〈서민갑부〉 출연해야겠다고 하셨잖아요. 요즘 강사로 일도 많고, 수입도 많으신가봐요?

A. 네, 월수입 좀 있어요. 노동에 대한 수입으로 강사료가 있고 저는 재테크도 좀 해요. 전까지는 수업 많이 하면 주3회였는데 올해부터는 요가수업을 들어가면서 일주일이 가득 잡히는 거예요. 어떤 생각까지 들었냐면 '이래서 직장인들이 휴가를 바라는구나, 언제 휴가를 잡지?' 그게 큰 관심사가 되더라고요. 피곤하다기보다는 보상을 받고 싶다는 생각이 들고 저는 이번에 처음 해봤는데 일주일 내 아홉시부터 여섯시까지 계속 몸을 움직이고 일하는 것이 쉽지 않다는 것을 알았어요.

구체적인 수입 액수에 귀가 번쩍 뜨인 나는 더 자세히 여쭤보기로 한다. 재테크는 남의 나라, 오로지 저축만 하는 내게 남편은

'왜 돈을 갖다가 버리냐?'고 묻고, 나는 주식·선물·옵션을 다 다루며 해외장 시세들까지 챙기는 남편이 한없이 걱정스럽다.

Q. 재테크는 정확히 어떤 걸 하세요? 선생님도 주식 하시나요?

A. 부동산 외에는 거의 다 해요. 저는 아이아빠에게 가장 고마운 것이 일하지 말라고 한 것, 10년간 제가 돈 걱정 안하고 육아와 자기계발에만 전념하게 해 준거예요. 오로지 5~6년은 일주일에 한 번 강의하면서 책 보면서 재테크를 공부했죠. 중장기적으로 일반 통장 등 안정적인 자산을 갖고 가고, 약간의 위험부담은 주식으로 하고요. 정말 노트에 기록해가면 주식을 사고 손절하는 걸 공부했고 보험 상품도 조금 하고 있어요.
그 해의 이슈 되는 재테크 책은 꼭 봐요. 많이 번다는 것은 아니지만 워낙 벌여 놓은 게 많다보니 들어오는 게 있고 4인 가족 살기에는 충분하며 만족한다는 뜻이에요. 일반 직장에 다니지 않고 그냥 노는 것처럼 사는데 빨리 이뤘다면 이뤘죠. 전에 남편에게 "40 되면 내가 돈 벌어서 자기 먹여 살릴게."라는 말을 수도 없이 했는데 그걸 이뤄가고 있어요.

이날 정정란 선생님의 면면을 살피며 재테크 요령 전 내게 가장 시급한 것이 불필요한 지출 줄이기임을 배웠다. 매일 커피 체인점을 들락날락하는 것이 일상인 나. 이날도 커피숍으로 인터뷰 장소를 잡아놓겠다는 나를, 보온병의 원두커피와 컵을 준비해오셨다며 선생님이 만류하신 덕에 커피 값을 아꼈다. 새벽부터 일어나 밤 삶고 유부초밥을 만들어 가족들이 먹을 점심 도시락도 손수 싸오셨다. 선생님 내외는 어디든 아이들과 같이 다니며 놀이하고 체험하고 공부하니 가장 큰 부담인 사교육비 걱정도 별로 없을 것 같다.

Q. 선생님은 뭐든지 배워서 스스로 다 하시는 것 같아요.

A. 심지어 안마를 배워서 해줬어요. 아이아빠가 바깥에서 토목일을 하다보니까 안마 받으러 나가면 십만 원을 쓰지만 내가 해주면 나에게 십만 원을 주는 거잖아요. 내가 안 배우면 돈이 나가는구나, 그런데 배우면 돈이 들어온다는 사실을 빨리 알았죠, 스무 살 때요. 그러려면 제가 기술이 있어야 하고 뭘 배우는 재미도 재미지만 육아를 하면서 그 덕분에 고충을 안 느꼈어요. 보통 아기아빠들이 벌어다줘도 남는 게 없으니 통장은 통장대

로, 육아는 육아대로 힘들고, 집은 엉망이고, 그런 상황에서 주부들이 스트레스를 느끼잖아요. 이제는 이미 돈에 대해서는 남편에게 스트레스 주지 않는 부인이 된 것 같아요. 지금은 돈을 더 버는 것보다도 언제든지 떠날 수 있으면 좋겠다, 여행을 갈 수 있으면 좋겠다는 생각이에요. 그러려면 어디 가서도 일단 말이 통해야하고, 역사의식을 갖고 여행을 하면 더 의미가 있는 것 같아서 중국어·역사 공부를 열심히 해요. 하루에 약 세 시간 관련 영상을 보고 일주일에 하루 정도는 밤 새워 공부하는 날로 잡아 하고 싶은 걸 하죠.

Q. 앞으로 시낭송대회는 더 안 나가실 생각이에요?

A. 대회에 나가요. 일 년에 두세 개는 가고 싶은데 예선에 안 된 적도 있어요. "나가서 안 되면 무슨 창피예요, 다른 사람한테 양보하세요." 하는 분도 계시지만 남들과 제가 다른 점은 제가 떨어지는 것에 두려워하지 않고 상을 못 받아도 신경 쓰지 않는다는 것이에요

제가 대상을 받은 것은 운이에요. 운은 누구에게나 갈 수 있는 거예요. 그래서 행운을 잡을 준비를 하는 것이 가장 중요하다고

생각해요. 그 준비는 철저한 연습이겠죠!

시낭송대회들에 바라는 점이 있냐는 마지막 질문에 선생님은 '연예인 공채' 개념에 빗대어 지금까지 어디서도 듣지 못한 특별한 답을 주셨다. 즉, 돈 받지 말자는 것!

A. 상금을 없애면 좋겠어요. 저도 돈을 받았다면 받았지만 상금이 있다 보니 조금의 좋지 않은 영향이 있는 것 같아요. 상금보다는 시낭송가증, 시낭송지도자증처럼 참가자들의 재능을 발휘할 수 있는 쪽으로 방향을 바꿔주면 좋겠습니다. '여기서 1등을 하게 되면 어떤 활동을 할 수 있다'는 그런 조건요. 연예인들 공채를 보면 그것이 상금을 주는 것이 아니고 일종의 '등용문'이 잖아요. 제가 몇 년 하면서 느끼는 게 결국은 자본주의고 돈을 쓰고 배웠다는 것이 보이거든요. 그럼 진정한 취미생활이 아니고 온전히 즐길 수 없잖아요. 대회를 나가면서 '자기들 식구 챙긴다, 대회 결과가 만족스럽지 못하다.'는 말이 들리는 것이 '돈 때문에 저렇지 않을까, 만약에 상금이 없었다면 더 즐길 수 있지 않을까?' 하는 생각이 들었어요. 어떤 분들은 상금을 없애면 시낭송대회도 없어질 거라고도 하시지만요.

수상권에 빨리 드는 사람이 관련 분야 강사라든지 탄탄한 기반을 갖고 있다 보니까 정말 순수하게 취미로 했던 분들이 '우리는 안 되나보다.' 하고 그만두시죠. 결국 그렇게 되다보면 시낭송인구를 늘리려고 하다가 더 좁아지는 것이 아닌가, 그래서 오시는 모든 분들에게 작은 상이라도 다 드리고, 잘 하시는 분들께 인증서, 제일 잘 하는 분에게는 지도자 자격 같은 것을 드린다면 조금 더 발전하지 않을까 하는 생각을 해보았어요.

시인 등단, 책 출판, 중국어 가이드 자격시험 준비 등 선생님이 가진 여러 꿈들 중에서 당장 시간적으로 가장 먼저 이루고 싶은 것은 여행이라고. 공부를 하다 보니 가야할 여행지들이 자꾸만 생기는데 원래는 중국 상해의 디즈니랜드에 가려고 하다가 인근에 루쉰 공원(윤봉길 의사의 기념관이 있다)과 홍커우 공원(윤봉길 의사의 의거장소)이 있다는 것을 알게 되어 그곳에 들러 아이들과 묵념도 하고 그 앞에서 시낭송도 꼭 해보고 싶다고 한다. 그렇게 가족들에게 특별한 이벤트가 되고 같이 공부할 수 있는 장소를 찾아보며 계획하는 때가 가장 행복하며, 상해 방문 계획을 다음 달에는 실천에 옮길 생각이라고 하신다.

나에게도 현재 꼭 가고 싶은 곳이 있다. 부처의 사리가 봉안된 5대 적멸보궁의 하나이자 우리나라에서 가장 놓은 곳에 위치한 암자, 설악산 봉정암이다. 모두 이 시 때문이다.

적멸보궁 - 설악산 봉정암

이홍섭

젊은 장정도 오르기 힘든 깔딱고개를 넘어온 노파는
향 한 뭉치와 쌀 한 봉지를 꺼냈다
이제 살아서 다시 오지 못할 거라며
속곳 뒤집어 꼬깃꼬깃한 쌈짓돈도 모두 내놓았다
그리고는 보이지도 않는 부처님전에 절 세 번을 올리고
내처 깔딱고개를 내려갔다

시방 영감이 아프다고
저녁상을 차려야 한다고

영감님이 무슨 병이든, 자신의 믿음의 깊이가 어느 정도든 그건 아무 상관이 없고 자기 몸이 할 수 있는 한 최선을 다한 후 아픈 영감 저녁상을 차려야 한다고 훌훌 내려가는 노파의 쿨함, 그 정도면 해탈의 경지로 인정하는 게 맞다며 이 시를 읽고 합장을 했다는 어느 분의 감상에 나도 같은 마음이 들었다. 조각미역을 갖고 설악산에 가보고 싶다. 부자나 가난한 사람이나 젊은이나 노파나 자기 두 다리, 두 손 쓰지 않고는 절대 갈 수 없는 곳, 그 암자에 도착하면 저녁 공양으로 미역국을 주는데 그것이 봉정암으로 향하는 이들의 배낭에 미역 봉지가 달랑달랑 달려있는 이유라고 한다. 사람에 따라 다르지만 초보 산행가에게는 왕복 열두 시간 이상 소요되며 마지막 한 시간 코스에 경사가 약 90도인 곳도 있어 숨이 깔딱거려 '깔딱고개' 라는 이름이 붙었다고 한다. 시를 앞에 놓고 '체력이 될까? 누구와 함께 가나?' 걱정을 하고 있던 그 무렵 나는 문득 정정란 선생님께 연락을 해보았고 신기하게도 선생님은 그날 가족과 함께 설악산 대청봉에 계셨다. 소청대피소에서 잘 계획이고 내일 아침에 멋진 일출 사진을 보내주신다며⋯

산 속의 좋은 나무를 닮은 듯 편안하면서도 단단해 보이는 정정란 선생님. 나무나 사람이나 뿌리를 내릴 시간은 필요하니 나 또

한 마음의 여유를 갖고 천천히 하고 싶은 일들을 하나씩 실천해보기로 한다. 선생님께 여행에서 찍은 사진을 받거나 연락을 나눌 때면 늘 "부러워요." 하는 나에게 "하루를 숙제하듯이 살지 말고 여행하듯이." "신나게 오늘도 뛰어다녀 보아요, 소풍 다니듯이." 라고 써주신 말을 항상 기억하면서…

| 정정란 님의 대상 낭송시 |

만세로 가득찬 사나이 -3.1절 기념시-

허영자

기미년 3월 1일
우리나라 천지는
만세 만세 만세로 가득 넘쳤습니다.

산도 바다도 강물도
뭇 짐승 초목들도
만세 만세 만세로
우줄거려 춤을 추었습니다.

만세를 잡으려고 일본 순사의 구둣발이 달려오고
만세를 꺾으려고 번뜩이는 총검이 달려오고

그러나 만세 만세 만세는
구둣발도 총검도 아랑곳 없이
도도히 도도히 흘렀습니다.

그날밤 자정에 한 사나이가
경찰서로 잡혀 왔습니다.
흰 무명 바지저고리에
지게를 짊어진 농군이었습니다.

순사의 노한 눈길이
사나이를 노려 보았습니다.
그 보다 더 노한 형형한 눈길이
유치장 창살 너머로 순사를 노려보았습니다.

지게꾼 사나이는 유치장 마당에서 만세를 외쳤습니다.

순사는 사나이의 지개막대기를 빼앗아
사나이를 마구 때렸습니다.
때리면 때릴수록 맞으면 맞을수록

사나이의 만세 만세 만세는더 우렁차고 높았습니다.

바보 같은 녀석
만세를 안 부르면 안 맞을 것 아니냐
순사가 씩씩거리며 뇌었습니다.

그러자 그 대답은 이랬습니다.
이 녀석아!
내 속에는 지금 만세가 가득차 있다.
네가 때리면 때릴 때마다내 속에 가득찬 만세가 튀어나오누나

이 호통소리 하나에 순사는 혼비백산
유치장은 갑자기
만세 만세 만세
눈물로 목메인 만세로 넘쳤습니다.

박순천 할머니로부터 들은이
'만세로 가득찬 사나이' 이야기를
나는 보물처럼 소중히늘 가슴에 새겨두고 있습니다

그리고 나의 이야기

〈10〉 우국시인 시 전국낭송대회 대상수상자

| 박은주 약력 |

- 1982년 서울 출생
- 아나운싱 강사, 시낭송가
- 2019 우국시인 시 전국낭송대회 대상
- 제12회 전국육사시낭송대회 최우수상
- 제4회 난설헌 전국 시낭송대회 금상
- 제3회 금오 전국 시낭송대회 은상
- 제28회 재능시낭송대회 동상

열다섯 번의 도전 끝에, 나도 시낭송 대회 대상을 탈 수 있다! 박은주

이 책을 처음 기획한 것이 출간 일 년 전인 2018년 11월입니다. 저는 2017년 10월에 시낭송대회가 있다는 사실을 처음 알았고, 어느 대회에 접수부터 해놓고 낭송 연습을 시작해 2019년 5월, 열다섯 번째로 참가한 대회에서 대상을 받았습니다.

그 전까지 대상수상자님들의 이야기를 듣고 있을 때면 큰 동경심과 함께 '저걸 나는 언제 타보나' 하는 한숨에 휩싸였습니다. 인터뷰를 마칠 때 책 제목이 〈나도 시낭송대회 대상을 탈 수 있다〉라서 제가 대상을 타야만 책이 완성되는 것이기에 언제 될지 기약이 없다고 말씀드렸습니다.

설렘 만발해 나간 대회에서 장려상, 동상을 탈 때마다 대상을 받기란 힘든 일이고 책 출간이 불가능할거라고 생각했습니다. 우울하기도 하고 어떤 때는 억울한 기분이 들기도 했지만 그럴 때 마다 누구도 저에게 이걸 강요한 적이 없었고 스스로 좋아서 하는 일이라는 것만 떠올리며 도전을 계속했습니다.

그간 인터뷰를 통해 얻은 대상수상자님들의 가르침에 행운까지 살포시 더해졌나봅니다. 기대보다 빨리 꿈이 이뤄졌습니다. 우국시인 대회 대상을 받은 날은 제가 받았던 수많은 도움과 사랑들이 하나가 되는 특별한 하루였습니다. 지금부터 전체적인 준비과정과 대회당일 후기를 상세히 남겨보겠습니다.

우국시인 시 전국낭송대회는 대통령 직속 「3.1 운동 및 대한민국임시정부 수립 100주년 기념사업 추진 위원회」의 공식사업으로 만해기념관, 종로문화재단, 육사문학관, 심훈기념관, 수성문화재단 등이 공동주최하고 이상화기념사업회가 주관했습니다. 국내 시낭송대회 사상 최고 상금이 책정되어 대상 5백만 원, 금상

2백만 원, 은상 두 명에게 각 1백만 원 등으로 시상규모가 크고 기존 대상수상자들의 참가제한이 없어 공지 때부터 관심을 모았습니다.

3.1운동 100주년에 우국시인 다섯 분(한용운·이상화·이육사·심훈·윤동주)의 시를 암송하는 특별한 자리인 만큼 저는 전에 외우던 시가 아니라 온전히 이 대회만을 위한 시를 처음부터 새롭게 준비하고 싶었습니다. 이상화기념사업회 주관이니 이상화 시를 하면 좋지 않을까 싶어 시집을 여러 권 샀는데 눈에 바로 들어오는 것이 없어서 심훈, 윤동주, 이육사 마지막으로 한용운 시 전집을 읽다가 〈계월향에게〉라는 작품을 봤습니다. 계월향은 임진왜란 때 평양이 왜에 함락되자 적장의 죽임에 기여한 뒤 자결해서 '평양의 논개'라 불리는 기생입니다. 유튜브나 그 어디에서도 다른 분이 낭송한 것을 찾을 수 없었고, 그냥 '필' 오는 대로 연습을 했습니다.

그리고 본업인 스피치 인강 녹화를 하러 간 날, 모니터용으로 주어지는 무상 촬영시간에 네 번 찍어보았습니다. 예선용 동영상은 우편접수만 받는다고 해서 USB를 일부러 사서 마감일 전날 발송했는데 '떨어질 것을, USB 값만 날리는 거 아닌가?' 싶기도 했습니다.

일주일 뒤, 예선 통과자 50명에게 개별 합격 문자가 왔고 그 후로는 그냥 핸드폰으로 찍어보며 연습했습니다. 한 손에는 늘 리모컨이나 로션병, 헤어스프레이를 들었는데 실전과 같은 연습이 중요하다는 생각에서였습니다.

그리고 5월 25일, 결전의 날이 밝아왔습니다. 새벽 네시 반에 기상하여 목을 풀고, 다섯시 반 안양에서 서울을 향해 출발, 단골 미용실에서 헤어·메이크업을 받고 서울역으로 갔습니다. 미용실 간다고 저만 서울역에서 탄 거고, 집에서 가까운 광명역에서 아이 아빠 차를 타고 온 시아버님과 아이가 합류했습니다. 저는 대회장인 아양 아트센터가 있는 동대구역에 내리고 아버님이 부산역까지 아이와 함께, 부산역에는 친정어머니와 아버지가 마중 나오셔서 주말 동안 손주를 맡아주셨습니다. 시낭송대회 출전에 온 가족이 동원된 셈입니다.

아양 아트홀은 제가 다녀본 대회장 중 크기, 시설 면에서 최고였고 스물다섯 명 씩 각 두 개 조 중 저는 1조의 24번으로, 틀리지 않은데 만족하며 제 순서를 마치고 무대를 내려왔습니다. 이날 대회를 쭉 지켜본 결과 목소리가 좋고 낭송을 잘 하시는 선생님들이 너무 많이 오셔서 수상에 대한 기대도 없이 편히 갈아입고 시상식을 기다렸습니다. 동상, 은상까지도 불리지 않기에 오늘도 많이 배웠다 생각하고 짐을 하나로 싸서 기차역 갈 준비를 하는데 사회자께서 대상 시의 제목부터 발표한다면서 〈계월향에게〉라고 하셨습니다. 그리고 진짜 거짓말처럼 대상을 받게 되었습니다.

시상을 해주신 주최측 이사장님께서는 꽤 긴 기념 촬영 시간 동안 제게 별 말씀을 안 하셨고 어디서 왔냐고만 물어보셨습니다. 이후에도 주최측으로부터 덕담(?)이나 추가 안내가 없었고 대회장 나갈 때 보니 아무도 안 계시고 다 가셨습니다. 이 대회는 큰 상금이 걸려있었기에 내정자가 있지 않겠느냐는 소문을 저 또한 참가 전부터 들었고 괜히 대구까지 가는 건 아닐까 하는 걱정을 했는데, 제가 직접 경험해 본 결과 주최측과 수상자들 사이에 아무런 연관이 없는 대회들도 있다고 정말 자신 있게 말씀드릴 수 있습니다. 또 이 대회만큼은 잘 하시는 분들이 워낙에 많았기 때문에 그분들 중에서는 선택하기가 너무도 힘들어 그 외 특이한 스타일의 제가 우연히 행운을 잡을 수 있었다고 생각합니다.

이상이 대회 후기이고, 앞서 아홉 분의 훌륭한 시낭송가들께서 해주신 좋은 말씀들을 이미 읽으셨을 테니, 허술하고 부끄러운 점이 너무 많은 낭송가로서 저는 단 세 가지만 말씀 드리고 싶습니다. 낭송 공부나 연습에는 각자 자기만의 방식이 있게 마련입니다. 저의 이야기는 그저 참고자료로만 봐주시면 좋겠습니다.

시낭송대회 대상을 타는 데 꼭 필요한 세 가지는?

1. 운동을 하세요!

제가 처음 시낭송대회에 출전하게 된 이유 중 하나는 '힘이 남아돌아서' 입니다. PT를 꾸준히 받으니 본업에 쓰고도 힘이 남아돌게 되어 넘치는 그 에너지를 분출할 곳을 찾다가 시낭송대회에 입문하게 되었죠. 방송국을 그만둔 후 아나운서 강사로 일하면서 무대를 향한 그리움이 점점 차오르던 무렵, 행사MC 외에도 시낭송을 통해서 마이크를 향한 욕구를 해소하고 아나운서로서 정체성도 확인할 수 있어 참 좋더라고요. 차도 없는 제가 경기도에서부터 안동·강릉·진주·구미·부산·거제 등 전국 대회를 조금도 지치지 않고 두 다리와 대중교통만 이용해 즐겁게 누비고 다녔습니다. 정작 근처나 저희 집 바로 앞에서 열린 안양·수원·산본 대회는 한 번도 나가본 적이 없는 것은 아이러니합니다.

평생 운동과 담 쌓고 살았던 저는 2016년 건강검진에서 마른 비만이라는 충격적인 결과를 받아들고 나서 보디빌더와의 주3회 1:1 PT에 등록해 3년 동안 총 450회 개인 운동지도를 받았습니다. 초반에는 운동 후 사경을 헤매는 수준이라 식당에서 뭐라도 사먹어야 집에 올 힘이 났고, 도착하면 쓰려져 자곤 했습니다. 워낙 심각한 몸치로, 한곳에서 정확히 365회 개인 PT 후 이사 간 동네 체육관장으로부터 '운동을 전혀 안 한 몸이다, 몸은 정직하다, 몸은 절대 거짓말을 안 한다'는 말을 듣기도 했습니다. 기존 학설을 뒤집는 이 몸을 어떻게 해야 하나 고민도 많았지만 '내가 이전까지 평생 운동을 안 해서 운동 쪽으로 남들보다 무딘가보다. 그러나 끝이 무디면 구멍을 뚫기 어려울 뿐, 한 번 뚫리게 되면 아주 크게 뻥 뚫리게 되겠지' 그렇게 자위하며 꾸준히 하다 보니 언젠가부터 하고 싶은데 체력이 부족해 못하는 일이 없어졌어요. 그래서 아침 일찍 PT를 받고 출근해서 본업인 아나운서 교육을 마치고 퇴근 후 서울의 미용실에 가서 다음날 쓸 화장과 머리를 받은 뒤 밤기차 타고 부산에 내려가 다음날 새벽 거제도 시낭송대회장에 가도 조금도 피곤한 줄 모르게 되었습니다. 연이틀 대회 출전도 문제 없습니다. '운동은 하루를 짧게 하지만 인생을 길게 해준다'는 명언은 아마도 약간의 수명 연장 효과 뿐 아니라, 이전 같으면 3~4일 걸려 소화할 일정을 하루에 몰아서 할 수 있게 된다는 의미 아닌가 싶습니다.

또한 운동을 하다 보니 사고가 점점 단순, 지나칠 정도로 긍정적으로 변화하여 반복되거나 짜증나는 일에 내성이 생겼습니다. 시낭송이든 운동이든 모두 '반복 훈련'에 강한 사람일수록 유리합니다. 참고, 조금 더 인내하고, 정말 귀찮고 짜증나서 더 이상 하기 싫은 그 순간에 한 번 더 하려는 자세를 배웠습니다. 그러다보니 반복과 훈련 속에서 발전하고 성장해 가는 제 자신을 발견할 수 있었습니다. 일찍이 아리스토텔레스도 '탁월함은 한 번의 사건이 아니라 습성이다. 당신의 모습은 당신이 반복적으로 행하는 행위의 축적물이다'라고 했습니다. 시낭송대상을 탈 때는 운동이 이미 일상의 자연스러운 일부로 자리 잡은 무렵이었습니다. 굳이 애쓰지 않아도 자연스럽게 운동가겠다는 생각이 들고 PT 마친 직후에는 어떻게 이 힘든 걸 또 하지, 싶다가도 다음날만 되면 마음이 스스로 알아서 제 자리를 찾아갔습니다.

흔히 정신이 몸을 이끈다고 하지만, 저는 그 반대라고 생각합니다. 아무리 천성이 긍정적인 사람일지라도 몸 한 군데가 아프거나 어디가 불편하면 예민해지거든요. 돈·명예·일이고 취미활동이고 모두 건강 앞에서는 무너지는 법입니다. 첫 출전에서 대상을 받는 분들도 계시지만 대상까지의 여정이 예상보다 더 장기전이 될 수도 있고, 시낭송대회는 주말에 있다 보니 주중에는 본업을, 주말에는 방방곡곡 전국 투어를 다닐 수 있는 체력 관리에 만전을 기하시면 좋겠습니다. 또 시낭송을 보통 중년 이후 시작하게 되는데 저의 PT 선생님 말씀이 진정 풍요로운 노년은 두둑한 허벅지 근육에서 온다고 합니다.

만화 〈미생〉에 "네가 이루고 싶은 게 있거든 체력을 먼저 길러라. 게으름, 나태, 권태, 짜증, 우울, 분노. 모두 체력이 버티지 못해 정신이 몸의 지배를 받아 나타나는 증상이야." 라는 대사가 나옵니다. 상처를 입은 후 회복이 느린 이유, 실수 후 복귀가 더딘 이유, 인내심이 떨어지고 피로감을 견디지 못해 승부 따위는 상관없는 지경에 이르게 되는 이유는 모두 체력의 한계 때문이니 이기고 싶다면 버텨줄 몸부터 만들어야 된다는 말이었습니다. '정신력은 체력이란 외피의 보호 없이는 구호 밖에 안 된다' '육체적인 힘과 정신적인 힘은 수평을 유지해주는 두 개의 바퀴와 같다' 는 말의 뜻을 저는 시낭송과 운동 두 가지를 병행하며 깨달았습니다.

저 역시 이렇게나 좋은 시낭송을 오래오래 하고 싶어서 PT 1000회를 목표로 꾸준히 하는 중입니다. 이제 남에게 의존하지 말고 스스로 하는 운동으로 전환할 때 되지 않았나 하시는 분도 있지만 제 생각은 '감독이 없으면 선수는 게을러진다' 입니다. 윗몸 일으키기를 잘하게 되자 머리에 대고 하라고 2.5kg 원판을 건네주고, 철봉 매달리기가 익숙해지니 양 발에 모래주머니를 달아 주고, 플랭크를 잘 버티니 한 팔과 한 발로만 버티는 사이드 플랭크로 업그레이드 해주는 개인 트레이너는 아직 제게 꼭 필요한 존재입니다. 운동하느라 쓰는 돈은 아깝지도 않습니다. 돈으로 건강을 샀기 때문에요. 본업은 물론 시낭송에 필요한 에너지와 시간도 샀습니다.

이렇게까지 말씀드렸는데 운동이 내키지 않으신다면 괜찮습니다. 그건 제가 더 노력해야한다는 뜻입니다. 제 몸이 진짜 남 보기에 멋지고 일과 시낭송 사이 균형을 이루며 이상적이고 행복한 삶을 사는 모습으로 보인다면 말 안 해도 남들이 알아서 비결을 묻고 먼저 따라 할거라고 생각합니다. '왜 내가 설득해도 운동을 안 하실까? 그렇구나, 남에게 권하기 전에 나부터 더 잘해야겠군' 이렇게 여기고 앞으로는 여러분께 설득이 되는 인생을 살고자 더 분발하겠습니다.

2. '대상'이라는 말을 지우세요.

지금까지 나간 대회들과 정말로 대상을 품에 안았을 때의 차이점 중 하나는 옷차림입니다. 지난 열네 번의 대회에서 저는 시상식 끝날 때까지 옷을 갈아입은 적이 단 한 번도 없었습니다. 이유는 아실 겁니다. 사진 잘 찍혀야하니까. 언젠가 경연이 모두 끝난 뒤 대상에게는 앙코르 무대를 시킬 거라고 미리 공지하기에 시상식 직전 화장실로 뛰어가서 다시 연습하고 몸을 360도로 돌려가며 옷 매무새를 점검한 날도 있었는데 결국 동상을 받아들고 속으로 엄청 웃었네요.

우국시인 시 낭송대회에는 타 대회 대상수상자들도 오셨고 쭉 지켜본 결과 잘하시는 분들이 정말 많으셔서 무대의상을 벗고 일상복으로 갈아입기로 했습니다. 입상도 못하고 난 후 돌아가는 길에 벗으려면 너무 쓸쓸할 것 같아서요. 그런데 탈의실 가는 길에 실수로 청바지가 든 봉지 하나를 두고 간 바람에 또 가져오기 귀찮아서 상의만 편한 일상복으로 갈아입은 상태였는데, 대상으로 무대에 불리고 수백 개의 눈동자가 지켜보는 가운데 상장을 들고 서있는 내내 청바지를 입었다면 큰일 났겠다 싶어 아찔했고, 아무튼 천만다행이었습니다.

이렇게 상에 대한 기대를 완전히 내려놓을 수 있었던 데 한 가지 계기가 있습니다. 저는 대회 2주 전 천안에서 열리는 애국시 낭송대회에 먼저 나가서 연습 삼아 같은 시를 처음 선보였는데 당일 참가자가 열네 명뿐임에도 동상에 그쳤습니다. 소규모 대회에서도 이러한데 그럼 우국시인 대회는 말 다했다 싶어 대구로 응원을 와주겠다고 말씀하신 지인께 천안 결과를 사실대로 전하며 보러 오지 마시라는 문자를 미리 보낼 정도였습니다.

아무튼 이런 저런 연유들로 난생 처음 대상에 대한 욕심을 싹비운 채 가장 낮은 마음이 되어 새롭게 연습을 시작할 수 있었습니다. 이전처럼 오직 대상만을 머리에 그리며 대회 날까지 매일 몇 번 씩의 낭송 할당량을 채우고 물 떠놓고 기도하는 식의 절실함만 절실함은 아니며, 그건 '집착'이었다는 생각이 들기 시작하더군요. 대신 낭송을 향한 나의 진성성과 시를 좋아하는 마음, 꼭 낭송 연습 뿐 아니라 내게 주어진 일과 하루에 열과 성을 다하며 성실하게 살아온 어떤 기운이 심사위원들께 전해지기만을 희망한 것 같습니다. 심지어 대회장에서 시 원문도 한 번 꺼내보지 않았습니다. 가져가지도 않았기 때문입니다. 대신 낭송계의 이런 큰 축제날에 잔칫집에 와서 구경꾼도 아닌 출연자로 일부분 되어 함께 할 수 있음에 그저 감사한 마음으로, 대회의 흐름을 온전히 받아들이고 즐겼습니다. 다른 참가자의 좋은 무대에는 즐거워하며 아낌없이 큰 박수를 쳤습니다. 긴장하는 사람은 지고 설레는 사람은 이긴다는 말이 있잖아요. 그렇게 처음으로 '대상'이라는 단어를 지우고 나니까 거짓말처럼 대상이 저를 허락했습니다.

3. 신뢰하는 제 3자의 조언을 듣고 변화하세요.

똑같은 시로 불과 2주 전 출전한 천안 대회 성적이 별로 좋지 않았던 이유를 이제 알 것 같습니다. 감동을 '유발'하지 않고, '강요' 했던 것 같습니다. 과유불급이지요. 제가 심사위원이라도 부담스러웠겠다는 생각이 듭니다. 세 번째로 나간 시낭송대회에서 어느 대회 대상수상자로부터 '시가 아니고 아나운서가 뉴스 하는 줄 알았다, 감정을 절제하는 것이 아니고 아예 안 보였다'는 평가를 들었는데 그 후 제가 달라지기 시작했습니다. 망부석에서 탈피해 몸을 이쪽저쪽 돌리고, 두 팔을 들어올리고, 희로애락을 마음껏 분출하다 무대에서 내려오면 이제는 '본업이 연극이냐'고 할 정도였습니다. 공주의 풀꽃대회 때는 '무대에서 진짜로 우는 줄 알았다'는 말도 들었습니다. 남들은 안 우는데 가수 혼자 울면 삼류, 관객과 부둥켜안고 같이 우는 게 이류, 나는 담담한 채로 울고 싶은 사람들 뺨 때려주며 울리는 것이 진짜 일류라는 것을 알면서도 딱 삼류가수 같은 모습을 보였던 것 같습니다. 재능대회 본선 때도 지나치게 어둡고 불필요하게 심각해서 비장미가 장대비처럼 줄줄 흐르더라고요.

천안 대회 때는 감사하게도 다른 지원자께서 제 낭송을 녹음해주셔서 늘 혼자 다니며 녹음도 못하던 제가 처음으로 제대로 모니터를 할 수 있었고 감정의 과잉 문제를 해결할 필요성과 실마리도 찾았습니다. 저는 시낭송대회 도전 전체에서 가장 힘들었던 순간을 꼽으라면 다른 것보다도 제 낭송을 제가 들어야 하는 모니터링 시간이라고 답하겠습니다. 그 어색하고 세상 부끄러운 순간을 견디면서 듣고 또 들어볼 때마다 조금씩 나아질 수 있는 것 같습니다. 낭송 연습 할 때 한 번, 모니터링을 하면서는 세 번을 배웁니다. 평소 연습 때 모니터링보다도 진짜 무대에서 실전 낭송에 대한 철저한 분석과 반성이 꼭 뒷받침돼야 하는 것 같습니다. 만약에 제 동생이 시낭송대회에 나간다며 조언을 구한다면 '감동을 강요하지 말고 유발해라' '신뢰하는 제3자의 조언을 듣고 반드시 변화하라' 는 두 가지 말은 꼭 전할 것 같습니다.

시란 제게 '출구 없는 방' 같습니다. 한번 매력에 빠지니 나갈 방법을 모르겠네요. 친구 한 명이 '시중독 환자' 라는 별명을 지어 줬습니다. 식중독은 체내 수분 손실 보충하고 항생제를 투여하면 며칠 만에 완치가 가능하지만 시중독은 지독해서 걸린 후로 내내 그 안에서 헤매고 있습니다.

어느 황량한 마을에 젊은 우체부가 있었다고 합니다. 그는 마을로 이어진 길에 먼지만 뿌옇게 이는 것을 바라보며 우울해 했습니다. '비가 오나 눈이 오나 늘 이 길을 오갔는데 앞으로도 나는 이렇게 남은 인생을 보내겠지? 어느 날부터 그는 꽃씨를 품고 다니며 길가에 뿌리기 시작했습니다. 이듬해 봄이 되자 꽃들이 앞다투어 피어났고 향기는 그윽하게 퍼졌습니다. 여름, 가을 없이 그가 걷는 길에 형형색색 꽃 잔치가 계속되었습니다. 그의 삶이 즐거워졌습니다. 그는 이제 매일 꽃길을 걷는 행복한 사람이 되었다고 합니다.

이 글을 읽고 바로 제 이야기라고 생각했습니다. 시낭송이 저의 꽃씨입니다. 인생은 텅 빈 무대와 같고 살아가는 동안 어떤 모습으로 무대를 꾸미느냐는 바로 자신의 선택입니다. 좋은 시, 시낭송을 통해 만난 좋은 인연들로 저는 무대를 아름답게 채워가고 있습니다. 앞으로 내공과 덕을 쌓아가며 시낭송 업계가 더 많은 분들께 흥미로워 보일 수 있도록 제가 할 수 있는 일들을 해나가겠습니다. 이 책이 그 첫 번째 노력입니다.

계월향에게

한용운

계월향이여, 그대는 아리땁고 무서운 최후의 미소를 거두지 아니한 채로 대지의 침대에 잠들었습니다.
나는 그대의 다정을 슬퍼하고 그대의 무정을 사랑합니다.

대동강에 낚시질하는 사람은 그대의 노래를 듣고 모란봉에 밤놀이하는 사람은 그대의 얼굴을 봅니다.
아이들은 그대의 산 이름을 외우고 시인은 그대의 죽은 그림자를 노래합니다.

사람은 반드시 다하지 못한 한을 끼치고 가게 되는 것이다.
그대는 남은 한이 있는가 없는가? 있다면 그 한은 무엇인가.

그대는 하고 싶은 말을 하지 않습니다.

그대의 붉은 한은 현란한 저녁놀이 되어서 하늘 길을 가로막고 황량한 떨어지는 날을 돌이키고자 합니다.
그대의 푸른 근심은 드리우고 드린 버들실이 되어서 꽃다운 무리를 뒤에 두고 운명의 길을 떠나는 저문 봄을 잡아매려 합니다.
나는 황금의 소반에 아침 볕을 받치고 매화가지에 새봄을 걸어서 그대의 잠자는 곁에 가만히 놓아드리겠습니다.
자, 그러면 속하면 하룻밤, 더디면 한겨울 사랑하는 계월향이여

나오며

책 출간을 위해 대상수상자님들의 인터뷰를 정리하며 깨달은 사실이 하나 있습니다. 대상을 탔다는 이유만으로 그들이 거쳤던 평범한 과정이 특별해진다는 것입니다. 비범한 요령도, "낭송이 제일 쉬웠어요." "그냥 하니까 되던데요." 하는 분도 없었습니다. 어느 날 시낭송에 빠져들었고 내 마음에 들어와 안긴 시를 열심히 연습해 꾸준히 대회에 도전한 것만이 대상수상자들의 유일한 공통점이며, 그것이 곧 낭송인 여러분의 일상일 거라고 생각합니다.

그러니 내가 하고 있는 지금 이 순간의 노력도 대상을 타고 나면 나만의 빛나는 스토리가 된다는 믿음을 가지십시오.

당신도 시낭송대회 대상을 탈 수 있습니다!
꾸준히 노력하신다면요.

대상수상을 미리 축하드립니다.

- 박은주 올림

당신도 시낭송대회 대상을 탈 수 있습니다!